深圳文化述记

黄 震 ◎ 著

云南人民出版社

图书在版编目（CIP）数据

深圳文化述论 / 黄震著 . -- 昆明：云南人民出版社, 2023.12
　ISBN 978-7-222-21346-3

Ⅰ.①深… Ⅱ.①黄… Ⅲ.①文化发展—研究—深圳 Ⅳ.① G127.653

中国版本图书馆 CIP 数据核字（2022）第 238303 号

责任编辑：赵　红　燕鹏臣
装帧设计：陈　丽
责任校对：王　逍
责任印制：代隆参

深圳文化述论
SHENZHEN WENHUA SULUN

黄　震 / 著

出　　版	云南人民出版社
发　　行	云南人民出版社
社　　址	昆明市环城西路609号
邮　　编	650034
网　　址	www.ynpph.com.cn
E-mail	ynrms@sina.com
开　　本	720mm×1010mm　1/16
印　　张	15.75
字　　数	270千
版　　次	2023年12月第1版，第1次印刷
印　　刷	云南天彩印务包装有限公司
书　　号	ISBN 978-7-222-21346-3
定　　价	68.00元

云南人民出版社微信公众号

内容提要

　　本书以深圳历史为经,以文化形态为纬,分别论述深圳的历史文化、当代文化、海洋文化、深圳精神、生态价值观以及文化遗产和产业开发等内容。全书史料丰富,学术观点突出,是一本融学术性和通俗性于一体的著作,也是一本多方位、多层次和较为全面认识和了解深圳文化的读本。

作者简介

黄震，男，广西陆川县人。现任职于深圳开放大学马克思主义学院，从事中国近现代史、族群文化和深圳文化的研究与教学工作。出版《亚洲华人文化研究与族群互动》（合著）、《陆川客家》（副主编）和《深圳精神研究》（合著）等多部著作，在国内外的学术刊物发表各种学术论文50多篇。

序

癸卯季夏初，收到黄震从深圳寄来的《深圳文化述论》书稿，甚为喜悦。此前，曾多次闻其所言及的著作即将付梓出版，在此亦表示衷心而又诚挚的祝贺！

深圳虽非我的工作和生活之地，但在早些年时，因出版业务或文化交流等也时常前往深圳，有些时候还会小住些日子。其间，曾走访过深圳不少地方，如东部地区的大鹏所城、客家围屋，西部地区的南头古城、广府围村，都给我留下了深刻的印象，在高楼大厦衬托下，更显其历史之久远，因而感觉深圳也并不像社会广泛流传的、所谓的"文化沙漠"。随着深圳考古工作的开展和深入，大量的文化遗迹、建筑遗址和历代文物被发掘出来，从事实上证明深圳是一个拥有7000年史前文化、5000年百越文化、3000年疍家文化、2000年广府文化和800年客家文化的地方，由此也说明了深圳文化的源头多样和内涵丰富，如今都成为当今深圳文化创新和文化产业的资源和基础。如果说，过去对深圳文化的了解只是停留在我脑中的一种印象的话，那么今天在阅读了这本凝聚黄震多年心血而成的这本著作后，让我对深圳文化有了更广、更深的认识，无论是历史上出现的一事一物，还是今天诞生的诸多新事新物，都活灵活现般呈现在我的眼前。尤其是书中运用了大量的调查资料和深圳史料，让我这个长期从事出版管理工作的出版人，在阅读之后都为之赞叹，不仅大开眼界，而且受益颇深，回味无穷。

黄震是一个博学多才、思维敏捷、善于思考的文化学者。由于对客家文化研究有着浓厚的兴趣与爱好，因而他在读研究生期间就被聘为广西师范大学出版社编辑和客家文化研究所所长助理，参与由钟文典教授担任总主编的"客家区域文化系列丛书"的编辑出版事务，工作积极主动、认真负责，并在客家文化研究有所建树，由此也奠定了其从事文化研究的基础。其间，曾与我一道多次前往国内外多地参加客家文化学术研讨，发表论文多篇，理论水平也得到不断提升。后来，因工作之需到深圳后，在从事日常教学工作的同时，他仍然不忘初衷，继续潜心致力于客家文化研究，多次参与组织在深圳或广西桂林举办的客家文化学术研讨活动，受到客家学界的好评。在此基础上，黄震还对深圳文化开展了全面而又深入的调查和研究，积累了大量的深圳文化资料，最终成就了今天所见的这本著作。在此，也祝愿黄震在未来的文化研究道路上走得更高更远，取得更大的成果。

是为序！

王建周

2023年7月于广西桂林

（广西师范大学出版社原党委书记、客家研究院院长、教授）

目 录

绪 论 …………………………………………………………（1）

第一章 历史文化 …………………………………………（11）
 第一节 史前文化 ………………………………………（11）
 第二节 百越文化 ………………………………………（15）
 第三节 疍家文化 ………………………………………（21）
 第四节 广府文化 ………………………………………（27）
 第五节 客家文化 ………………………………………（34）
 第六节 红色文化 ………………………………………（41）

第二章 当代文化 …………………………………………（55）
 第一节 观念文化 ………………………………………（55）
 第二节 义工文化 ………………………………………（61）
 第三节 科技文化 ………………………………………（66）
 第四节 时尚文化 ………………………………………（73）
 第五节 新民俗文化 ……………………………………（80）
 第六节 打工文学 ………………………………………（87）

第三章 海洋文化 …………………………………………（97）
 第一节 海洋生产 ………………………………………（98）
 第二节 海洋贸易 ………………………………………（108）

第三节　海洋防卫···（118）
　　第四节　海洋信仰···（130）

第四章　深圳精神···（140）
　　第一节　东纵精神···（141）
　　第二节　开荒牛精神··（147）
　　第三节　特区精神···（153）
　　第四节　深圳精神···（160）
　　第五节　新时代深圳精神··（166）

第五章　深圳文化的生态价值观··（171）
　　第一节　生态和谐观··（171）
　　第二节　生态财富观··（178）
　　第三节　生态伦理观··（186）
　　第四节　生态审美观··（194）

第六章　深圳文化遗产和产业开发·····································（201）
　　第一节　物质文化遗产···（201）
　　第二节　深圳非物质文化遗产······································（215）
　　第三节　深圳文化产业的空间集聚与主要形态················（223）

参考文献··（235）

后　　记··（241）

绪 论

深圳，是改革开放后诞生的一座城市，是我国首批经济特区之一。40多年来，在这片创新创业的热土上，深圳人民敢闯敢先、锐意进取、开拓创新，不辱使命、不负众望，创造了诸多令世人赞叹的"深圳奇迹"，城市面貌日新月异，社会经济飞速发展，得到党和国家领导人的充分肯定和高度赞扬。在特区成立初期的1984年1月，我国改革开放的总设计师邓小平同志首次视察深圳说道，"这次到深圳一看，给我的印象是一片兴旺发达景象，深圳的建设速度是相当快的，蛇口比深圳更快"，并为深圳经济特区题词："深圳的发展和经验证明，我们建立经济特区的政策是正确的。"[①]1990年11月，江泽民在庆祝深圳经济特区建立10周年招待会上发表讲话也指出，"10年过去了，今天我们来到深圳，看到这里的面貌已经发生了巨大的变化。那时的深圳是边陲小镇，点缀其中的只有几座外贸仓库，今天的深圳，已经是一个各项设施比较齐全，经济昌盛，市场繁荣，内外经济交流十分活跃的现代化城市"。2000年11月，江泽民在深圳经济特区建立20周年庆祝大会上讲话指出，"1980年，我来深圳就筹建经济特区进行考察时，深圳还是一个边陲小镇。20年弹指一挥间，现在的深圳已成为一座美丽的现代化城市"。2010年9月，胡锦涛在深圳经济特区建立30周年庆祝大会上讲话指出，"经过30年的不懈努力，深圳迅速从一个边陲小镇发展成为一座现代化大城市，综合经济实力跃居全国大中城市前列，创造了世界工业化、现代化、城市化发展史上的奇迹"。2020年10月，习近平总书记在深圳经济特区建立40周年庆祝大会上讲话强调，"深圳广大干部群众披荆斩棘、埋头苦干，用40年时间走过了国外一些国际化大都市上百年走完的历程。这是中国人民创造的世界发展史上的一个奇迹"。由此可见，"奇迹"一词，从宏观

---

① 深圳市档案馆编：《深圳市十年大事记》，海天出版社1991年版，第78页。

深圳文化述论

上全面概括深圳经济特区建立40多年来的建设成就，深圳也成为我国改革开放事业发展的一面"中国旗帜"。正如习近平总书记指出，"如今的深圳经济特区生机勃勃，向世界展示了我国改革开放的磅礴伟力，展示了中国特色社会主义的光明前景"。

事实证明，深圳的确是一个奇迹，它只用了40年的时间，就神话般地崛起，成为一座国际化、现代化的大城市。深圳在创造社会经济建设奇迹的同时，也创造了文化奇迹，让一个文化发展落后的边陲农业小县，快速蝶变为一片既充满生机活力又富于创新力的"文化绿洲"。在这里，古老而传统的历史文化大放光彩，7000年的史前文化、5000年的百越文化、2000年的疍家文化、1700年的广府文化和800年的客家文化，奠定了这座城市的历史文脉和文化底蕴。创新而多元的当代文化骈兴错出，观念文化、义工文化、科技文化和时尚文化等一系列时代特色的文化新形态，就像璀璨明灯一样，让这座城市光芒四射，耀眼于全球。历史与当代融合发展，传承与创新蓬莱生辉。在这里，相继建成的"八十年代的八大文化设施""九十年代的八大文化设施"和"跨世纪的四大文化项目"分布于全市各区，随处可见；在这里，全国率先提出了"文化立市"战略，文化产业异军突起，成为深圳的四大支柱产业之一，丰富多样的创意文化产品，不断满足和丰富广大市民的文化消费；在这里，培育出引领时代风尚的"深圳十大观念"和深圳精神，尽显这座城市的开放、包容和创新的气魄，让人在这里安身立命和扎根奋斗；在这里，拥有诸多的城市文化名片，设计之都、时尚之都、杰出的发展中的知识城市、全球全民阅读典范城市、国际花园城市等享誉全球；在这里，还有众多的文化品牌，读书月、文博会、市民文化大讲堂、"一带一路"国际音乐季等活动丰富多彩，特别是全国首份"城市文化菜单"的推出，月月有主题，年年都精彩，让人目不暇接；在这里，文学、艺术、影视、动漫等原创精品层出不穷，屡获国家或国际大奖，从深圳走向全国，走向世界。上述的这一切，共同构成了深圳"文化绿洲"上的一棵棵小树和一片片绿草，一年四季，春意盎然，沁人心脾，润物无声。

如今，"文化绿洲"已经成为深圳40多年文化建设成就的代名词，深圳创造的文化奇迹已经成为"深圳奇迹"的重要组成部分，成为中国特色社会主义先进文化的重要内容之一，彰显了中华文化的生命力和魅力，是深圳建设先行示范区强大的精神动力和文化支撑。然而，每当人们在肯定深圳"文化绿洲"

的同时,总也带上"文化沙漠"一词,诸如深圳从"文化沙漠"成为"文化绿洲""文化强市""文化森林""文化高地""文化枢纽"之类的看法,其潜台词就是,今天的深圳是一片"文化绿洲",而昨天的深圳却是一片"文化沙漠",由此也给深圳贴上了"没底蕴""没文化"的标签。这种言论,在不少官方文书、地方史志、新闻报道或民间话语中屡见不鲜,只要把"深圳""文化沙漠"在网上搜索,得出的信息多达数十万条。根据这些言论的内容,整理归纳出其理由主要有以下4种:一是认为特区成立前的深圳,其城区范围主要集中在原宝安县城所在地罗湖镇一带,是一个面积不到3平方公里、人口只有2.3万的小圩镇,文化底蕴不足,尤其是附近的渔民村,在改革开放后从深圳迅速走向全国,为世人所知晓,因而又被认为特区成立前的深圳只是一个小渔村,"小渔村"便成为深圳"文化沙漠"的标签之一,"小渔村崛起为现代化大都市"也成为诸多媒体的重要头条;二是认为特区成立前的宝安县,荒山、荒地、荒滩遍布各地,只有"苍蝇、蚊子、沙井蚝"3件宝,加之长期人口外流,造成"十户九空人离去,村里只剩老和少"的状况,社会经济十分落后,文化基础设施薄弱,特区内仅有建于50年代或70年代的人民电影院、深圳戏院和深圳展览馆等,也没有几家像样的书店和图书馆、博物馆,同时分布于全市各镇的1200个文化室被改造成"三来一补"工厂,130个业余宣传队基本解散,深圳被称为"文化沙漠",[①]据此,就有"1992年以前的深圳被叫作文化沙漠也并非空穴来风"的观点;三是认为特区成立后的深圳,从1979年建市至今只有40多年,时间过于短暂,因而深圳又被人们称之为"一夜崛起之城",没有积淀出相应的城市文化要素,缺乏支撑这座城市的历史文化资源;四是认为深圳是一座由移民构成人口主体的新城,城市居民来自五湖四海、五洲四洋,移民带来的各种文化短期内无法碰撞出文化火花,没有形成城市文化的发展模式和主流文化,不像北京有京派文化,上海有海派文化,广州有粤派文化。总而言之,"小渔村""没有积淀""一夜城""设施落后""缺乏特色"就成为深圳"文化沙漠"的理由。时至今日,深圳"文化沙漠"的论调在深圳社会各界仍然占有一席之地,并成为社会公众谈论、讨论、议论和讲论的热点话题。

随着深圳经济建设的迅速发展,文化建设也取得了可喜的进步。1995年,

[①] 深圳市地方志编纂委员会:《深圳市志·改革开放卷》,方志出版社2014年版,第773页。

深圳文化述论

深圳首次提出了建设"现代文化名城"的战略目标。2003年,深圳率先在国内提出"文化立市"战略,文化渐渐走到深圳社会经济发展的前台。2006年4月,中共深圳市委办公厅举办了第三期学习沙龙,与会人员围绕"如何认识深圳的历史"展开讨论,深圳是不是"一夜城"、是不是"文化沙漠"成为这次讨论的重要话题。[①]尽管没有得出一致的意见或看法,但也引起了社会各界的高度关注。那么,要破解这一问题,还得要从文化本身的含义和本质中去寻找答案。

文化是一个内涵丰富和外延宽广的概念,涵盖了人类社会各个领域。近代至今,中外学者从不同的角度、不同的学科对其进行界定,得出多达近200种定义。目前,在我国,一般认为文化是人类在长期社会实践过程中所创造的劳动产品。广义的文化包括物质产品和精神产品,狭义的文化则专指精神产品,即通过人类意识活动而形成的社会观念及其由此而创造出来的各种产品,体现在哲学、科学、文学、艺术、教育、卫生、体育等方面的成果。1876年,恩格斯在《劳动在从猿到人转变过程中的作用》一书中,认为文化是人类特有的现象和符号系统,其本质是"人化的自然界"或"第二自然"。[②]根据前述定义和恩格斯的观点,文化创造的要素包括主体、载体和历史等3个基本要素。一是文化创造的主体为人类自身,是人们在长期的劳动生产和社会生活过程中创造出来的产品,是人类社会独有的自然现象,是人类区别于其他动物的本质特征之一,如果离开人去谈文化也就失去了其存在的意义;二是文化的基本形态主要是物质文化和精神文化。物质文化载体表现在人们创造出来的衣、食、住、行等方面,非物质文化载体则体现为人自身形成的性格、观念、思想、行为等和由此而创作出来的哲学、文学、哲学和艺术等意识形态成果;三是文化的形成需要一个长期的历史过程,只有通过世代传承、创新和发展,经过沉淀后为人类世代继承才能成为文化。因此,判断一个地方有没有文化,必须要结合主体、载体和历史等3个基本要素进行分析,才能做出科学的、正确的结论。

首先,从文化创造主体看,深圳的人居历史从未中断,人脉相承。考古研究成果表明,早在7000多年前的新石器时代中期,深圳地区就已经有了人类居

---

① 叶晓滨等:《研究深圳历史谱写崭新篇章》,《深圳特区报》2006年4月24日,第A03版。

② 引自王仲士:《马克思的文化概念》,《清华大学学报》(哲学社会科学版)1997年第1期,第22-28页。

住，他们是古越族的一支，分布于深圳沿海地区一带。先秦时期，生活在这里的是百越民族的一支，他们留下了以屋背岭遗址、叠石山遗址为代表的数十处百越文化遗址。在春秋战国时期，百越民族与中原汉族人民有了交往的历史。秦汉以降，中原汉族人民因军征、任职、避乱或逃荒等原因而不断南迁。到隋唐时期，经过长期的民族交往与文化融合，形成了深圳地区最早汉族民系之一的疍家人。宋元至明末清初时期，汉族移民不断增多，不少汉族广府人从珠三角地区进入深圳各地定居，广府人在人口数量上逐渐成为当地人口的主体。到了清代康熙年间，尽管发生了"迁海"事件，但亦未造成深圳地区人口空缺，相反的是在"复界"后，不仅有部分外迁人口陆续返乡，而且大量汉族客家人也从闽粤赣地区迁入深圳。至清代中后期，逐渐形成了"东客家，西广府"的格局，并一直延续到深圳经济特区成立之前。在这一历史过程中，他们先后创造了具有地域特色的史前文化、百越文化、疍家文化、广府文化、客家文化等，历史悠久而形态多样，它们共同构成了我国岭南文化的重要内容，成为中华传统文化的组成部分之一。在我国改革开放和深圳经济特区建立后，成千上万的各族人民，从全国各地源源不断地来到深圳，深圳也成为我国第二个聚居着56个民族的城市。他们的到来，不仅成为深圳经济特区社会经济发展的一支重要力量，而且还带来了各地文化的元素，进一步丰富了深圳历史文化的宝库。

其次，从文化载体方面看，深圳文化形式多样，内容丰富。在物质文化方面，传统民居、宗教建筑、民间宗祠和圩市楼牌等随处可见，东部的客家围屋和西部的广府民居数量众多，至今还保留了100多座明清时期的民居。以大鹏所城为代表的文物古迹众多，遍布于深圳各个行政区域，其中有国家级重点文物保护单位2处，省、市级文物保护单位近50处。这些文物保护单位，目前大多数得到了有效的开发和利用，如大鹏所城、南头古城、甘坑客家小镇、观澜版画村等，成为全国有知名度和影响力的旅游休闲景点。在非物质文化方面，传统的口头文学、音乐美术、舞蹈杂技、民间技艺、节庆礼仪等，题材多样，类别齐全，拥有以"沙头角鱼灯舞"为代表的7项国家级、26项省级和23项市级非遗项目。深圳地处滨海地区，山海相连，气候温和，特产丰富，"靠山吃山，靠海吃海"的深圳人民创造了有"滨海特色"的海洋文化。特别近代以来，每当中国出现国难危机的时刻，深圳人民敢于斗争，走在时代前列，先后掀起了抵抗英国侵略军的九龙之战和反抗清朝统治的三洲田起义。特别是抗日战争时期，在中国共产党领导下，建立了我国华南地区第一支抗日武装队伍——"东江纵队"，铸造了"东纵精神"。丰富多彩的各种形态文化资源，不仅为深圳经济特区"文化立市"战略奠定了资源基础和现实条件，而且还通过创新与创意，进一步推动深圳经济特区文化创意产业的发展，并率先成功探索出"文化+"的产业创新模式。文化产业已经成为深圳经济特区国民经济四大支柱产业之一，其产业增加值占国内生产总值比重位居全国前列。

再次，从历史过程来看，深圳有着悠久的历史，延绵至今。以地名为例，"深圳"作为一座城市之名，它是改革开放后，从一个世人不太知晓的小圩镇，"忽如一夜春风来"般的，迅速出现在大众眼前，而且只用了短短40年时间，就快速成长为一座新型现代化的国际性城市，可以说是我国40年改革开放成就中的一大亮点，深圳也成为全球关注热度最高的城市之一。正是由于深圳的经济建设成就惊人，科技创新成绩斐然，对于深圳的文化关注就显得不够，对深圳的文化底蕴了解甚少，因而就不可避免地出现了所谓"文化沙漠"之论。但是，"深圳"作为一个地名，其出现至今超过600多年的历史。据有文献资料记载，"深圳"一名最早出现在明永乐八年（1410年），其位置就在今天罗湖渔民村附近的深圳河一带。从地名文化学的角度来看，"深圳"这一名称就已经有了很丰富的文化内涵。"圳"的本义是指"水沟"或"河沟"，"深圳"就是指一条深水沟之意，即"深圳河"。在深圳地区的方言中，把水沟称为"圳"的则是客家方言，因此这一地名本身就赋予了一定的民系文化内涵。到了清末时期，随着这一带聚集的人口越来越多，当地人便在深圳河附近建立了深圳圩，即东门圩，俗称"老街"，为清代至民国时期深圳地区的"四大名圩"之一，是惠东宝地区商品贸易中心。新中国成立后，在深圳圩设立了深圳镇，成为当时宝安县人民政府的驻地。还有深圳的别称"鹏城"，渊源于明洪武十七年（1384年）在大鹏半岛建立的"大鹏守御千户所"，即大鹏所城，同样有着600多年的历史，已成为深圳标志性的历史建筑。与"深圳""鹏城"相比，"宝安"一名，其历史就更加久远。秦汉以来，中原汉人南迁人数不断增多，陆续进入深圳地区，渔业、盐业也得到了迅速发展，深圳地区成为南方地区的渔盐生产中心。至东晋时期成帝咸和六年（331年），从南海郡分立东官郡，下辖宝安等6县，郡治、县治均设于今天的南头古城一带，南头古城又被称为深圳的历史之根。尽管后来几经撤并，并在清代更名为"新安"，但深圳地区作为县级管理单位从未中断，至今也有1700多年的历史。据统计，从秦朝建立至新中国成立初期，广东境内共设置有1317个县，其中保留下来的有109个，而属于秦至东晋时期的仅有13个，①可以说"宝安"是南方地区最古老的县名之一。改革开放后，宝安县从原来所辖的惠阳地区分出，成立深圳市，1980年正式设立经济特区，2010年实行特区一体化，其管理范围也和原来宝安县辖境基本一致。正是这种历史延续，使得深圳的传统文化得到了较好的保存，成为深圳文化的历史源头。

另外，从历史文献资料看，深圳也和国内其他城市一样，留下了一批有历史价值、文化价值和学术价值的文献资料，它与深圳众多的文物古迹一道，成为深圳的历史证物和文化载体。据深圳图书馆研究和整理，在历代政权官方志书、岭南地区或广东省的地方文献中，涉及深圳地区的文献资料多达80多种。在深圳本土的历史文献中，有明代天顺年间的《东莞县志》、清康熙年间的《新安县志》和清嘉庆年间的《新安县志》等。在深圳民间，各大姓氏家族，还保留着不少明清时期的一些家谱，成为官方文献的有效补充。这些文献资料较为完整记载了深圳地区的历史、地理、风俗、人物、文教、物产等内容，成为深圳经济特区历史文化的珍贵文本。值得一提的是，在深圳地区的各个历史时期，还诞生了不少杰出的文化名人和杰出人士，如东晋"孝子"黄舒、南宋时期的理学家陈孔硕和深圳史上最早的进士黄默堂、明代音乐家潘楫、明代政治家陈向廷、清代武进士麦锦琼、民国时期中国第一位女博士郑毓秀等。近代时期，涌现出清代抗英斗争的赖恩爵、反清斗争的钟水养、东江纵队司令员曾生等英雄人物。

总的说来，笔者认为深圳从来就不是所谓的"文化沙漠"，它是一个有着深厚历史文化底蕴的地方，既有传统文化的根基，也有当代文化的新形态，两者共同构成今天深圳文化的主体内容。深圳建市和特区建立至今只有40多年的时间，尽管年轻但不代表深圳就没有文化，因此，可以说"文化沙漠"论是一种历史虚无主义的认识，其本质就是否定历史，割裂历史与现实的关系，无论是理论上还是实践上都是有害的。习近平总书记指出，"对改革开放前的历史时期要正确评价，不能用改革开放后的历史时期否定改革开放前的历史时期，也不能用改革开放前的历史时期否定改革开放后的历史时期。改革开放前的社会

---

① 司徒尚纪：《广东文化地理》，广东人民出版社1993年版，第321页。

深圳文化述论

主义实践探索为改革开放后的社会主义实践探索积累了条件,改革开放后的社会主义实践探索是对前一个时期的坚持、改革、发展。对改革开放前的社会主义实践探索,要坚持实事求是的思想路线,分清主流和支流,坚持真理,修正错误,发扬经验,吸取教训,在这个基础上把党和人民事业继续推向前进"[1]。从这个层面上说,"文化沙漠"论是一种与深圳经济特区历史和现实不相符合的观点,既不利于对深圳经济特区的城市形象宣传,也不利于深圳"文化立市"战略和文化产业的发展,更不利于粤港澳大湾区和中国特色社会主义先行示范区的建设,对这种以偏概全的认识必须加以纠正。

文化是人类劳动创造的产物,是人类区别于其他动物的特征之一。人有种族之分、民族之别、空间之异和时间之限,使得人类文化多姿多彩,形态多样而各有千秋,呈现出地域性、民族性、时代性和传承性等基本特点。从外延上看主要有地域文化、民族文化、历史文化、当代文化以及由生产方式形成的农业文化、工业文化、商业文化、游牧文化等类型,从内涵上看则包含观念文化、物质文化、精神文化、制度文化、行为文化等方面。自深圳经济特区建立以来,社会各界有不少学者根据文化的概念、类型和特点,结合深圳的历史和现实,对深圳文化进行了学术定义和属性定位,归纳起来主要有"特区文化说""移民文化说""城市文化说""海洋文化说""湾区文化说"等。尽管说法不一,但都有其合理的地方,都是围绕着深圳的"特"来进行表述。"移民文化说"抓住深圳人口的结构和特点,"特区文化说"体现了深圳经济特区的功能和角色,"城市文化说"反映了深圳的城市地位和特征,"海洋文化说"说明了深圳地理环境的滨海特色,"湾区文化说"则强调了深圳的区位角色和空间辐射的作用。为了便于说明问题,本书采用"深圳文化"的说法,既能体现其历史传承和当代创新的逻辑关系,又能概括深圳文化的方方面面,在论述上更具全面性和准确性。具体来说,深圳文化是深圳人民在长期劳动生产和社会生活过程中创造出来的产品,既包括特区建立之前的历史传统文化,又包含特区建立之后出现的当代创新文化。前者主要有史前文化、百越文化、疍家文化、广府文化和客家文化等类型,而后者则突出表现观念文化、义工文化、科技文化、时尚文化等方面,

---

[1] 习近平:《关于坚持和发展中国特色社会主义的几个问题》,《思想政治工作研究》2019年第5期,第16页。

两者之间相互区别又相互联系，共存、共融于深圳社会发展之中，是深圳人民的宝贵财富，是中华文化的重要组成部分。

人类创造文化是在一定的自然环境和社会环境中进行的，使得文化表现出一定的地域特色。特区建立前的深圳市是原宝安县，全县人口不到30万的县90%以上为客家人、广府人，传统文化主要以客家文化、广府文化为主体。特区建立后，全国各地的移民不断涌入深圳各地，使得人口结构发生了很大的变化。在全市常住人口中，90%以上为移民。这些移民分别来自全国各地，不同地域、不同文化背景的移民，带来了东、西、南、北、中的多元文化，它们在深圳落地生根，和谐共生，共同发展。正因为这一庞大的移民群体构成了深圳经济特区的人口主体，使得深圳文化带有浓厚的移民色彩，具有其个性特征的一面。一是开放性，这是深圳文化的根本特征。深圳是改革开放后党和人民共同创造的崭新城市。改革开放不仅推动了深圳文化的多元发展，而且还造就了深圳文化的包容品格。正是因为深圳文化的开放、多元和包容，让深圳成为一座能让人找到归属感的城市。二是创新性，这是深圳文化的基本特征，又被称为深圳文化的基因。深圳是在我国在改革开放背景下通过制度创新而发展起来的城市，因而创新又成为这座城市的发展动力。新世纪以来，深圳实施"文化立市"战略，推动文化创新的发展。据2019年中国城市创意指数（CCCI）显示，深圳的创意指数排在北京和上海之后，位列第三[①]。特别是创新思维活跃的年轻人，成为一支能量巨大的创新队伍，他们在深圳各种创新平台上，用知识和智慧推动深圳创新文化的发展。三是先进性，这是深圳文化的本质特征。深圳文化发展于我国社会主义改革开放的新时期，是中国特色社会主义文化的重要组成部分，体现了社会主义先进文化的本质特征。尤其是在改革开放实践中形成的"十大观念"和深圳精神，是中国特色社会主义改革开放时代的精神浓缩，是社会主义核心价值观的深圳表达，彰显了中华文化的魅力和中国文化的自信。

鉴于上述认识和思考，笔者自2010年以来，以研究深圳客家文化为落脚点，着手开展深圳文化研究工作。经过10多年的实地调查和资料搜集，积累了

---

① 李丽：《2019中国城市创意指数发布——深圳位列全国大中城市第三》，《深圳特区报》2019年12月9日。

较为丰富研究资料，撰写多篇有关深圳历史文化研究的学术论文，在此基础上形成了《深圳文化述论》一书。本书从文化学的角度，结合深圳的历史和现实，对深圳文化的形态、特色、特征和特质进行分析，在此基础对深圳文化的人文精神、生态价值观、资源保护和产业开发等方面提出一些个人见解。一方面，让社会各界对深圳文化有一个多角度、多方位的认识和了解；另一方面，也为今后深圳文化事业的发展，提供一些建设性的思考和思路。

深圳有多"深"？是深圳人常常思考的一个问题。究其本意有两层，一是深圳的历史长河有多长，二是深圳的文化底蕴有多少。要解答这个问题，就需要从深度上了解深圳历史，从广度上认识深圳文化，从高度上领会深圳前景。在此，但愿这本小作能够带您走进深圳历史的深处，拨开深圳"文化沙漠"的迷雾，感受深圳文化创新之魅力！

第一章 历史文化

文化是经过历史积淀而形成的产物，没有历史过程就没有文化积淀，也就没有历史文化。历史文化是一座城市的文化底蕴，决定着其文化厚度和发展高度，因而具有极其重要的现实意义。深圳之所以被称为"文化沙漠"，其重要原因之一就是缺乏对深圳历史文化的了解和认识。如今，这一问题伴随着深圳城市建设的蓬勃发展、考古研究的不断深入和文化遗产保护力度的不断加大，徐徐打开了深圳历史长河的大门，也渐渐拨开了深圳"文化沙漠"的迷雾。研究表明，深圳拥有7000年史前文化、5000年百越文化、2000年疍家文化、1700年的广府文化和800年的客家文化，它们共同构成了深圳历史文化的主体内容。从时间上看，它们贯穿于中华文化形成和发展的每个历史时期，连绵不断；从空间上看，它们是中原文化和岭南文化融合发展而形成的文化形态，内涵丰富。从现实上看，它们是深圳"文化立市"战略的资源支撑，价值巨大。正如习近平总书记指出："历史文化是城市的灵魂，要像爱惜自己的生命一样保护好城市历史文化遗产。"

第一节 史前文化

史前，是一个考古学名词，特指在没有出现文字之前的人类历史时期。[1] 根据人类使用生产工具的不同，分为石器时代和青铜器时代。依据石器制作方式不同，石器时代又分为打制石器的旧石器时代和磨制石器的新石器时代。旧石器时代为距今300万—1万年前，人类单纯靠打猎、捕鱼和采集野生植物为生。新石器时代为距今1万—4000年前，人类部分地靠人工栽培农作物和驯养动物

---

[1] 王进展：《史前文化》，《安徽大学月刊》1933年第3期，第2页。

深圳文化述论

为生，出现了原始农业和畜牧业，开始定居村落的生活方式。青铜器时代则是处于新石器时代晚期和铁器时代之间，距今约4000—2000年前，大体经了夏、商、周等朝代，以青铜为材料制造生产工具和生活用具。史前文化被誉为一个民族、国家或地区的历史源头和文化根脉，因而备受学界的重视。

深圳的史前考古开始于20世纪50年代中期，到70年代末期陆续发现了18处史前遗址。深圳经济特区建立后，为了配合大规模的城市基建工程，从1980年至20世纪初期，先后进行了多次考古调查和发掘工作，先后发掘出新石器时代中晚期遗址49处，青铜器时代文化遗址有60多处。[①] 其中，大黄沙遗址和咸头岭遗址是深圳市发现迄今最早的人类文化遗址，是距今约7000年的新石器时代中期的遗址。深圳新石器时代和青铜时代遗址主要分布在海拔30—60米的低山丘陵或避风的海湾沙丘。从本质上看，深圳的考古调查和发掘工作也是一项文化探源工程，其成果为深圳的史前文化研究提供了重要的地层和实物证据。

一、新石器时代中期文化遗址

考古研究表明，从新石器时代中期开始，深圳地区就有了人类居住的历史。这一时期的文化遗址有6处，分别是南山村月亮湾遗址、小梅沙遗址、大梅沙遗址1区、大黄沙遗址、下洞村遗址和咸头岭村遗址等，主要分布在大鹏湾、大亚湾、深圳湾一带的滨海沙丘上，以沙丘遗址为主。人们使用陶器、石器等原始生产工具，过着植物采集、淡水捕捞和渔猎狩猎同时并存的生活方式，其中又以咸头岭村遗址为典型。

咸头岭村遗址，位于深圳东南部的大鹏新区大鹏街道咸头岭村的海边沙堤上，1981年在全市考古普查中首次被发现，后于1985年、1989年、1997年、2004年和2006年进行了5次发掘，面积共计1241.5平方米，出土遗物十分丰富。这些遗物主要有3类：一是陶器，主要以夹砂陶为主，占96%以上，少量泥质橙黄陶和白陶；二是石器，以磨制为主，打制次之，数量共计188件，其中磨制石器74件，打制石器16件，天然工具98件；三是生活遗迹，有墓葬、房基柱洞、红烧土堆积、灰坑出土等。遗物及遗迹表明，该处还出现了原始自然崇拜与祖先崇拜的图腾。[②] 经科学鉴定，这些出土遗物中，年代最早的遗物距今近7000年，不仅是珠三角地区发现年代最早的史前文化遗址之一，而且还是

[①] 深圳市文物管理委员会编：《深圳文物志》，文物出版社2008年版，第38、54页。
[②] 大鹏新区宣传部：《大鹏人文博物馆》，2017年，第14-16页。

同类型遗址中发掘面积最大的一处。由于其年代较早以及出土遗物丰富，咸头岭村遗址被正式命名为"咸头岭文化"，并被评为2006年度"全国十大考古新发现"之一。[①]2014年12月1日，被公布为第六批深圳市文物保护单位。

咸头岭文化遗址出土文物最为系统，器物制作工艺水平最高，是目前珠江三角洲地区发现的、有准确测年的人类最早的遗物，是一处比较全面反映珠江三角洲地区新石器时代中期文化面貌的典型遗址，因而又被称为研究珠三角地区历史文化的一把钥匙，对珠三角地区乃至岭南地区史前文化考古研究有着极大的帮助作用。

二、新石器时代晚期文化遗址

约距今4000年前后，人类进入了新石器时代晚期阶段。随着生产力水平的提高和人口数量的增加，深圳地区的人类活动范围不断扩大，从滨海沙丘地带逐步扩展到内陆地区。这一时期的文化遗址有43处，分布在全市各区，除6处为沙丘遗址外，其余各处均为山岗遗址，由此说明，新石器时代晚期原始居民的足迹遍及全深圳地区。这一时期的文化遗址虽然保存不多，但考古发掘出来的遗物非常丰富，文化特征明显，其中以赤湾村遗址较具代表性。

赤湾村遗址，位于南山区蛇口街道赤湾村。该遗址的时代应为新石器时代晚期并延续至殷商时期。1980年，考古工作者在文物普查中发现并进行发掘。遗址出土遗物丰富，主要有夹砂红陶、黑陶和几何印纹陶、磨光石器。陶器多为残片，有夹砂粗陶和几何印纹软陶两种，其中夹砂粗陶占88.4%。纹饰以绳纹、篮纹、编织纹为主，约占总数的89.6%，其次为划纹、方格纹和贝划纹等。器形有罐、釜、尊、豆、器座，还有炉座、炉箅和炉壁。石器10件，种类有锛、刀、镞、环、砺石、磨盘和残石器等。其中，出土的圆筒形炉座和长方形蜂窝状四式炉箅，是一种具有深圳、香港地区，乃至珠江三角洲地区特色的器物，[②]在广东省首次被发现，是研究这个时期当地原始居民的社会生活和饮食用具的宝贵材料。

新石器时代晚期的深圳地区，遗址数量较多且分布广，其生产力水平和社会发展程度比之前有了极大提高，遗物器型多样且复杂，文化内涵更丰富，个

---

① 李振岐：《咸头岭遗址入选中国考古十大发现》，《深圳商报》2007年4月9日。
② 张一兵：《深圳古代简史》，文物出版社1997年版，第19页。

性特征更明显，由此说明，这一时期生活在深圳地区的居民是深圳史上最早的居民。

三、青铜器时代文化遗址

在夏商周时期，我国进入了青铜器时代。尽管广东地区比中原地区进入时间要晚，但也在商周开始逐渐进入青铜器时代，至春秋战国时期完成这一转变。这一时期，深圳考古发掘出来的商周时期遗址数量更多，并向西部和北部地区扩展。遗址分布主要集中于宝安区石岩湖和南山区西丽湖一带，又以山岗遗址数量为多、沙丘遗址较少，说明在青铜时代，尤其到了春秋战国时期，深圳地区已是人丁兴旺，生产力和经济已发展到一定水平，其中以福光村屋背岭遗址最为突出。

福光村屋背岭遗址，位于南山区西丽街道福光村，是1999年深圳市第二次文物普查时发现的。2001年4月—2002年3月进行了发掘。遗址分布范围广，内涵丰富，保存较好，总面积达40000平方米，是目前广东甚至岭南地区发掘规模最大的商时期墓葬群。该遗址的墓葬以商时期为主，有94座，东周时期的仅有2座。出土文物当中，属于商时期的有陶罐、陶豆、陶钵、陶纺轮、玉矛等，属于东周时期的有铜矛、铜斧、铜剑等。另外，在灰坑中出土有玉块、石裤、石链、砺石、陶纺轮，有的灰坑还出土了米字纹陶片、方格纹陶片等，各种珍贵文物多达300件，具有很高的考古价值、文物价值、历史价值与社会价值，为此得到考古专家的高度评价，认为"对先秦时期岭南考古学文化的编年、岭南古代文明的进程、珠江三角洲地区商时期考古学文化与其他地区考古学文化的交流、中国边疆考古学文化等的研究，都是罕见的素材"[1]。

2001年，屋背岭遗址被评为"中国考古十大新发现"，认定"深圳屋背岭商代遗址是广东地区目前发现、发掘规模最大的商时期墓葬群，不仅填补了珠江三角洲及港澳地区陶器编年的一段空白，也改变了我们在珠江三角洲和珠江口地区对史前、先秦时期聚落特点的认识"[2]。

此外，历史上同属一个地区的香港，在20世纪30年代初，在香港南丫岛

---

[1] 王宇、姚树宾：《屋背岭：岭南最大的商墓葬群》，《深圳商报》2006年4月12日，第C06版。

[2] 曲志红：《2001年十大考古新发现揭晓》，《新华每日电讯》2002年4月18日，第008版。

大湾遗址中出土了一把短剑和一把匕首斧，这是目前广东境内发现最早的青铜器。后来在东湾、大湾和沙岗背等多处遗址中出土有青铜斧、镞、篾刀，以及铜斧的石范。经研究确定，这些青铜器为当地所铸造的。[①] 由此可以说明新石器时代中晚期至青铜时代，深圳地区是珠三角地区最早有人类活动的地区之一，他们是我国古越族的一支，在长达万年的历史过程中，创造了丰富多彩而又具有地方特色的史前文化，成为深圳历史文化的最早源头。

第二节　百越文化

百越，又称"百粤"或"诸越"，是夏商周时期生活在我国南方各地的越族部落的泛称，夏朝称"于越"，商朝称"蛮越"或"南越"，周朝称"扬越"或"荆越"，战国时期称为"百越"，是为百越之名的开始，并逐步形成了南越、闽越、瓯越、西越及骆越等较大的部落。生活在广东地区的百越部落为南越，因"越"与"粤"相通，又称为"南粤"。秦汉以后，带有"越"字的族称渐次消失，隋唐之际称为俚僚，后来逐渐演变为岭南地区的瑶、畲、僮、黎等族。[②] 深圳地处珠江口东岸，属于百越之地。

一、春秋战国时期百越文化的形成

进入春秋战国后，深圳地区的古越族先民逐渐演变为南越的一支，他们聚居于深山丛林、江河湖泊或滨海地区，过着种植水稻、渔猎捕捞的"饭稻羹鱼"生活，形成了有蛇鸟崇拜、祭祀祖先、断发文身和干栏房屋等特征的百越文化。

（一）观澜追树岭遗址

该遗址位于宝安区观澜街道东庵村，面积5000平方米。出土遗物比较丰富，主要有3类，有陶片、石器和青铜器等。一是陶片，有素面夹砂粗陶片、几何印纹软陶和几何印纹硬陶。几何印纹软陶较少，纹饰以曲折纹、方格纹、篮纹为多，也有圆圈纹和云雷纹。几何印纹硬陶相当丰富，纹饰有夔纹、雷纹、

---

① 巩启明：《香港地区的史前文化遗存》，《史前研究》（辑刊）1998年，第137-138页。

② 李默：《广东瑶族与百越族（俚僚）的关系》，《中南民族学院学报》1986年增刊，第116页。

方格纹、篦点纹及组合纹。器物有组合纹敞口、尖唇、圜底罐3件，夔纹、方格纹陶罐2件，素面硬陶豆1件；二石器，有25件，其中锛7件、斧3件、凿2件、铲2件、镞4件、穿孔石器1件、砺石6件。青铜器为人面纹青铜短剑1件。该遗址主要属春秋时期，并含有少量新石器时代文化遗物。[①]

（二）西丽叠石山遗址

该遗址位于南山区西丽街道茶光村，坐落于大沙河西岸，附近均为丘陵山地，是目前发现的战国中晚期最重要的遗址。1987年4月，深圳市博物馆考古人员在文物普查中发现了叠石山遗址，并于同年10月进行发掘，是深圳地区首次经科学发掘的"夔纹陶类型"文化遗址。该遗址出土的文化遗物有陶片、石器、青铜器和铁器等。其中，陶片8000多片，以泥质硬灰陶为主，种类有罐、瓮、尊、盒、碗、豆、簋、壶、钵、鼎、器座等；石器5件，均为磨制，种类有石锛等；青铜器2件，种类有锸等。最重要的是，该遗址出土了4件铁斧。在广东地区，从"夔纹陶类型"文化遗址中出土铁器尚属首次，说明最迟在战国晚期，当地居民已经使用铁制生产工具。[②]与此同时，在该遗址还发现建筑基址一处，属于"干栏"式建筑风格，不仅为研究古越人的居住风俗提供了新的研究素材，而且也证明古时的深圳地区属南方百越民族的聚居地之一，百越文化是深圳地区的"土著文化"。

二、秦汉至明清时期百越文化的演变

秦汉以降，部分中原汉人随军征、任官职、避荒乱或从商业等原因陆续进入深圳各地，百越民族进入了与汉人杂居时代。在长期的民族交往过程中，百越民族逐渐出现了民族分化和文化融合，至明清时期最终实现了越汉文化融合。

（一）秦汉至晋代时期的"与越杂处"

公元前221年，秦朝建立。不久便开始了征战南越的战争。从公元前219年至210年间，秦始皇先后发动3次征战，统一了岭南地区。为了加强对岭南地区的管理，一方面，秦朝在南越旧地设置了南海、桂林和象郡3郡，广东地区主要归属南海郡，下设番禺、龙川、博罗和四会等县，深圳地区为番禺县辖境；另一方面，推行移民实边政策，将余下军事人员及其家属就地留居，并于

[①] 深圳市文物管理委员会编：《深圳文物志》，文物出版社2005年版，第64-65页。
[②] 文本亨、杨耀林：《深圳市叠石山遗址发掘简报》，《文物》1990年第11期，第21-25页。

"三十三年（前214年），发诸尝逋亡人、赘婿、贾人，略取陆梁地，为桂林、象郡、南海，以适遣戍"，接着在"三十四年，适治狱吏不直者，筑长城及南越地"（《史记·秦皇本纪》）。[①]与此同时，应龙川县令赵佗的请求，秦始皇将15000名无夫家的妇女送到岭南作为戍卒之妻。据研究，当时的深圳地区有一支南越部落参与抗秦战争，与秦军进行了长达七八年的战斗，[②]战后又归属番禺县，因此可以肯定的是，他们当中有少部分人员来到了深圳地区。

秦亡之后，龙川县令赵佗割据分立政权，建立了以番禺为都城的南越王国，自称"南越王"。在其统治期间，采取"和集百越"的民族政策。汉政权建立后，汉武帝于公元前112年派兵10万平定南越。随后，在南越国旧地设九郡管辖，深圳地区分属南海郡博罗县地。同时，继续"颇徙中国罪人杂居其间"。到东晋成帝咸和六年（331年），晋王朝从南海郡分立出东官郡，下辖宝安等6县，郡治和县治均在南头。据《宋书州郡志》记载，晋代时期的东官郡六县共有1332户、13696人。[③]随着中原汉人迁入数量的增加，深圳地区的"越汉杂居"范围也得到了不断扩大，当地越族人的社会生活开始进入汉化过程。

（二）隋唐至宋元时期的百越分化

经过秦汉至晋代时期的社会动荡和民族演变，百越民族也从"越汉杂处"转向"越汉融合"的发展过程。西汉后期，越人族称逐渐消失，其民族社会也出现了分化。至东汉晋末时期，在以番禺为中心的珠三角一带的越人与汉人逐渐融合，其族称逐渐演变为俚，而未融入汉人者则称为僚。

唐宋至元代时期，伴随着我国古代海上贸易的兴起和发展，广州成为南方重要的贸易港口，而位于珠江口东岸的深圳地区，其经济地位和军事地位日益凸显。唐开元二十四年（736年）正月，唐政府在宝安县南头城设立屯门镇，负责附近一带地区的海上防守事务。不久，在至德二载（757年），将宝安县改称东莞县，归属广州都督府，并将县治从南头迁到涌（今莞城一带），以后直至明代万历元年（1573年），才从东莞县析出复立，时间长达800多年，因而史书留下的文献资料较少。尽管如此，但在民间仍然找到一些相关史料记载。在

[①] 引自广东省地方史志编纂委员会编：《广东省志·少数民族志》，广东人民出版社2000年版，第53页。

[②] 张一兵：《深圳古代简史》，海天出版社1997年版，第43页。

[③] 引自谭力浠、朱生灿编著：《惠州史稿》（内部资料），1982年，第12页。

宝安区西乡街道的鹤洲村，发现一座建于宋代时期古墓，即郑南莆墓。据记载，郑南莆的祖父为郑朝奉，在宋治平间，官于朝，熙宁三年（1070年），徙居宝安。[①]后娶了南头仓前村畲族雷氏为妻，生有一子郑帽庵，为宋朝议大夫。郑帽庵娶李氏生郑南莆，后任宋朝宣教郎。为了和本地人合作，郑南莆长大后也娶了仓前村雷氏为妻，生下了仁、义、礼、智、信5个儿子。五子均成大器，子孙不断繁衍，终成深圳史上望族，后裔遍布今深圳市南山、福田、宝安以及东莞市、中山市和香港一带，因此其墓又称"五房坟"。[②]到宋末元初，深圳地区的畲、瑶等民族仍有较多的分布，"大奚山、大小蕉峒（今香港大屿山及其附近岛屿）……疍蛮种类，并系昔时海贼卢循子孙……甚于猺人、山獠"[③]。宋代，广东提举茶盐徐安国派人入岛禁捕私盐，引起岛民不安，激成民变。宋庆元三年（1197年），"盐司峻禁，瑶人遂啸聚为乱，上遣兵讨捕，徐绍夔等被擒，遂墟其地"，"庆元六年，减瑶洞之戍，屯官富场，后悉罢之"。[④]由此可见，在宋代大奚山一带地区，仍然有较多的瑶民分布。

（三）明清时期的越汉融合

明代以后，经过数百年的民族分化或融合，广东地区的越族后裔逐渐出现地域特色化发展，畲族主要集中在粤东地区，瑶族则占有较广的分布，除汉人集中聚居的珠三角地区以及沿珠江、东江和北江的沿江地带外，其他地方都有瑶民分布。据学者统计，瑶民分布的州县多达56个。[⑤]明代时期的深圳地区，大部分属于东莞县管辖，东北部的龙岗、坪山一带部分为归善县管辖。其时"东莞县瑶。邑至六七都"[⑥]，"柑杭山，在七都，周匝四十余里，瑶人居之，多产

[①]"宝安文史丛书"编纂委员会编：《康熙新安县志校注》，中国大百科全书出版社2006年版，第105页。

[②]深圳市史志办公室编：《深圳村落概览》（第一辑宝安卷），华南理工大学出版社2020年版，第53页。

[③]（元）张惟寅《上宣慰司采珠不便状》条文。见《宝安文史丛书》编纂委员会编：《康熙新安县志校注》，中国大百科全书出版社2006年版，第768页。

[④]清康熙金光祖修《广东通志》卷23。引自李默：《广东瑶族与百越族（俚僚）的关系》，《中南民族学院学报》1986年增刊，第117页。

[⑤]李默：《明代广东瑶族的分布》，《民族研究》1983年第4期，第62页。

[⑥]清嘉庆《东莞县志》卷九。引自黄朝中、李耀荃主编，李默校补：《广东瑶族历史资料（上册）》，广西民族出版社1984年版，第51页。

赤竹"[1]，由此说明深圳地区是明代广东瑶民的聚居地之一。

明代初期，明政府为了便于对瑶民聚居地的管理，采取了以抚为主的政策，在瑶民地区设立了抚瑶官一职，其职责为"领之俾略输山赋"。在深圳以及周边的"归善河源等邑皆有抚瑶官"。[2]相关情况在《明实录》中则有不少记载。"丁酉……广东东莞县瑶首院善活等贡马及方物。赐衫币、转证"，"癸巳……广东东莞县大帽山（今属香港，位于新界荃湾区和元朗区交界处，又称大雾山）瑶头欧寿山各道人资马。赐彩币等物有差"，"癸未……广东归善县黄峒等山抚瑶人林原贵等来朝，贡方物。赐钞、绢有差"。[3]明中期后，广西爆发了大藤峡瑶民起义，随后涉及广东、福建、湖南等地。此时，明政府一改之前做法，实行了剿、抚结合政策，派出军队前往镇压。受此影响，深圳及周边地区"猺蛮肆逞，致烦兴师"[4]，惠州、潮州等地，于嘉靖三十八年（1559年），和平、龙川、河源等地发生了畲、汉两族人民起义，一度攻陷惠州府归善地。[5]之后，明政府开始在华南、西南的民族地区实施"改土归流"政策。这一政策在入清后得到延续，在一定程度上有利于缓和民族矛盾，推动越汉民族文化融合发展。

清朝初年，在广东沿海一带发生了"迁海"事件，当地人口绝大部分被迁往外地，仅剩2000多人。复界后，大量的汉族移民从闽、粤等省和周边地区迁入深圳各地，其人数远远超过当地回迁人口，极大程度改变了深圳地区的民族结构和地域分布。其间，更多的瑶民迁往其他瑶民聚居区，虽然也有部分瑶民回迁原住地，但在没有人口数量优势和文化强势的社会环境条件下，在经过清朝一代200多年的社会发展和文化变迁，最终走向民族文化融合发展的道路。

三、近代至今百越文化的遗风

百越民族作为深圳地区的土著民族，在长达5000年的历史进程中，为当地

---

[1] "宝安文史丛书"编纂委员会编：《康熙新安县志校注》，中国大百科全书出版社2006年版，第85页。

[2] （清）章寿彭纂修：《归善县志》，乾隆癸卯重辑，第203页。

[3] 刘耀荃编、练铭志校补：《明实录·广东少数民族资料摘编》，广东人民出版社1988年版，第43、44、82页。

[4] 周希曜：《详免军需》。见《宝安文史丛书》编纂委员会编：《康熙新安县志校注》，中国大百科全书出版社2006年版，第404页。

[5] 广东省地方史志编纂委员会编：《广东省志·少数民族志》，广东人民出版社2000年版，第19页。

的经济开发和文化发展曾经做出了巨大的历史贡献。近代以后,深圳地区原有的百越文化完全融入当地汉族文化之中,成为深圳文化的组成部分。

(一)方　言

方言,被称为语言的"活化石",它是在长期的民族交往过程中,相互吸收、相互影响而形成。在特区建立前的深圳,其居民主要是汉族的广府民系和客家民系,其中广府方言的围头话和客家方言的粘米话,被认定为深圳本地最古老的方言,至今都有600年以上的历史。

围头话,主要通行于福田区的上步、田面、福田、岗厦、皇岗、水围、石厦、新洲、沙嘴、沙尾、上沙、下沙和罗湖区的蔡屋围、向西、黄贝、湖贝、水贝等村,以及香港新界靠近深圳湾一带的村落。这些村落大部分建于宋代,部分建于明代。据上沙黄氏族谱记载,该村开基先祖为黄金堂,生于宋大观四年(1110年),官至南宋儒林郎,终于宋绍熙三年(1192年)。下沙和上梅林两村的黄姓先祖为黄默堂,进入福田的时间约在南宋后期。以上4个村的黄姓人口共计达到5000余人,占福田区原住民人口的将近一半。[1]

粘米话,又称"祖公话",通行于深圳东北部的坪地、坪山、坑梓等街道的部分村落,主要有田头社区矮岭、老围、上村、新曲4个村的吴姓家族和田心社区老围、对面喊、树山背等村的许姓、叶姓家族,以及汪岭社区果元背村的麦姓家族。据族谱记载,果元背村麦姓于南宋嘉定三年迁到此地。老围村的吴姓先祖宋朝时从江苏常州无锡梅里迁至广东东莞角蛇,明朝时从东莞角蛇迁至坪山田头立村。当时这里的居民有黎、冼、谢、梁、张、陈、谭7姓,吴东周、吴从周与7姓商量,由7姓出地,他们出钱,合建围村。随着时间的推移,黎、冼、谢、梁4姓迁走,围内留下了4姓合居。[2]目前,村内仅有数百人会讲粘米话,属濒危语种。

(二)地　名

深圳的地名有不少属于明清甚至更早的名称,当中也有部分为畲、瑶民族的称呼。一是带有"峒"或"洞"字的地名,其本义为山间盆地、山谷或是被山地围绕的居住地区,因而在越族人居住的地方多以"洞"或"峒"为名。在

---

[1] 深圳市福田区地方志编纂委员会编:《深圳市福田区志》(下),方志出版社2012年版,第1124页。

[2] 深圳市史志办公室编:《深圳村落概览》(第二辑　坪山卷),华南理工大学出版社2020年版,第185、299页。

深圳的现有地名中，属于这种地名的有大鹏的"王母峒"、葵涌的"洞背""黎洞山""上洞老围""上洞新围"，宝安沙井的"南洞"，南山西丽的"留仙洞"，龙岗布吉的高应洞，光明区的白花洞；二是带"罗""古""坂""兰、拦、栏、阑""那""畲"或"峯"字的地名，也带有一定的越族成分，如宝安松岗的"罗田"、坪地的"罗谷"、石岩的"罗租"、龙岗的"坂田"、平湖的"上木古"和"下木古"、坪山的"马兰"（现改为马峦）等。[①]

（三）信　仰

龙母崇拜，源于古代越族的水神崇拜，是百越文化的一个标志性元素，流传于粤桂两省的西江流域。在深圳福田区的上梅林村有一座始建于明代的龙母宫。据当地人传说，龙母娘娘原名温凤娇，是春秋战国时期百越族的女首领，不仅能够驱除贼寇，还能平息争斗、维护和平。明朝时期，上梅林村民发现在村子的南坡上出现异兆，发现原来是龙母娘娘驾临，于是集资修建龙母宫，供奉龙母娘娘。[②] 上梅林龙母宫是深圳地区唯一供奉龙母娘娘的庙宇，成为深圳地区古越族和汉族移民的文化融合和社会变迁的历史见证。

盘古崇拜，源于百越盘古神话，主要流传于南方地区的瑶族分布区域。历史上的深圳地区是百越民族的聚居地，明朝时期又是广东瑶族的分布区之一，因而对盘古崇拜也是普遍存在于其民间信仰之中。据调查，深圳的龙岗、坪山等地，在新中国成立前都有拜盘古的习俗，[③] 目前还留下与盘古有关的地名，如杭梓街道的盘古石村。在龙岗区有坂田围村的鸡公山还建有一座建于明朝的盘古庙，供奉着开天辟地的盘古真人。这是深圳现存的唯一一座盘古庙，也是深圳百越文化遗风的实证者之一。

第三节　疍家文化

疍家，主要分布在广东、广西、福建、海南等省区的一些沿海港湾或内河，世代从事渔业或水上运输的居民多以船为家，旧称疍民或疍户。新中国成立后，

[①] 曾祥委：《深圳的族群地名（上）》，《宝安日报》2012年2月28日。

[②] 深圳市福田区地方志编纂委员会编：《深圳市福田区志》（下），方志出版社2012年版，第1137页。

[③] 曾祥委：《岭南的盘古崇拜群》，《民族文学研究》2002年第4期，第26页。

深圳文化述论

在政府的安排下，疍家人陆续上岸，建立村落定居。1954年，根据国务院颁发的文件，将我国境内从事打鱼和航运业的疍家人改称为"水上居民"。广东是我国疍家主要聚居区，主要分布在番禺、南海、三水、顺德、香山、新会、东莞各县的珠江主流及支流沿岸地带。在沿海地区，自饶平经澄海、南澳、汕头、潮阳、惠来、汕尾、陆丰、海丰、惠东、惠阳到深圳，大大小小的海湾、渔港和码头，都有疍家的踪迹。[①]他们大多以渔为业，以舟为家，没有统一的语言。历史上的深圳地区是疍家人发祥地之一，其来源有两个组成部分。

一、百越遗民与深圳疍家的形成和发展

关于疍家的来源，学术界说法有多种，但主要倾向于来自南方土著民族的观点，认为疍家是古代百越后裔的一部分。[②]据文献记载，"疍，其来莫可考，按秦始皇使蔚屠睢统五军监禄，杀西欧王，越人皆入丛薄中，与禽兽处，莫肯为秦。意者即此入丛薄之遗民耶。以鱼钓为业，以舟为宅，语音与土人身微异"[③]。由此说明，不愿臣服秦汉统治的越族人，逃到沿海附近的一些海岛上定居，成为最早的疍家先民。后来，在其形成过程中，不少汉人加入其中，最后发展成为我国汉族民系的一支。

东晋时期，在晋孝武帝太元年间（376—396年），爆发了五斗米道首领孙泰领导的农民起义。孙泰死后，相继由孙恩、卢循担任首领。约在晋安帝元兴三年（404年）初，卢循率众乘船途经东官郡宝安县沿海地区，不久攻入番禺县境，并占领了广州。晋安帝义熙七年（411年）六月，卢循战败负伤，投水而死，余众则逃到沿海荒岛，以捕鱼为生，被人称为"卢亭"。到南宋高宗绍兴（1131—1162年）末年，包括深圳在内的广东沿海地区，已经成为疍家集中分布的区域之一，有疍民数万户。[④]元代时期，在"大奚山、大小蕉峒（今香港大屿山一带）……况疍蛮种类，并系昔时海贼卢循子孙，今皆名为卢亭，兽形

---

① 庄初升:《岭南地区水上居民（疍家）的方言》,《文化遗产》2009年第3期，第127页。
② 蒋炳钊:《疍民的历史来源及其文化遗存》,《广西民族研究》1998年第4期，第80页。
③ 章寿彭纂修:《归善县志》,乾隆癸卯重辑，第204页。
④ 陈伯陶纂修: 民国《东莞县志（卷30）》（第19册），上海书店、巴蜀书社、江苏古籍出版社1990年版，第249页。

捣舌,椎髻裸体,出入波涛,有类水獭,官司莫能征赋"①。附近的老万山、竹没山"周回数十里,内有卢亭,俗传为卢循之后,能入水捕鱼鲜食,以棕兰竹箨为衣"②。他们捕鱼之外,或在官府珠池,入海采珠;或为富人附庸,以求苟活。或依附海岛,成为寇盗。为此,在明初的洪武十五年(1382年)三月,明政府把疍家人招募为水军,"命南雄侯赵庸籍广州疍户成人为水军。时疍人附海岛,无定居,或为寇盗,故籍而用之"③。二十五年(1392年)十二月,又以东莞(含后来的新安县)、香山等县逋逃1000余户为兵。永乐六年(1408年)年复招为兵,防备倭夷。④明末,面对"海盗盛行,多为疍家"的状况,新安知县周希曜采取"编疍甲以塞盗源""禁豪强以惠渔蛋"之举,⑤以加强对疍家人的管理。这一时期,在疍家人较多的沙井一带,还形成了当地著名圩市之一的疍家萌圩,后来此定居、经商的人数不断增加,尤以邓姓人为多,故更名为"邓家萌圩"⑥。至明末清初,疍家人成为深圳地区的四民之一。由于"粤民视疍户为卑贱之流,不容登岸。居住疍户亦不敢与平民抗衡,畏威隐忍,局促舟中终身不获安居之乐"⑦,因而疍家人的地位较低,受到社会歧视,不准他们上岸定居。

二、外来疍家与深圳疍家村落的建立

清初,由于受到"迁海"的影响,除少部分迁到陆上外,更多的疍家人迁往粤西、广西、海南或福建等地。"复界"之后,回迁的疍家人数不多,更多的是从毗邻深圳的潮汕沿海地区和珠江口沿江地带的疍家人迁来。大鹏南澳东渔

---

① 张惟寅撰《上宣慰司采珠不便状》条文。"宝安文史丛书"编纂委员会编:《康熙新安县志校注》,中国大百科全书出版社2006年版,第768页。
② "宝安文史丛书"编纂委员会编:《康熙新安县志校注》,中国大百科全书出版社2006年版,第86页。
③ 刘耀荃编、练铭志校补:《明实录·广东少数民族资料摘编》,广东人民出版社1988年版,第5页。
④ 深圳百科全书编委会编:《深圳百科全书》,海天出版社2010年版,第22页。
⑤ 周希曜条议十四款。见"宝安文史丛书"编纂委员会编:《康熙新安县志校注》,中国大百科全书出版社2006年版,第793页。
⑥ 宝安区沙井街道万丰社区古称。
⑦ "宝安文史丛书"编纂委员会编:《康熙新安县志校注》,中国大百科全书出版社2006年版,第605页。

村民先辈是从潮州一带漂泊而来。宝安区翻身村的黄、郭、周、刘、何、冼、梁、黎、李、卢、霍、陈、冯、金、林、张、樊、钟、叶等姓，大多来自中山南海、番禺、东莞、惠阳等9个县。①草围村陈、梁等姓，清末从顺德、东莞、番禺等地迁居于此。共和村陈、黎、蔡、梁、郭、艾等姓，清末民初从珠三角一带迁徙而来。蚝业村陈、张两姓，清朝从东莞、番禺迁来。后瑞村郭、陈两姓，清末民国从珠江三角洲一带迁入。三围村陈、梁两姓，清末民国从东莞番禺等珠三角地区迁来。南山区蛇口渔二村的居民，其祖辈是清末从汕尾海丰县红草、梅陇、联安等地迁来。②民国时期，也有不少疍家人从周边迁入，安乐村陈、周、何黄、郭、梁等姓，民国时期从东莞、南海、番里、中山、顺德等地迁来。盐田区上、下渔村石、黎、郭、何、方、吴、钟等姓，约在20世纪30—40年代从惠东、汕头等地迁来。③罗湖区渔民村的吴姓，也是在20世纪30—40年代从东莞企石洲寮迁来。④

1949年新中国成立后，深圳地区的疍家人在政府部门安排下，陆续上岸定居，逐渐形成了后来分布在深圳各地的渔村。这些村落有福田区的渔农村，宝安区的福围村、和平村、新和村、兴围村等。改革开放后，成为深圳经济特区的社区居民。目前，深圳疍家主要集中在大鹏湾、深圳湾等沿海地区，以宝安区的西乡和沙井为最多，南山、罗湖、福田、盐田、大鹏等区内也有一定数量的分布。根据2015年深圳自然村落调查数据，在全市原有1024个自然村中，属于疍家村的有27个，占比2.64%。⑤

三、从"水上漂"到"陆上居"演变的深圳疍家文化

从秦汉至今，深圳地区一直都是广东疍家人的居住地之一，他们世世代代用自己勤劳的双手创造了具有地域特色和富于疍家风情的疍家文化。

---

① 邱志明、黄征宇：《鹏城街话——讲述深圳地名文化（一）》，岭南美术出版社2014年版，第159页。

② 邱志明、黄征宇：《鹏城街话——讲述深圳地名文化（三）》，岭南美术出版社2015年版，第69页。

③ 赵世宽等：《深圳市盐田区盐田街道自然村落历史人文普查汇编》，深圳市盐田区盐田街道办事处编印，2016年，第223页。

④ 胡爱民、吴金权：《渔民村村史》，深圳金岛出版事务中心编印，2011年，第172页。

⑤ 深圳市史志办公室编：《深圳村落概览》（共10辑），华南理工大学出版社2020年版。

（一）海胆粽

疍家人长期生活在水上，生食或腌制捕捞上来的鱼虾，成为他们饮食的一大特色，宋代的范成大在《桂海虞衡志》中，就有"疍，海上水居蛮也，舟楫为家，采海物为生，且生食之"的记载。至今的深圳疍家人还保留着这一传统的生食或腌制水产品习惯。在深圳，最为知名的、具有代表性的则是南澳海胆粽。

南澳海胆粽所用食材来自大鹏的山海，其中水草、海胆来自附近海域，芒叶、糯米则产自大鹏山。每年清明和五月节前后，当地村民驾船前往海上拣海胆，到山上摘芒叶。清洗之后，将两片芒叶一横一竖放好，再依次放进泡好的糯米、炒料、五花肉、瑶柱、虾干等，最后盖上满满一勺黄澄澄的海胆，卷成规规整整的长圆形，以咸水草捆裹结实，包成长圆形。一斤海胆大概可以包20条海胆粽，每条海胆粽里的海胆差不多有半两多重。海胆粽包好后，要经过柴火蒸煮4个多小时才能出锅。[①]这样做出来的海胆粽，颜色金黄，香甜可口，既有海胆的鲜美，又有粽子的软糯和芒叶的清香，还有配料的提味，食材之间相得益彰，可做主食也可做饭后的茶点，是疍家饮食文化的代表。如今，吃海胆粽、看海上龙舟，成为南澳人端午节特有的风俗。2019年，南澳海胆粽入选龙岗区第六批非物质文化遗产代表性项目。

（二）渔民娶亲

深圳疍家人在上岸前，其婚俗从介绍、相亲、订婚、娶亲等都是在船上完成的。尽管后来疍家人上岸定居后，生产方式和生活方式都发生了很大的变化，但在仪式上仍然保留了许多水上传统。

南澳渔民娶亲，起源于明朝中期，已有400多年历史。首先是订婚。渔民男青年到了结婚年龄经人介绍对象后，便向女方送订金，拿到女方生辰八字后放在船上的神台，烧3炷香，3天内没有打烂过碗碟，订婚就算成功。接着是筹办婚礼。婚前3天，女方在家待嫁，父母、女儿都唱"嫁歌"。男方先向女家过大礼，一般有猪、鸡、水果、饼等10盘，以男方船和女方船对接完成过礼手续。同时，男家要在船舱布置新房，包括布置新床，挂结婚帐，"说四句"，唱"挂帐歌"，内容多是夫妻恩爱、白头到老、多子、多福、荣华富贵等。铺好新床后，让小孩上新床抢果子等。最为重要的就是迎亲，是整个婚礼的高潮。是日，男方开着有锣鼓乐队的迎亲船，新郎戴毡帽，穿长衫，腰挂两条红带，两

[①] 张妍：《寻访深圳大鹏新区海胆粽背后的故事》，《深圳商报》2018年5月29日。

鬓插银珠花，胸前一朵大红花。新娘则身穿红袍，鬓插红花，脚穿花鞋。接新娘上船后，新郎、新娘焚香点烛拜大海，跪拜父母，新娘唱离家歌，陪嫁船上的姐妹唱送嫁歌。最后在男家船上设宴两天，才算婚礼正式完成。①南澳渔民娶亲，从内容和仪式上，都反映了早期深圳疍家人的生产和生活方式，他们所用的服饰、道具、音乐和舞蹈等已经成为深圳民间艺术的一部分，具有较高的文化价值。2011年，南澳渔民娶亲入选广东省级的非物质文化遗产代表性项目名录。

（三）舞草龙

疍家人的年俗活动丰富多彩，最为热闹的则是"舞草龙"，又称"舞火龙"，主要流行于南澳镇的渔民区，每年正月初二晚进行表演。

南澳舞草龙，在清朝时已经很盛行，并且一直流传至今，是南澳渔民极具特色的过年风俗。舞草龙主要分为"扎龙""舞龙"和"送龙"3个部分。首先是"扎龙"。草龙是用山上剑草捆扎而成。年初二上午把剑草割回来晒干，下午把草扎成一条八九十米的长龙。然后用数十条1.2米长木棍牢牢撑住龙身。晚上把扎好的草龙搬到天后庙门前小广场上，经精选的舞龙好手，先把草龙身上的香点燃，草龙便变成了火龙。伴随着锣鼓队，先拜天后庙，后向南方拜三拜，接着是开始舞龙，一条长长的火龙向着渔民村进发。由龙珠在前引导，火龙在舞动中逶迤前进。火龙所到之处，家家点燃红烛，奉上生果、水酒，燃放爆竹和纸宝。此时，整个渔村一片欢腾。最后，舞草龙队伍来到海边，举行"化龙"仪式。先举龙向西北方拜三拜，然后把龙头放上，龙尾放下，堆在一起。接着烧纸宝蜡烛及龙衣，最后点燃草龙，并燃放爆竹。②场面非常热闹，不仅有本地村民参加，还吸引了周边地区的人前来观看，甚至还有许多从香港回来的原南澳籍居民，人数达到上万。

由于南澳舞草龙具有很高的历史文化价值、民间艺术价值和社会现实价值，2006年12月，被批准为深圳市首批非物质文化遗产保护项目。2007年6月，入选广东省非物质文化遗产代表作性项目名录。

（四）咸水歌

深圳疍家的悠久历史，创造了有海洋特色的疍家民间艺术，形式多样，内容丰富多彩。其中，最有代表性的就是疍家民歌，常见的有咸水歌、婚礼歌、

---

① 深圳市文化广电旅游体育局：《南澳渔民娶亲礼俗》，深圳政府在线网。
② 深圳市文化局、深圳市非物质文化遗产保护中心主编：《深圳市第一批非物质文化遗产名录》，海天出版社2008年版，第48页。

行船歌、下水歌、丧葬歌、高堂歌，等等。这些民歌词语生动，旋律优美，节奏明快，颇具海洋文化色彩。

咸水，即为海水之意。疍家人长期生活在大海边，他们日常生活和劳动生产中所唱的各种题材的民歌，被人们俗称为"咸水歌"。咸水歌的基本特点就是没有固定的歌谱，基本上是一个调，多为即兴创作，旋律婉转悠扬，内容通俗易懂。清代屈大均在《广东新语》中有"疍人亦喜唱歌，婚夕两舟相合，男歌胜则牵女衣过舟也"的记载。[1] 咸水歌的曲调类型主要有古腔咸水歌、长句咸水歌、短句咸水歌、姑妹歌（姑妹调）、大缯歌、担伞调、高堂歌等。[2] 在深圳地区，咸水歌往往采取对唱、赛歌、咸水歌擂台等即兴对答的口头创作方式，按固定的结构格式和基本的调式、旋法和终止式演唱，俗称"问字求腔"，按方言字调（平仄）的音高走。[3]

咸水歌[4]
凄凉苦呀好苦凄，凄凉唔敢讲人知；
日里凄凉还过得，夜里凄凉揽张被。
十九夜月八分光，七姐下凡恋六郎；
五更四处打三点，二人同睡一张床。
你爱断情就断情，手拿算盘算分明；
身上衣衫我做介，手揽孩儿系我人。
毫子唔当花边重，扇扇唔当起南风；
擎伞唔当云遮日，丈夫唔当野老公。

第四节　广府文化

广府人，是指历史上形成于以广州为中心的珠江三角洲地区，分布于珠江

---

[1] 屈大均：《广东新语》（下），中华书局1985年版，第358页。
[2] 广东省文化局、中国音乐家协会广东分会合编：《中国民间歌曲集成·广东卷》，中国ISBN中心，2005年，第99—100页。
[3] 钟志雄主编：《渔村故事——渔业社区党建人文村志》，深圳市宝安区西乡街道渔业社区党委编印，2020年，第68页。
[4] 宝安县地方志编纂委员会编：《宝安县志》，广东人民出版社1997年版，第707页。

深圳文化述论

流域地带，以粤语（或称白话、广东话）为方言的一支汉族民系，先后经历了秦汉时期的雏形、魏晋至隋唐的发育和宋明时期的形成等3个阶段，[①] 主要聚居在广东的粤中、粤西南、粤北和广西东南地区一带，是广东汉族民系中人数最多、分布最广的一支。历史上的深圳地区，不仅是中原汉族移民最早进入岭南的地区之一，也是广府人的形成地和聚居地之一。

一、秦汉至元代的南迁汉人与深圳广府民系的形成

自秦汉时期以来，汉族移民以各种方式不断进入深圳各地，社会经济日渐发达，人口不断增多，到宋元时期，广府人成为深圳地区的主要居民。

（一）秦汉至晋代时期

据考古研究表明，早在春秋战国时期，深圳地区就开始与中原地区有了联系。秦汉时期，随着秦皇汉武的南征南越，部分中原汉族人进入到深圳地区。东晋时期，晋王朝在深圳地区设置东官郡，下辖宝安等6县，这是深圳地区最早的行政机构，由此，更多的汉族官兵和家属不断进入深圳地区。

两晋时期，先后发生了"八王之乱"和"永嘉之乱"。为避战乱之苦，更多的中原汉族人南迁岭南地区，进入到深圳地区也有不少。其中，最为著名的是被称为东晋"南粤孝子"的黄舒，后随其父自江夏迁居东官郡宝安县，定居在今天的沙井，黄姓成为文献记载中最早进入深圳地区的姓氏，其后裔分布在宝安的沙头村、上合村、北头村和坪山区的坑梓等地。在历代史书中，均有黄舒的相关记载，明清时期的《东莞县志》《新安县志》都把黄舒排在"乡贤"或"孝友"的首位，成为历代朝廷树立的榜样。

（二）唐宋至元时期

唐宋时期，进入深圳地区的汉族移民大量增多，特别是南宋末年，深圳地区成为抗元斗争的主战场之一，大量的宋朝官兵和家属在斗争失败后，留居于深圳各地。

宝安区凤凰村的文氏，南宋末年至元初（1297—1308年），文天祥从孙文应麟为继文天祥的爱国气节，决不仕元，举家从江西吉安迁徙东莞，后定居在福永凤凰一带。[②] 燕川的陈姓先祖为南宋淳熙进士陈朝举，因金兵乱，辗转南迁

[①] 徐杰舜：《广府人的形成及人文特征——华南汉族族群研究之四》，《广西民族研究》2000年第4期，第32—34页。

[②] 郭培源主编：《福永镇志》，合肥工业大学出版社2006年版，第88页。

28

至南雄珠玑巷。晚年偕三子落籍东莞县归德场涌口里,即今宝安区沙井街道步涌社区一带。南宋咸淳六年(1270年)前后,松岗初创,原名黄松岗圩,其后裔分布于沙井、福永、松岗、横岗等地。[①] 怀德村潘姓先祖仲鉴公,为避中原金兵南侵之乱,于北宋末年由河南荥阳迁徙至广东南雄上朔村珠玑巷。宋元之交,携带家人先迁至东莞太平,后转迁至宝安的靖康。南宋景定年间,潘仲鉴又携带家族迁至福永龙堂扎根立业。[②] 南昌村的何、梁、张等姓,北宋咸平年间迁移至当地。桥头村的林姓,北宋从莆田北螺村迁到东莞万江镇,后迁到宝安黄田,南宋嘉泰年间(1201—1204年)从黄田迁到当地。新桥村的曾姓先祖仕贵,南宋初南迁到东莞县城,后再迁归德盐场(今新桥村一带),立村定居。龙华区狮径村的庄姓,宋代从东莞迁入,陈姓于元代从东莞迁入。

罗湖区蔡屋围的蔡姓先祖蔡安,原籍福建建阳,淳祐年间(1241—1252年)敕授国子监助教,官于南雄,遂家于南雄府保昌县珠玑巷柯树下。后蔡安与弟蔡郁卜居广州府东莞县靖康堡堂厦乡(今东莞市长安镇沙头乡塘厦村)立籍。其后代基俊自元朝从东莞大井择于新安东路赤乡开基,即月岗屯故址也。[③] 南山区南头的郑氏先祖郑朝奉,于宋熙宁三年,徙居宝安。[④] 福田区上沙村的黄氏先祖为黄金堂,于南宋中后期来上沙开基立村。甲岸村的黄姓,元至正年间(1341—1368年),从香山县(今中山市)东岸村迁来。稔田村的张、陆两姓,于元朝末年迁徙到此定居。皇岗村的庄姓,原居浙江临安(今杭州),南宋时期,因元兵南侵,南宋将领庄敬德率兵抗敌,并将家眷托居于东莞,后于明宣德年间,其后裔孙庄顺斋携族人迁此。

此外,福田区埔尾村的郑姓,元朝初年八世祖郑惠和迁居上步一带,元朝末年郑梅带后人迁居埔尾村;南山区大冲村的郑姓,北宋熙宁三年(1070年)从南雄州宝昌县凌江迁到宝安南头,明代从南头迁来此地;光明区玉律村的莫姓,于南宋绍定年间(1228—1233年)九世祖莫逐安从东莞茶山迁到此地。曾

---

① 邱志明、黄征宇:《鹏城街话——讲述深圳地名文化(三)》,岭南美术出版社2015年版,第93页。

② 邱志明、黄征宇:《鹏城街话——讲述深圳地名文化(一)》,岭南美术出版社2014年版,第141页。

③《深圳蔡屋围族谱》,2005年,第36页。

④ 邱志明、黄征宇:《鹏城街话——讲述深圳地名文化(三)》,岭南美术出版社2015年版,第52页。

深圳文化述论

屋村的唐姓，于南宋隆兴元年（1163年）从紫金迁居到此开村。径口村的黄氏，为避战乱，南宋时从福建迁到南雄珠玑巷，元朝后期从那迁到当地。

二、明清时期珠三角地区的广府人迁入与深圳广府民系的发展

明清时期，移民深圳地区的汉族人迅速增加。一方面，由于我国东南沿海频遭倭寇、番夷、海盗的侵扰，深圳地区也成为我国东南海防重地，明清政府先后建立了大鹏守御千户所、东莞守御千户所、新安营等军事机构，驻地官兵和家属大多是来自中原各地。他们任职届满或年老之后，多数留居在深圳地区；另一方面，珠江三角洲地区的人口激增，人多地少矛盾突出，人口开始向外迁移，其中的一部分从广州、东莞等地迁入深圳地区。

罗湖区笋岗的何氏先祖何真，号称"东莞伯"。元末动乱时，何真回到家乡东莞圆头山避难，因得罪了拥兵割据的土豪，不得已率家人逃避到泥岗（今罗湖区泥岗街道）隐居，不久归附明朝。[1] 水贝村的张氏先祖张远涧，自明代永乐年间从东莞大塘、大鹏烟墩迁至水贝开村，其后代分居于向西、湖贝、黄贝岭三村。[2] 罗湖村的袁姓，明洪武初年从广东东莞温塘迁入当地。水围村的林姓，明朝末年从东莞迁到当地。

宝安区新安上合村黄氏先祖，明朝时从南雄珠玑巷迁至南头一带谋生，后形成上合村。[3] 松岗塘下涌村黄姓，明代正德年间自东莞迁来。[4] 臣田村的仇姓，明朝时从顺德迁来。步涌村的江姓先祖为江纳流，明建文二年（1400年）职授盐使司来任，后在当地置地建房立村。洪田村的冼姓，明代中晚期从广州搬来此而成。罗田村赖姓，明代中期从东莞樟木头围迁到当地。沙浦村的蔡姓，元末明初再迁到当地开村。花果山村的王姓，于明代从东莞厚街迁到当地。溪头村的王姓，于清初从厚街迁到当地。

光明区公明李松蓢村梁姓，明朝中叶（1436年前后），从东莞县常平镇板

---

[1] 深圳百科全书编委会编：《深圳百科全书》，海天出版社2010年版，第23、27页。
[2] 邱志明、黄征宇：《鹏城街话——讲述深圳地名文化（二）》，岭南美术出版社2015年版，第33页。
[3] 深圳市宝安区新安街道志编纂委员会编：《新安街道志》，中国文史出版社2015年版，第528页。
[4] 邱志明、黄征宇：《鹏城街话——讲述深圳地名文化（三）》，岭南美术出版社2015年版，第87页。

石村前来拓荒开基。① 合水口村的麦姓，明朝永乐二十一年（1423年）从南雄珠玑巷迁徙至合水口村开基立村。② 田寮村的麦姓，明弘治十七年（1504年）从东莞周家村迁到当地。上石家村的吴姓，明洪武年间从广州增城迁到当地。张屋村的张姓，于明洪武年间从东莞篁村迁到公明元山立村。东坑村的钟姓，于明嘉靖二十五年（1546年）从东莞寮步迁移到此。新陂头村的梁姓，于明末从韶关珠玑巷迁到当地。上輋村的姚姓，清康熙年间从东莞柑桔岭迁来。西田村的谢姓，于清嘉庆二十四年（1819年）从南雄珠玑巷迁到此地。

福田区沙嘴村欧姓先祖欧观成，明初自顺德陈村迁来。③ 沙尾村的莫姓，明洪武八年（1375年）从东莞成乡迁来。新洲村简姓，明代中期从东莞县罗村迁入新洲乡。南山区桃源平山村方生，明代初年自东莞河田迁居当地。④ 向南村的叶姓，明朝时从东莞迁来。龙岗区山厦村的严、叶、邬、罗、冼等五姓族人，明朝景泰年间（1450—1457年）相继迁居山厦。⑤

清初，因为"迁海"事件的发生，使得大量的广府人不得不外迁他乡。"复界"之后，部分居民回到原地，如福田区沙尾村的莫氏子孙，在康熙八年新安县重置后，重返沙尾，开荒种地，到同治年间，莫氏家族再度兴旺。⑥ 蔡屋围村的蔡姓后人，也于复界后返回当地。据修订于清康熙二十七（1688年）的《新安县志》统计，复界后的新安县共有509个村庄，⑦ 其中大部分为广府村落，主要集中在深圳中西部的平原地区。到清中期，在深圳地区有865个村庄，当中

---

① 邱志明、黄征宇：《鹏城街话——讲述深圳地名文化（二）》，岭南美术出版社2015年版，第165页。

② 陈灼灵主编：《公明镇志》，公明街道办事处编印2005年版，第141页。

③ 深圳市福田区地方志编纂委员会编：《深圳市福田区志》（下），方志出版社2012年版，第1125页。

④ 深圳市南山区区志编纂委员会编：《深圳市南山区志》（上），方志出版社2012年版，第122页。

⑤ 邱志明、黄征宇：《鹏城街话——讲述深圳地名文化（三）》，岭南美术出版社2015年版，第147页。

⑥ 胡敬东主编：《沙头之根》，深圳市福田区沙头街道办事处编印2014年版，第151-153页。

⑦ "宝安文史丛书"编纂委员会编：《康熙新安县志校注》，中国大百科全书出版社2006年版，第47-76页。

广府村庄为520个,[①]占有较多的数量。清末至民国时期,随着客家人数增长和村庄增多,广府人的占比才逐渐下降,至深圳经济特区建立前,广府人的人口数量约占当时宝安县人口的44%。[②]另据2015年深圳自然村落调查数据统计,原有1024个村落中,属于广府村落的有209个,占20.41%。

三、岭南风格和区域特色结合的深圳广府文化

广府民系作为南迁汉人与当地民族融合而形成的一支汉族民系,在2000多年的历史过程中,不仅对岭南地区的经济开发做出了杰出贡献,而且还在传承中原文化的基础上,融入了当地民族文化,创造了具有地方特色的广府文化,成为岭南文化中居于主导地位、个性鲜明突出、影响范围最大的民系文化。历史上的深圳地区,既是广府民系的发祥地之一,又是广府文化的发源地之一,其文化历史悠久又别具一格。

(一)围 村

深圳地区的广府村落,其最大的特点就是"围村",也就是在村落周围建有围墙,具有较强的防御功能。村落前建有"蓄水池",即所谓的"风水池",其形状有半月形、长方形和不规则形等,其中多以半月形为多。村落内通常有围墙、围门、巷道门、水井、排水沟、祠堂、碉楼、书塾、神庙等。有的还有类似护城河那样的绕村子一周的水沟。

浪心古村,位于宝安区石岩街道浪心社区浪心老村内。始建于清代早期,至今有270多年历史。现存建筑大部分为清代中晚期建筑。古村落坐东向西,由祠堂、书室、民居、碉楼等组成,排列整齐,完善的排水系统至今仍在发挥作用。其民居建筑风格多样,屋脊、山墙、门额等处装饰有灰塑或壁画,内涵丰富,为研究广府民系文化提供了珍贵的实物资料。2007年10月,宝安区人民政府公布其为宝安区文物保护单位。

(二)大盆菜

大盆菜,是深圳地区的一种传统饮食习俗。明、清两代,当地人称为"新

---

① "宝安文史丛书"编纂委员会编:《康熙新安县志校注》,中国大百科全书出版社2006年版,第646—679页。

② 宝安县地方志编纂委员会编:《宝安县志》,广东人民出版社1997年版,第779页。

安盆菜",每逢庆典、嫁娶、祝寿、添丁、醮会、酬神、春秋祭祖、拜山等诸项活动,都要制作盆菜。其中,以福田区的下沙村大盆菜为代表。2002年元宵节,下沙村邀请"世界黄氏宗亲总会"各国黄氏族人、港澳台嘉宾和各地亲朋到下沙村参加盛会,舞龙舞狮,燃放鞭炮,演大戏,吃盆菜。原计划办3800席大盆菜宴,因来宾人数不断增加,最后增设到5319席,赴宴人数达到6万人。这次大盆菜宴的举办席数和人数两项均获颁发"大世界基尼斯之最"证书。下沙大盆菜宴习俗于2009年入选广东省非物质文化遗产名录。

（三）下沙祭祖习俗

下沙祭祖习俗,始于南宋时期。据记载,南宋淳祐八年,下沙村开基祖黄默堂去世后,葬于村北莲花山。后来,其子孙每年到墓地进行祭拜,便有"墓祭"的仪式。到了明朝末年,下沙黄氏九世祖黄思铭去世后,其后人在村内建"黄思铭公世祠"进行祭拜,使得原有祭祖习俗中加入了"祠祭"的形式。时间上分为每年春秋两季,祭祖习俗不断完善和成熟,并世代延续至今。其间,还要举行舞龙、舞狮、表演粤剧、举行大盆菜宴等丰富多彩的文化活动。这一习俗已有800多年历史,仪式规范,保存完好,具有重要的历史价值和学术价值,下沙黄氏祭祖习俗,于2011年入选国家级非物质文化遗产名录。

（四）望烟楼的传说

望烟楼的传说,记载了南宋时期抗元民族英雄文天祥的侄孙文应麟,在福永大矛山脚下开村立业,乐善好施,关心民众疾苦的义举,后人为纪念这位乐善好施、关心民众疾苦的义士,便在其曾经用来了解民情的凤凰山顶,建了这座望烟楼。逢年过节,附近村民自发地来到这里进行祭拜活动,他们在这里表达对文应麟的尊敬和敬仰之情,同时也激励后人要继承其遗志,把中华美德及助人为乐的习俗不断地传承下去。该传说具有700年的历史,对研究当地村风、民俗具有一定的参考价值。望烟楼的传说,于2011年入选广东省非物质文化遗产名录。

（五）七星狮舞

舞狮是深圳地区一种历史悠久的活动,至今长盛不衰。新中国成立前,多为各武馆所举办。每逢重大节日或喜庆,如春节、打醮、大商店开张、结婚、祝寿等,主人多会邀请舞狮队出动助兴。深圳建市后,深圳南头、西乡、沙井、福永、松岗共有数十支舞狮队,最出名的为福永的桥头、塘尾、福永、怀德、白石厦5个村的醒狮队，以及松岗七星舞狮队、西乡上合村舞狮队等。

松岗七星狮舞，是分布于深圳市宝安区松岗街道及相邻地区的一种传统舞蹈，是南派狮子最具特色、独树一帜的。它分为文狮和武狮，具有文武双全的特点。文狮和武狮主要以颜色和服饰区别，同时也代表着三国时期不同人物。黄色醒狮是文狮，代表刘备，其舞步以轻、柔、慢为主，俗称"举头不留面"。武狮穿黑、红、白服饰，分别代表张飞、关羽和关平。黑色醒狮的舞步有力起劲，红色和白色的醒狮舞步稳健、扎实、有力。文狮的主要舞法为"写书法"，武狮的主要舞法有"斗蛇""斗蜈蚣""斗螃蟹""斗鲤鱼""踩砂锅"等，极具沿海岭南鲜活的特色。"斗蛇""斗蜈蚣""斗螃蟹""斗鲤鱼"这4种醒狮玩法共同特征是有醒狮同动物玩耍、"吃东西"等生动活泼的动作。其中，"斗蛇"最具特色，亦最为惊险，为狮舞表演中所罕见。

松岗七星狮舞具有鲜明的地域特征、传统文化特征、民俗特征和较高的历史价值、社会价值、民俗学价值和艺术审美价值。2011年入选国家级非物质文化遗产名录。此外，上川黄连胜醒狮舞于2013年入选广东省非物质文化遗产名录，南山醒狮舞于2013年被列为深圳市非物质文化遗产。

第五节　客家文化

客家人，是在长期迁徙过程中形成的一支汉族民系。历史学家罗香林在《客家源流考》一书中认为，客家人的迁徙过程先后经历了东晋永嘉年间、唐末至宋代时期、南宋末到明代初年、明末清初到清中期和清代乾嘉时期等5个阶段，最终形成了"聚居闽粤赣，散居海内外"的客家人分布格局，[①]形成了多个客家聚居中心，江西赣南成为"客家摇篮"，福建闽西有"客家祖地"之称，广东的梅州被誉为"世界客都"，惠州、河源则有"客家侨邑"和"客家古邑"之说。从宋元至明清时期，客家人陆续从闽粤赣客家聚居地迁到深圳地区。由于受到居住环境和当地民族交往的影响，他们在保留了传统客家文化因素的同时，

[①] 罗香林:《客家源流考》，中国华侨出版公司1989年版，第13—52页。

也吸收了海洋文化因素,被学术界称为"滨海客家"。①

一、从闽粤山区走向深圳滨海的客家人

据史料记载,客家人最早进入深圳地区是在两宋时期。南宋末年,大批中原人为避战乱而南迁,其中有一部分来到今龙岗区坪地镇岳湖岗、西湖塘、香屋一带定居,②吓坑村的黄姓,北宋嘉祐五年(1060年)从福建宁化迁移到广东惠州,南宋嘉定二年从惠州迁移此地。宝安区观澜章阁村杨姓先祖,因"宋末帝昺年间,由江西吉安府迁东莞六都章阁"③。坪山新屋村的李姓,于南宋咸淳二年(1266年)从福建上杭稔田镇丰朗岗头村迁至广东淡水坪山径州。④光明区果元背村麦姓,于南宋嘉定三年(1210年),率领族人迁徙至此地开基立村,成为坪山地区建村最早的村落之一。⑤大鹏新区水贝村欧阳姓,宋代从江西吉安府浊水村迁来。⑥龙岐村的詹姓,宋朝从潮州饶平迁来。

宋末元初,元军南进,深圳地区成为南宋抗元斗争的主要战场之一,一些宋朝官兵在抗元斗争失败后,也有部分定居于深圳。据大鹏新区王母围村民传说,当年南宋王朝都城被元军攻陷后,皇太后带领小皇帝沿海一路南逃至当地落脚建围。后来皇太后等一行继续前行,而受伤的官兵、年迈的老人以及宫女等留了下来。为了纪念皇太后,他们将这里取名王母围,村民姓氏主要有李姓、林姓、廖姓、蔡姓、陈姓、王姓、张姓、秦姓、郑姓、熊姓、郭姓、何叶等。⑦龙岗区香村的香姓,相传原姓查,其一世祖查开祥与文天祥、陆秀夫等保护南宋朝廷逃亡,在文天祥被俘、陆秀夫背着小皇帝跳海后,查开祥带伤逃到东莞茶

---

① 黄震:《深圳"滨海客家"定位初探》,《深圳信息职业技术学院学报》2021年第6期,第32页。

② 深圳市龙岗区地方志编撰委员会编:《深圳市龙岗区志》(下),方志出版社2012年版,第991页。

③《宝安人文风物》,北方文艺出版社2001年版,第101页。

④ 深圳市史志办公室:《深圳市坪山新区自然历史人文普查文稿(终审稿)》,2017年,第148页。

⑤ 深圳市史志办公室:《深圳市坪山新区自然历史人文普查文稿(终审稿)》,2017年,第185页。

⑥ 管林根:《客家与龙岗》,花城出版社2002年版,第53-54页。

⑦ 深圳市史志办公室编:《深圳村落概览》(第二辑 坪山卷),华南理工大学出版社2020年版,第220-221页。

山。为避元军追杀，查开祥把查姓改香姓，清代从东莞迁头村迁移到此地。[①]

明代时期，客家人进入深圳地区主要有两种形式：一是任职卫所官兵。为了加强东南地区的海防，明政府于万历元年复立新安县，同时设立了"东莞守御千户所"和"大鹏守御千户所"，实行屯兵防守，内防匪盗，外防倭夷。卫所官兵来自全国各地，他们携带家眷，亦军亦农，当中为数不少的是客家人。大鹏新区王桐山的钟氏先祖鸣瑞公，于明朝时率属南下，选宝安大鹏名胜王桐山，建基立业。[②] 鹏城村姓氏约有70个，主要有李、欧、王、刘、林、余、赖、戴等，明朝屯兵而形成。[③] 二是民间自发迁入。明代时期，赣南、闽西地区人口膨胀，客家人开始向外迁移，一部分落脚到深圳地区。盐田区南山村的钟姓，明朝从盈川县迁移至本地。[④] 沙头角径口村的李姓，约明弘治年间（1488—1505年）迁入。[⑤] 三洲田村廖姓，明末从原籍福建汀州上杭迁移至本地。[⑥] 龙岗区平湖白尼坑村的刘姓，明洪武年间从东莞迁到墩头开基立村。横岗西坑村的杨姓，明代从梅州的长乐迁来。龙华区龙胜村的彭姓，1643年自广东丰顺迁入。大船坑村的谢姓，明朝嘉靖年间从福建宁化石壁里迁来。[⑦] 坪山区树山背村的许姓，明成化十一年（1475年）左右，从福建连城县北团镇许坊村迁居坪山田心老围（今新联村）。田头村的吴姓，明朝时期迁到田头老围开基建村。坑梓的黄姓，明末从梅州徙惠州归善白马碗窑居住，后在康熙三十年（1691年）又迁坪山高

[①] 深圳市史志办公室编：《深圳村落概览》（第二辑　龙岗卷），华南理工大学出版社2020年版，第954页。

[②] 邱志明、黄征宇：《鹏城街话——讲述深圳地名文化（二）》，岭南美术出版社2015年版，第279页。

[③] 深圳市史志办公室编：《深圳村落概览》（第二辑　大鹏卷），华南理工大学出版社2020年版，第178页。

[④] 赵世宽等：《深圳市盐田区盐田街道自然村落历史人文普查汇编》，深圳市盐田区盐田街道办事处编印，2016年，第82页。

[⑤] 深圳市盐田区地方志编纂委员会编：《深圳市盐田区志（1998~2005）》，方志出版社2011年版，第148页。

[⑥] 赵世宽等：《深圳市盐田区盐田街道自然村落历史人文普查汇编》，深圳市盐田区盐田街道办事处编印，2016年，第183页。

[⑦] 李亮亮：《大船坑舞麒麟的艺术特色及价值初探》，《神州民俗》2015年第2期，第26页。

寨子。①南山区西丽白芒、麻磡村的张姓，明末清初从福建上杭迁居西丽，开村白芒。这一时期，进入深圳地区的客家人数量要比前代增多，他们大多是集中在东部、北部的山区，杂居在当地其他民族或民系之中。

二、清代初期的"迁海""复界"与深圳客家民系的壮大

清代前期的"迁海"，导致了深圳地区人口几乎外迁，时为新安县的深圳地区仅剩2000余人。"复界"立县之后，回迁人数较少。为此，清政府不得不实行发放路费、耕牛和种子的"垦招"和"轻徭薄赋"的政策，吸引了粤东等地的客家人，纷纷移民深圳地区。

龙岗区布吉南岭村的张姓、林姓，清初由惠州长乐迁来。罗瑞合村的罗姓，乾隆年间从兴宁经惠州至龙岗开基。坪山区大万村的曾姓，康熙四十三年（1704年）由长乐至龙背山开基，后人于雍正年间从龙背到大万开基。②盐田区沙头栏村的吴姓，清康熙年间（1662—1722年）从广东博罗迁来。沙栏吓村的钟姓，乾隆十二年（1747年）从福建迁至担水村，后于光绪年间迁入沙吓栏村。③龙华区观澜松元厦的陈姓，乾隆十六年（1751年）从梅州五华迁入此处。④浪口村的吴姓，清康熙年间从大埔县三河坝迁来。大鹏新区大鹏所城的赖姓，清乾隆年间由广东紫金迁来。碧洲村的何、张、郭、刘、李、戴、王、梁等姓，均于康熙年间从福建迁来。

从康熙八年到嘉庆二十三年的150年间，各地汉族人不断移民深圳地区，新安县人口从2172人增至225979人，净增22万余人，村庄从原来的509个增至865个，其中土籍（广府）村庄为520个，客籍村庄达345个（不包括当时属于惠阳的今深圳龙岗区的坪山、坪地、龙岗、横岗），⑤约占当地村庄总数的1/3强。清代后期至民国时期，仍然有少部分客家人迁入，如观澜牛湖村曾氏先祖，于清嘉庆五年（1800年）从五华、兴宁迁移至本地。大水田村的凌姓，约在清道光年间迁居大水田。盐田区龙眼园村的万姓，清末民初从五华迁移至本

---

① 广东省惠阳、宝安、深圳、坑梓、龙田《黄家族谱》（手抄本），第5页。
② 曾观来：《大万曾氏重修族谱》，中国文史出版社2008年版，第19页。
③ 盐田区档案局、区志办编：《中英街志》，方志出版社2011年版，第39页。
④ 《广东宝安观澜松元厦陈氏族谱》，2000年，第77页。
⑤ "宝安文史丛书"编纂委员会编：《嘉庆新安县志校注》，中国大百科全书出版社2006年版，第646-679页。

地。鸦片战争后，因原属深圳地区的香港割让英国，深圳成为边防地带，政府管理的加强，这一时期移民深圳的客家人大大减少。

深圳经济特区建立前，深圳客家人主要分布在广九铁路深圳段以东地区，龙岗区原来所属的坑梓、坪山、坪地、龙岗、葵涌、横岗、布吉、平湖等8个镇，宝安区所属的观澜、龙华、石岩3个镇，以及盐田区的沙头角、盐田、大梅沙、小梅沙等地的大部分自然村。据《宝安县志》统计，1985年全县客家人约有14万人，占全县户籍人口的56%。[①] 另据2015年深圳自然村落调查数据统计，原有1024个村落中，属于客家村落的有778个，占比为75.98%。

三、中原情结与滨海风情相融的深圳客家文化

客家人经过长期迁徙后，到达了闽粤赣三省交界的山区，在这里诞生了既有中原传统又有山区特色的客家民俗文化。明清时期，客家人迁移到深圳地区后，受地理环境和地域文化的影响，使得深圳地区的客家民俗文化又增添了海洋文化的色彩。

（一）围　屋

客家围屋分布广、种类多、数量大，在不同的地区有着不同的特点，因而在称呼上也有所不同，福建为圆形，称"土楼"，江西为方形，称"土围子"，广东梅州为前方后圆，称"围龙屋"。深圳地区的客家围屋，一般称为"世居"或"新居"。

深圳现存的客家民居分布在龙岗、龙华、宝安等区，盐田、罗湖、南山、福田、光明等区有少量分布。其中龙岗区龙岗镇街道鹤湖新居，始建于清乾隆四十五年（1780年），建成于清嘉庆二十二年（1817年）。该建筑由内、外两围相套而成。外围平面呈梯形，前宽后窄。内围平面呈方形，建筑占地面积14432平方米，总占地面积（包括半月池、禾坪）约25000平方米。共有179套、300多间居室。内围内的建筑即为标准的客家"三堂二横"式，中间有罗氏宗祠。该围屋是目前我国大陆地区规模最大的民居建筑群，2002年7月被广东省人民政府公布为省级文物保护单位。

（二）酿豆腐

酿豆腐，是客家菜中最有代表性、最为普遍的一道传统菜肴。逢时节喜庆，

---

① 宝安县地方志编纂委员会编：《宝安县志》，广东人民出版社1997年版，第779页。人口数字未包括大鹏和南澳的人口。

还是日常生活，客家人总爱做一份酿豆腐来食用。豆腐的蛋白质含量丰富，其制作材料一般是豆腐、大葱、猪肉等。深圳地区的客家人在保留客家传统做法基础上，还充分利用滨海地区的一些海产品，其所用馅料讲究，主料是五花猪肉、鲜鱼（最好是生塘虱）、上等咸鱼（少量），配料有葱头、陈皮、虾米等，共斩碎捣烂，放入盛器中，再加蛋类、胡椒粉、生油、食盐、生抽、味精等搅匀至起胶，然后酿入成块的豆腐内，用文火慢煮。食味以咸、烧（热）肥（多油）为上。这样做出来的酿豆腐，鲜嫩滑润，营养价值高，既有"陆"的味道，又有"海"的鲜味，口感独特。

（三）大万祭祖习俗

祭祖习俗，是中华民族对祖先崇拜的一种仪式。有着强烈的宗族血缘观念的客家人无论走到哪里，都非常重视修族谱、建祠堂、祭祖先，这是宗族事务中最为重要的内容。在深圳地区的客家人也都普遍传承了这一传统，其中以坪山区大万世居曾姓客家人的祭祖活动最为隆重。

每年农历大年正月初二，大万曾氏族人聚集在大万世居举行开年祭祖仪式。上午8时许，将各式各样的祭品摆满祠堂。祭品种类有苹果、橘子、蔬菜、喜饼和"三牲"（即鸡、猪肉、鱼）等，含义丰富。摆放则讲究"茶前酒后""鱼左肉右"。9时许，进行麒麟舞表演，祭祖仪式正式开始。接着，由村里一位德高望重的老人用客家方言宣读祭文，以表达曾氏子孙"缅怀祖先，寄托哀思""饮水思源，不忘祖德"的共同心声。随后曾氏子孙面对曾家祖宗牌位三鞠躬。2013年4月，该习俗入选深圳非物质文化遗产名录。

（四）客家山歌

研究表明，客家山歌的主要渊源，除了保留春秋战国以来吴、楚文化的传统外，更多的是继承了百越和武陵蛮等南方少数民族的文化传统。[①] 客家山歌在深圳客家人中也是普遍流传，其题材丰富，形式多种，其中以石岩客家山歌为代表。

石岩客家山歌主要流传于宝安区石岩街道的客家社区，基本是四句和五句七字体，第一、二、四句押韵。演唱形式多种多样，可以个人自唱也可以两人一唱一和，其中擂台斗歌是客家山歌最精彩、最激烈、最吸引人的一种演唱形式，其旋律优美，曲调奔放，风格独特，对研究古代音乐及客家山歌艺术具有

---

① 谢重光：《客家山歌文化渊源新论》，《福州大学学报》（哲学社会科学版）2007年第5期，第5页。

较高的学术价值和社会价值。2007年，石岩客家山歌入选广东省非物质文化遗产保护名录。此外，深圳地区的客家山歌还有观澜客家山歌、龙岗皆歌、盐田山歌等，三者均入选深圳非物质文化遗产名录。

（五）麒麟舞

麒麟，古代传说中的一种吉祥动物。麒麟舞是客家人从中原迁徙带来的民间舞蹈。深圳麒麟舞主要活跃在龙岗坂田、观澜樟坑径、水库新村、龙华大船坑、观澜松元下、龙华龙胜、大浪、石岩、平湖、南头西沥、白芒、大勘、布吉、横岗、盐田、龙岗、坪山、坪地、坑梓、葵冲和大鹏等客家人聚居区，[1]其中以大船坑舞麒麟为代表。

大船坑的"麒麟舞"流传于龙华区大浪街道大船坑村，约在明嘉靖年间出现，流传至今已有400余年的历史。数百年来，在当地民间传统喜庆、祭奠等活动中表演，具有典型的民族性、民俗性和民间传承性，有着广泛的社会影响，是我国民间民俗文化非常宝贵的财富。2011年，大船坑麒麟舞入选国家级非物质文化遗产代表性项目名录。此外，龙岗区坂田永胜堂麒麟舞，也于2012年入选国家级非物质文化遗产名录。

（六）舞鱼灯

舞鱼灯，起源于明末清初，是沙头角沙栏吓村的一种独特的民间舞蹈，流行于沙头角、盐田及香港新界的担水坑、岗下新村等地，成为逢年过节、拜神祭祖、喜庆丰收的必备节目，经过300多年历史沿袭，流传至今。

沙头角鱼灯舞是广场男子群舞，专门在晚上表演，由二十几个男子手举鱼灯起舞。场上有4根龙柱和绕场蓝色水布，以仿海底世界。表演时不用灯光，观众利用龙柱和鱼灯里的蜡烛光芒，看到"海底"各种鱼类在舞蹈。舞蹈表演的时候，舞者手举鱼灯以低马步俯身曲背进行穿插，使鱼灯呈现出丰富的舞蹈情节。沙头角鱼灯舞是不同于我国其他鱼灯舞的一种颇具岭南特色的广场舞蹈艺术，起源久远，对研究岭南文化、海洋文化，以及审美学、民俗学、信仰崇拜等都有较高的价值。2008年，沙头角鱼灯舞入选国家级非物质文化遗产名录。

（七）凉　帽

凉帽，是深圳客家民间工艺品典型代表，其独特的造型设计、复杂的手工技艺，具有很强的艺术感染力，与围屋一道，成为深圳客家文化的符号，其中

---

[1] 深圳市地方志编纂委员会编：《深圳市志·社会风俗卷》，方志出版社2014年版，第278页。

甘坑凉帽知名度最大。

甘坑凉帽的制作从清朝嘉庆年间开始，已有200年历史。据传，早年甘坑凉帽村始祖张锦超学到从福建长汀府张太婆承传过来的凉帽手艺后，传给子子孙孙，以织凉帽为生。甘坑凉帽从张锦超公传至今天已第6代，甘坑村以工艺品"凉帽"被命名为凉帽村。凉帽的图案花纹编织、师徒传承口诀以及凉帽"穗带"佩带的识别等风俗，都具有文化价值。特别是凉帽戴在女性头上，体现女性美感和韵味，也富有审美价值。2013年，甘坑客家凉帽制作技艺入选广东省非物质文化遗产名录。

第六节　红色文化

红色文化是一种中国特色的文化形态。从内涵上看，红色文化是指中国共产党领导广大人民群众在新民主主义革命时期形成的革命文化和先进文化。从外延上看，红色文化主要由物质文化、精神文化、制度文化3个方面构成。具体来说，物质文化是指具有革命性质的遗址、遗迹、纪念场馆等；精神文化是指革命思想、理想、信念、道德、纪律，精神以及文艺作品等；制度文化指的是革命时期确立或制定的革命理论、纲领、路线、方针、政策等。从本质上看，红色文化是中国共产党把马克思主义基本原理与中国革命具体实际、中华优秀传统文化相结合的结晶，彰显了社会主义先进文化的本质属性。近代以来，深圳人民在反抗殖民主义侵略和推翻封建统治的斗争中走在时代的前列。1839年9月4日，在深圳大鹏湾海面发生奋起还击英国侵略者的"九龙海战"，打响了鸦片战争的第一枪。1900年10月6日，在马峦山上发生的三洲田起义（又叫庚子首义），打响了孙中山领导资产阶级民主革命的第一枪，有力推动了中国民主革命的发展。特别是中国共产党成立后，深圳地成为广东省最早建立地方党组织的地区之一。在大革命时期、土地革命战争时期、抗日战争时期和解放战争时期，深圳人民与帝国主义侵略者和国民党反动派进行了艰苦斗争，为深圳地区的解放以及新中国的成立做出巨大牺牲和杰出贡献。

一、建党初期的深圳建立了广东省最早的地方党组织之一

1921年7月，中国共产党正式成立后，参会的广东代表回到广州召开会议

传达了党的一大会议精神，会上宣布正式成立中国共产党广东支部。1922年6月，根据中共中央政治局指示，中共广东支部扩大为中共广东区执行委员会，负责管理广东、广西、福建南部及香港等地的党组织，成为建党初期全国最早建立、辖区最广、党员人数最多的地方党组织之一。1924年1月，在广州举行的中国国民党第一次全国代表大会上，实现了第一次国共合作，广东成为大革命运动的策源地。为了贯彻执行党的革命统一战线的方针政策，中共广东区委决定派遣一批党员骨干到广东各地开展工农运动，建立地方党组织。在这一背景下，时与彭湃、阮啸仙、周其鉴等人齐名的广东省四大农运领袖之一的黄学增（广州农民运动讲习所第一届学员）来到了深圳地区，成为深圳地区地方党组织的主要创建者。

（一）建立农民协会组织

1924年下半年，黄学增与龙乃武、何友逊以国民党中央农民部特派员的身份来到宝安县沙井、松岗等地发动群众开展农民运动，发展党员和创建党组织。在他们的领导下，宝安的罗田、燕川、楼村、水贝、塘严涌、沙浦等地建立了农民协会，当地农民纷纷入会。1925年4月，宝安县农民协会成立，郑奭南、陈芬联、潘寿延任县农会常务委员，会址设在县城南关口的郑氏大宗祠。同时，县农民协会还组建了农民自卫军。为了提高农民自卫军的思想觉悟和战斗力，县农民协会还建立了农民自卫军模范队，由广东省农民协会派来3名黄埔军校学生帮助训练。县农民协会成立后，各乡农会普遍地建立起来，会员人数迅速增加。到1926年春，全县有6个区[①]建立区农会，94个乡建立乡农会，会员人数达13759人，会员人数居全省各县的第10位，[②]其中农民运动开展得较好的三、四、五区，80%以上的乡村建立了农民协会。

（二）成立中共宝安县支部

在组织农民协会的同时，黄学增等人还积极发展党员，着手开展建立党组织工作。1924年底，全县有5个区先后建立了11个党小组，即楼村、周家村、

[①] 当时宝安县划分为7个行政区：一区为南头、蛇口一带；二区为福永、新安镇一带；三区是以深圳为中心，东自沙头角、大小梅沙，西至车公庙、沙头，南濒深圳河，北达布吉、李朗等地；四区、五区为沙井、松岗、公明等地；六区为龙华、观澜、石岩、平湖一带；七区为大鹏、沙鱼涌一片沿海地段。

[②] 广东省档案馆、中共广东省委党史研究委员会办公室编：《广东区党、团研究史料（1921—1926）》，广东人民出版社1983年版，第330页。

燕川村、福永、新桥（含玉律村）、黄贝岭、蔡屋围、上步、皇岗、固戍、陈屋（南山村）等党小组，其中公明的楼村为宝安第一个建立党小组的乡村，设在琬璧公家塾。为了更好地组织群众开展斗争，1925年7月，根据中共广东区委的指示，正式成立中共宝安县支部，由黄学增、龙乃武和郑奭南3人组织支委会，首任书记为黄学增，宝安县党组织隶属中共广东省农民协会支部领导。中共宝安县支部成立后，即参加改组国民党县党部的工作。郑奭南、潘寿延、陈绍芬等人以共产党员的身份参加了中国国民党宝安县党部，并担任县党委常务委员。1925年底，黄学增调离宝安，由龙乃武接任中共宝安县党支部书记。

1926年上半年，中共宝安县支部根据中共广东区委组织部关于建立县级领导中心机构的指示，撤销县党支部，成立了中共宝安县党部，书记龙乃武，县委设在南头的郑氏大宗祠。到1927年初，全县党员发展到197人。同年4月，蒋介石发动四一二反革命政变后，中共宝安县党部遭到破坏，负责人龙乃武出走香港，党部被迫转移到楼村的陈氏宗祠。6月，根据广东省特委指示，中共宝安县党部进行改组，产生了中共宝安县第一届委员会，郑奭南担任县委书记，县委设在楼村的陈氏宗祠，隶属中共广东特委领导。

（三）召开中共宝安县第一次党员代表大会

大革命失败后，为了配合广州起义，中共宝安县委进行调整，产生第二届委员会，刘伯刚任县委书记。1928年2月23日，在松岗燕川素白陈公祠召开中共宝安县第一次党员代表大会，到会代表有19人。会议选举产生中共宝安县第三届委员会，选出县委委员9人，候补委员3人，郑奭南任县委书记。大会通过了《提案大纲》，决定重新整顿各级党组织，进一步发展党员；加强宣传工作，创办农民学校、夜校，翻印《红旗》《布尔什维克》等党内刊物等各种宣传品；开展农民运动，成立士兵委员会和工人运动委员会；进行土地革命，开展抗租、抗捐、抗税斗争。这次会议是大革命时期，深圳地方党组织召开的第一次，也是唯一的一次党代会。据资料考证，这次会议还是广东省第一个县级党代会，也是全国最早召开的县一级党员代表会议，在深圳党史上占有极为重要的地位。到1928年4月，宝安县党员人数已达到了280多人。深圳红色革命的星星之火，也从这开始呈现燎原之势。

深圳文化述论

二、大革命时期的深圳地区成为支援省港大罢工的前哨阵地

1925年5月30日，震惊中外的五卅运动在上海爆发，并迅速发展成为一场群众性的反帝爱国运动。6月初，为了声援上海人民五卅反帝爱国运动，广州、香港工人在中华全国总工会秘书长、中共党团书记邓中夏与陈延年、苏兆征等人领导下，发动了省港大罢工。大罢工期间，深圳地方党组织发动群众全力支援配合。

(一) 设立香港罢工工人接待站

1925年6月19日，省港大罢工爆发，中共广东区委指派专人组成党团在深圳墟南庆街22号思月书院（即张氏宗祠）设立香港罢工工人接待站，副书记梁桂华担任站长，专门负责接待从香港过来的罢工工人，为他们提供住宿等方面之所需。与此同时，该站还设有车务科，专门为罢工工人办理前往广州的免费车票。据资料统计，每天从深圳乘火车回广州的罢工工人有近千人，而整个罢工期间，该站接待了10万多名香港罢工工人从深圳返回广州。

(二) 发动社会各界援助省港大罢工

一是中华全国总工会派员在深圳商会、学会、农会、工会等，备办茶粥接待罢工工人；二是在罗湖、南塘、水贝、黄贝岭的居民将自己的房屋腾出给罢工工人临时居住；三是罢工组织者之一陈郁，率领100多名宝安籍海员工人，从香港乘船回到南山村后，成立了宝安中华海员俱乐部，组织海员工人坚持罢工斗争；四是深圳商会、学会、农会、工会发起成立"对外协会深圳分会"，号召"全国各阶级宜趁此团结一致，并联合世界一切被压迫者共同打倒一切帝国主义，废除不平等条约"，呼吁国民政府除向英、法帝国主义提出赔偿、惩凶、道歉的要求外，还须收回沙面、九龙、澳门、广州湾及各海关，断绝与英、日、美、法经济联系，严密封锁沙面、香港。

(三) 动员群众严密封锁香港

严密封锁香港，断绝香港的粮食、蔬菜和生活用品供应。罢工发生后不久，省港罢工委员会发出实行封锁香港的通告，宣布"自十日起实行封锁香港及新界口岸，所有轮船轮渡一律禁止往香港及新界，务使绝其粮食致其死命"。其间，深圳地方党组织积极配合，动员群众实行封锁政策，截留外来的英货，不许入口，同时还严防内地奸商劣绅偷运出口。随后，中共广东区委委派罢工工人纠察队进入深圳，在沿盐田沙头角至福田沙头村约30公里的边境水陆要冲进

第一章 历史文化

行布防。省港罢工委员会还派出"陆海军大元帅府铁甲车队"进驻蔡屋围、沙头角、莲塘、罗坊、黄贝岭、福田、新村、南头等处,协同工人纠察队和深圳人民,在近千里海岸线上对香港实行封锁,香港经济活动陷入全面瘫痪。

深圳在这次大罢工中给予了大力支持,成为援助省港大罢工的前沿阵地,为罢工斗争的胜利做出了重大贡献。1926年10月,罢工委员会宣布结束罢工。至此,长达16个月的罢工最终争取得了胜利,它不仅沉重打击了英帝国主义在香港的统治,而且创造了中国和世界工运史上最长时间的罢工。

三、土地革命战争时期的"宝安暴动"揭开深圳地区武装反抗国民党反动派斗争的序幕

1927年的大革命失败后,中共中央决定以武装起义反抗国民党反动派的血腥统治,先后发动了南昌起义、秋收起义和广州起义,建立了自己的革命军队和革命根据地,走上了农村包围城市的革命道路。为了配合广州起义,广东省委决定发动"宝安暴动"。从1927年12月—1928年5月,先后发动了3次工农武装暴动。

(一)第一次暴动

1927年12月上旬,香港中共党组织派傅大庆到宝安县委驻地楼村,向县委传达广东省委的指示,先于12月13日进攻深圳罗湖火车站,会同铁路工人夺取火车,直趋广州,接应广州起义。县委立即从工农革命军中抽调200多人,于12日在楼村集中,编为第一、二大队。第一大队由郑奭南、麦福荣、陈义妹带领,当天星夜行军,经观澜、龙华向深圳前进。13日抵梅林时,因广州起义已提前进行,不幸失败,后决定临时将原计划改为攻打深圳圩,击毙警局巡官江秀词等多人,活捉区长兼警局局长陈杰彬。随后部队开出深圳前往乌石岩集中。第二大队由潘国华、潘寿延、陈绍芬带领攻打县城南头,久攻不下,亦向乌石岩撤退。这时,国民党县长邓杰率领5倍于义军的兵力及沙井、新桥的民团,对乌石岩、楼村发动进攻,将中共宝安县委住址陈氏宗祠付之一炬,并杀害了何连、何梅、张沛、张炳寿等人。这次暴动是宝安工农在大革命失败后武装反抗反革命武装的第一次尝试,[①]打击了国民党在宝安的统治,震惊了敌人,

---

① 深圳市史志办公室编:《中国共产党深圳历史》(第一卷),中共党史出版社2007年版,第44页。

45

但暴动也遭到国民党反动派疯狂的反扑和镇压。

（二）第二次暴动

在1928年2月23日召开的中共宝安县第一次党员代表大会上，中共宝安县委根据省委关于东江总暴动策略报告的要求，决定再次发动暴动。4月初，省委派黄学增到宝安县部署暴动计划，暴动的任务是响应东江各县暴动，造成东江割据局面；实行宝安土地革命，没收土地归农民，建立工农兵贫民苏维埃政府。4月12日，中共宝安县委召开全县农民代表大会，宣布暴动以五区为中心，先向附近几个区发展，再进攻县城。13日，广东省委指示宝安暴动要与海丰和惠阳同时进行。19日，宝安工农革命军100多人包围六区迳背反动派据点。26日，反动当局开始对共产党人农会人员进行搜捕、杀害。28日，县委、县农会在丰和圩召开农民大会，宣布暴动，得到各区农民纷纷响应。工农革命军连续攻打福永、长圳、唐家村、塘尾围等地，趁势一举攻占县城南头。此时，各乡村的地主豪绅仓皇出逃，地方官员及当地土豪劣绅纷纷到省城、虎门、深圳请兵支援。由于这次暴动仓促，不仅未能按照省委对东江总暴动的统一部署进行，也没有得到惠阳、东莞等县队伍的配合和支援，导致暴动在敌人反扑下最终失败。

（三）第三次暴动

第二次宝安暴动失败后，中共广东省委决定在宝安组织第三次暴动，并于5月上旬给宝安县委来信对暴动提出了指示，强调这次暴动要成为土地革命的行动，使此次暴动积极扩大，向三区发展，与东莞、惠阳汇合，造成大的暴动。同时，省委还致信深圳周边的石龙市委、东莞县委、惠阳县委，号召工人起来以实力拥护这次暴动，以扩大宝安暴动的声势和影响。根据省委指示，中共宝安县委再次集中武装，在黄学增领导指挥下，计划在五区发动暴动，然后向三区发展。但国民党反动军队联合豪绅地主民团，事先包围了该区的新围村，并纵火焚烧周家村、楼村等地的民房。为了保存武装力量，队伍被迫撤出新围，暴动遂告流产。

5月下旬，宝安县委决定集中力量，继续进行武装斗争。为了确保暴动的顺利进行，宝安县委要求广东省委指示东莞城、石龙、虎门、太平、增城等地加紧做好暴动工作，以免使宝安暴动孤立无援，同时还要求省委给予武器援助。后在省委指示下，宝安、东莞两县武装队伍近300人，来到两县交界的东山之后，在东山庙召开联席会议，决定整编、扩大工农革命军和赤卫队，开展土地革命，进行游击战争。但由于国民党反动派的连日包围、封锁和围剿，加之队伍粮草、武器缺乏后援，武装斗争无法继续进行。为保存实力，宝安县委决定将队伍转移到香港新界等。

"宝安暴动"虽然失败了，但对深圳地区来说，它是在中国共产党独立领导下进行的一次武装斗争，影响深远，地位重要。"它揭开了深圳地区武装斗争的序幕，打响了武装反抗国民党反动派的枪声，回击了国民党反动派的屠杀政策，是贯彻中央八七会议精神的具体体现。武装暴动动摇了国民党的统治基础，显示了工农群众的威力，教育和锻炼了广大工农群众，培养了一批革命骨干，为后来的抗日战争和解放战争播下了革命的种子。"[①]

四、抗日战争时期的深圳地区建立了华南地区第一支抗日武装队伍

1937年7月，七七事变爆发，抗日战争全面爆发，中国开始进入全民族抗战时期。1938年10月，日军发动了侵略华南地区的战争，广州、深圳、惠州、东莞等地相继沦陷。为了领导和组织当地群众开展反抗日本侵略者的斗争，中共中央致电广东省委和八路军驻香港办事处，指示要在东江敌占区后方建立抗日游击队，开展武装斗争。

（一）组建抗日游击队

1938年10月，日军在惠阳大亚湾登陆后不久，广东省委在东江地区组建了以海员工人、青年学生和农民为主要力量的抗日游击队，一支由曾生领导的"惠宝人民抗日游击总队"成立于同年12月，地点在坪山的周田村。另一支由王作尧领导的"东宝惠边人民抗日游击队"成立于1939年1月，地点在观澜的章阁村。

1939年初，在国共合作抗战期间，这两支队伍改编为国民革命军第4战区第3纵队新编大队和第4纵队直辖第2大队。1940年9月，队伍整编为广东人民抗日游击队第3大队和第5大队，尹林平兼任两个大队的政治委员，梁鸿钧负责军事指挥，曾生、王作尧分任大队长。两个大队分别在东莞大岭山区和宝安阳台山区开辟抗日根据地，开展独立自主的游击战争。1942年1月，游击队扩编为游击总队，梁鸿钧任总队长，尹林平任政治委员，由1支主力大队和东

[①] 深圳市史志办公室编：《中国共产党深圳历史》（第一卷），中共党史出版社2007年版，第53页。

莞、宝安、惠阳、港九4支地方大队组成。

（二）建立东江纵队

1943年12月，根据党中央的指示，"广东人民抗日游击总队"改番号为"广东人民抗日游击队东江纵队"，简称为东江纵队，曾生任司令员，尹林平任政治委员，王作尧任副司令员兼参谋长，杨康华任政治部主任。下辖1个主力大队、5个地方大队和1个护航大队，共3000余人。司令部设在葵涌的土洋村，深圳成为东江纵队的大本营，成为中国共产党在东江地区一支公开的抗日武装力量。

东纵建制表（1943年12月—1944年8月）

队　　别	大队长	政　委
第三大队	卢伟如	邬强
第五大队	彭沃	卢伟良
惠阳大队	高健	李东明
宝安大队	曾鸿文	何鼎华
港九大队	蔡国梁	陈达明
护航大队	刘培	曾源
独立第二大队	阮海天	李筱峰
东莞大队	张英	黄业
铁东大队	谢阳光	何清
独立第三大队	阮海天	韩继元
惠阳自卫队	叶锋	叶锋（兼）
独立第三中大队	何通	黄克

东江纵队建立后，部队和抗日根据地迅速发展扩大，相继建立了以罗浮山为中心的路西（广九铁路以西的东宝地区）、路东（广九铁路以东的惠宝地区）、增龙博、惠东、海陆丰、北江东岸等6个抗日根据地和港九新界、北江西岸、东江上游3个抗日游击基地，成为"敌后三大战场"之一。香港沦陷后，参加了"香港大营救"，救出了800多名被困在香港的中国文化人士和部分国际友人，还成功地创造了大城市和沿海抗日游击战争的典型范例。

抗战期间，东江纵队对日伪军作战1400多次，毙伤俘日伪军9500多人，缴获各种武器 6500 余件，配合全国抗日战场和盟军的反攻作战，为抗日战争的胜利做出了重大贡献。尤其是香港沦陷后，东江纵队深入港九市区，把困留在香港的民主人士、文化界人士何香凝、邹韬奋、柳亚子、茅盾等七八百人抢救出来，安全转移到大后方；同时还营救了失落的盟军人员和国际友人共 103 名，得到中共中央的表扬和海内外友好人士的赞誉。抗战胜利前夕，队伍发展到 1.1 万多人，组织民兵 1.2 万余人。他们转战 39 个县市，建立解放区面积 1.5 万余平方千米。对于东江纵队的这些历史贡献，党中央给予了充分肯定和高度评价。1945 年 4 月，朱德在中共七大会议上所做的《论解放区战场》报告中，将东江纵队与琼崖纵队、八路军、新四军并称为"中国抗战的中流砥柱"。[①] 新中国成立后，杨尚昆称赞"东江纵队是华南人民抗战的一面光荣旗帜"，习仲勋则用"光辉的历程，严峻的考验，重大的贡献"，对东江纵队予以高度评价。

（三）北撤山东

日本投降后，根据中央指示和国共两党协议，东江纵队主力于 1946 年 6 月 30 日在沙鱼涌分乘美国 3 艘登陆艇，北撤山东。7 月 5 日，北撤部队抵达烟台。1947 年，以东纵为骨干组建中国人民解放军两广纵队，在第三野战军指挥下参加了豫东、济南、淮海等重要战役，并随第四野战军南下。在国民党发动全面内战后，留在东江地区坚持斗争的队伍组建为中国人民解放军粤湘桂边纵队，尹林平为司令员兼政治委员。1949 年 10 月，两支部队在东江胜利会师，组成广东战役的南路军，为解放广东全境和解放战争的胜利做出了重要贡献。

可以说，东江纵队是抗日战争时期和解放战争时期活跃在深圳及周边地区的一支主要武装力量，为中国新民主主义革命的胜利和中华人民共和国的建立，做出了巨大的牺牲和杰出的贡献。

五、解放战争时期的深圳地区升起了华南地区的第一面五星红旗

抗日战争胜利不久后，国民党反动派为了抢夺胜利果实，实行独裁统治，于 1946 年 6 月，公开发动了反共反人民的内战，中国人民开始进入了解放战争时期。这一时期，在深圳地区党组织领导下，建立了广东人民解放军江南支队和惠东宝护乡团等武装力量，与国民党反动派进行斗争，在深圳升起了华南地区的第一面五星红旗，并先后发动了沙鱼涌之战、红花岭战斗、解放宝安之战等多次重大战役，为深圳地区的解放做出了巨大贡献。

① 盖龙云：《东江纵队：广东人民解放的一面旗帜》，《战士报》2014 年 4 月 29 日。

1. 沙鱼涌之战

沙鱼涌，位于深圳东部沿海，曾是东江纵队秘密营救茅盾、邹韬奋等人的登岸地点，也是1946年东江纵队北撤的地方。由于其地理位置重要，国民党政府派出重兵把守，在其周边沿线设立了陈坑、溪涌、沙头角等据点，设防严密。1948年初，国民党广东当局发动第一期"清剿"，实行"分区扫荡，重点进攻"的方针，以粤北、南路、兴梅3个地区作为进攻重点，大规模进攻广东人民武装。为了打乱国民党军队的进攻部署，江南支队采取"先发制人，主动出击""集中优势兵力，各个歼灭敌人"的战术，决定主动出击沙鱼涌之敌。7月10日，江南支队第一团3个连队、第二团独立中队、第三团钢铁连从坪山出发攻打沙鱼涌。15日晚上，部队向沙鱼涌推进抵达预定攻击位置，接着在16日凌晨4时发起总攻。经过3个小时的激烈战斗，全歼沙鱼涌守敌327人，其中毙敌120人。在战斗中，江南支队副连长戴来等12人英勇牺牲。沙鱼涌之战是解放战争时期江南地区重建武装后在深圳地区取得的首次重大胜利，不仅打乱了国民党军队对深圳地区的"清剿"部署，而且极大地提振了部队和人民群众的信心，为深圳地区的解放奠定了基础。

2. 山子吓伏击战

国民党虽然在沙鱼涌遭受沉重的打击，但仅隔三天又重新部署兵力，再次向江南支队发动进攻。1948年7月22日，国民党军队集结4000多人，从东路淡水、南路盐田、西路横岗、北路约场围合围坪山地区。江南支队组织1000多人设伏于横岗的山子吓，伏击从横岗方向来犯之敌。23日清晨，江南支队在山子吓的设伏部队对敌战斗打响，设伏于铜锣径的我军部队随后迅速赶到。经过40多分钟的战斗，江南支队仅以牺牲8人、伤9人的代价，毙伤敌军135人，俘敌183人，击溃敌人200余人，80余人撤回深圳，并缴获军用物资一大批。由于山子吓之敌被歼后，迫使其他三路敌军不得不放弃进攻计划，分别退守沙鱼涌、淡水、新圩等地。这次战斗重创了国民党军队的锐气，不仅再次粉碎了国民党军队对江南支队发动的"清剿"计划，而且也开创了江南支队"集中优势兵力各个歼灭敌人"和"力求在运动中歼灭敌人"的范例。

3. 红花岭战斗

国民党军队在沙鱼涌遭受沉重打击后的第3天，策划新的"清剿"行动，企图歼灭驻坪山马栏头的江南支队主力。为了粉碎敌人的"清剿"计划，江南支队决定在横岗与坪山之间伏击歼灭来犯之敌。1948年8月3日，国民党军队2000余人突袭驻扎在龙岗楼下村的江南支队第一、二团。面对强大的敌人进攻，江南支队战士们迅速抢占红花岭高地，沉着应战，以200余兵力打退了敌人的13次进攻，坚强守住了红花岭，铸造了以少胜多的传奇。此战，毙敌营、连长以下官兵300余人，伤敌数百人。江南支队新编连指导员罗特等14人壮烈牺牲，30余人受伤。红花岭阻击战的胜利，粉碎了国民党军队的"清剿"计划，它与沙鱼涌歼灭战、山子吓伏击战一道被称为"江南大捷"。它不仅巩固了江南支队在广东的阵地，而且也为包括深圳在内的东江地区解放奠定了基础。

4. 升起了华南地区的第一面五星红旗

1949年初，随着中国人民解放军战略决战的"三大战役"结束，为了迎接即将到来革命胜利，1949年8月下旬，根据中共中央华南分局和江南地委的决定，正式成立中共宝安县委和县人民政府，由黄永光任县委书记兼县长。10月1日，中华人民共和国宣告成立当天，粤赣湘边纵队东江第一支队二、三、八团在大鹏王母墟会师，升起五星红旗，举行盛大的庆祝活动。

随着中国人民解放军胜利南进，驻守在宝安的国民党部队从深圳逃往香港。10月15日，国民党广九铁路护路大队、税警团起义，"广深线"周边地区解放。16日，中国人民解放军粤赣湘边纵队东江支队进攻县城南头，守敌一个营投降，南头解放。19日，驻深圳国民党税警二团和护路大队1500余人起义，深圳镇和平解放。晚上，深圳各界代表和人民群众举行庆祝大会，宣告深圳解放。20日，中共宝安县委、宝安县人民政府随大军进驻南头。

为了彻底消灭残留在深圳地区沿海岛屿的国民党军队，11月26日，中国人民解放军两广纵队炮兵团解放大铲诸岛，击沉敌舰5艘，俘虏岛上敌中将以下80余人。1950年1月6日，两广纵队第二师第四团和粤桂湘边纵队东江第一支队新编独立第三营从大鹏半岛的东涌村渡海作战，歼敌2000余人，解放三门岛。4月18日，深圳地方党组织发动渔民400多人，出动渔船200只，配合中国人民解放军44军130师390团进攻内伶仃岛，消灭岛上国民党残敌。至此，深圳地区全境解放。从此，宝安历史进入了一个新的时期——社会主义革命和社会主义建设时期。

六、深圳的红色遗址[①]

从大革命到中华人民共和国成立的20多年的革命斗争中,宝安有800多名优秀儿女献出了宝贵的生命。[②] 他们的功名永垂史册。

（一）重大活动遗址（31处）

1. 最早传播革命思想的光祖学堂
2. 中国共产党宝安县党部与宝安县农民协会旧址——南头关口郑氏宗祠
3. 省港大罢工工人接待站旧址——思月书院
4. 龙岗最早的中国共产党村级党支部山厦村党支部旧址
5. 党的地下活动据点纪劭畬学校
6. 中国共产党宝安县第一次党员代表大会旧址——燕川村素白陈公祠
7. "海岸流动话剧团"和"读书社"活动地坝岗村
8. 中国共产党惠宝工委成立旧址——羊母嶂
9. 东江纵队宝三区联乡办事处旧址——上梅林梅庄黄公祠
10. 中国共产党东宝边区工委、东宝惠边抗日游击队成立旧址——章阁村
11. 中国共产党大鹏党支部成立旧址——潮歌学校
12. 中国共产党上井党支部成立旧址——育贤学校
13. 鹏城学校与赖仲元和袁庚
14. 东涌抗日遗址——战壕与烽火台
15. 营救滞港文化名人接待站旧址——坪山田心接待站
16. 《前进报》报社旧址——坪山石灰陂
17. 东江纵队司令部、葵涌土洋会议旧址——土洋村意大利天主教堂
18. 上下坪会议旧址
19. 东宝行政督导处旧址——燕川村陈氏宗祠和泽培陈公祠
20. 东江纵队及广东临委电台旧址——油草棚、半天云、西涌
21. 西涌东江纵队抗日军政干部学校——东山寺
22. 东纵干部的培训基地——大鹏所城
23. 东宝中学旧址——公明下村小学
24. 南岭抗日活动据点——俊千学校、"权宜筱住"老屋
25. 东和乡民主政府所在地——乐群小学

[①] 资料来源：深圳市史志办公室编：《深圳红色史迹寻踪》，海天出版社2007年版。
[②] 宝安县地方志编纂委员会编：《宝安县志》，广东人民出版社1997年版，第5页。

26. 抗战时期沙头角的"东和义学"
27. 东江纵队税站——小梅沙税站
28. 叶挺东路游击总指挥部旧址——鸿兴酒家
29. 东江纵队的活动基地之一——沙井黄埔洪田围
30. 路东新一区抗日民主政府旧址——陈伙楼
31. 华南地区最早升起五星红旗的地方——王母墟

(二)秘密交通站(5处)

1. 皇岗庄氏宗祠地下交通站
2. 山厦地下交通情报站
3. 阳台山抗日秘密交通站旧址
4. 石岩古寺庙抗日游击队秘密接待站旧址——慈石古庙
5. 中英街均利渔栏地下交通站

(三)重要战斗遗址(11处)

1. 沙鱼涌战斗遗址
2. 铜锣径伏击战遗址
3. 坂田抗日基地——就昌楼
4. 坝光坳伏击战遗址
5. 福永爆破攻坚战遗址
6. 奇袭沙井战场遗址
7. 黄田十七勇士殉难地
8. 张丁贵大院和沙井头西村炮楼
9. 山子吓战斗遗址
10. 红花岭战斗遗址
11. 内伶仃岛战斗遗址

(四)纪念碑、纪念亭、纪念馆、烈士墓(16处)

1. 山厦革命烈士纪念碑
2. 长源革命烈士纪念碑
3. 岗头革命烈士纪念碑
4. 蔡马生烈士纪念碑
5. 鹏城革命烈士陵园
6. 大鹏革命烈士纪念碑

7. 坪山革命烈士纪念碑

8. 庙角岭革命烈士公墓

9. 红花岭烈士纪念碑公园

10. 石岩古寺山顶革命烈士纪念碑

11. 深圳市革命烈士陵园

12. 解放内伶仃岛纪念碑

13. 东江纵队北撤纪念亭

14. 龙华革命烈士纪念碑、烈士墓

15. 麒麟山五烈士墓

16. 东江纵队纪念馆

（五）红色村庄（6处）

1. 民治白石龙

2. 坂田岗头村

3. 海山恩上村

4. 沙河上白石村

5. 布吉甘坑村

6. 石岩罗租村

（六）故居（5处）

1. 曾生祖居

2. 陈郁故居

3. 张金雄烈士故居

4. 刘黑仔故居

5. 梁金生故居

第二章　当代文化

　　文化在传承中发展，在发展中不断创新，创新是文化发展的不竭动力。深圳经济特区建立以来，在注重经济建设的同时，大力加强文化事业的发展。一方面，深入挖掘和保护历史文化资源；另一方面，充分发挥经济特区的制度优势，推动了文化的创新发展。特区建立初期，深圳市委、市政府提出了"有所引进，有所抵制，排污不排外"的方针，大胆吸收各种外来文化的先进成果，将其融入文化建设，以促进当代文化的发展。1995年3月，制定了《深圳市1995—2000年文化发展规划》，首次提出将深圳建成"现代文化名城"的战略目标。接着，1998年3月，正式颁布了《深圳市文化事业发展（1998—2000）三年规划及2010年远景目标》，提出了"努力把深圳建设成为社会主义现代文化名城"的目标。2003年，深圳在全国率先确立了"文化立市"发展战略，在文化体制、文化事业、文化产业和文化服务等方面进行全方位的创新，诞生了以观念文化、义工文化、科技文化、时尚文化为代表的文化新形态，赋予了深圳文化新内涵，进一步丰富了深圳文化的宝库，使得深圳文化呈现出历史与当代结合、文化与科技结合、传承与创新结合的特点，从而实现了深圳文化的创造性转化和创新性发展。

第一节　观念文化

　　观念是指人类在实践过程中，对自然界或人类社会的看法、观点和信念，并表现为一定的思想、理论、认识、愿望、情感、意志等，是对社会存在和现实生活的主观反映，属于精神的范畴，是一种文化现象。[①]经济特区的建立是我国思想解放、观念更新和制度创新的产物，伴随着深圳城市的社会经济发展和精神文明建设进步，也促进了人们的思想进一步解放，形成新的观念。2010年8月，深圳经济特区建立30周年之际，经过充分论证和认真评选，最后从103条候选语中确定出以"时间就是金钱，效率就是生命"为首的"深圳十大观念"。这是改革开放以来深圳观念文化的高度浓缩，影响着一代又一代深圳人的思想观念、行为规范和生活方式，被普遍誉为"时代留存的共同财富，凝聚着社会主义核心价值观，折射出深圳的思想理论建设和文化成就，是一个时代的精神坐标与文化坐标，也是深圳精神与深圳文化的符号"[②]。

一、时间就是金钱，效率就是生命

这一观念诞生于被誉为改革开放"试验田"的深圳蛇口工业区，其提出者为蛇口工业区建设指挥部总指挥袁庚。1980年，蛇口码头第一期工程开建，由于受平均主义思想、落后的时间观念和办事效率影响，造成工程建设进展缓慢。为此，袁庚采取了工程项目招标、定额超产奖励制度等措施，让人们逐渐意识到"时间"和"效率"的重要性。1981年3月，袁庚正式提出了"时间就是金钱，效率就是生命"的口号。1984年1月，袁庚将口号竖立在蛇口工业区的道路上。不久，邓小平同志视察深圳，对这一口号给予了充分的肯定。后来，在1984年北京举行的庆祝中华人民共和国成立35周年盛大庆典活动中，来自蛇口工业区的彩车上挂出了这一标语，由此迅速向全国传播开来。从表层上看，它表达了深圳人的时间、效率观念，但从深层上看，却又反映了改革开放初期市场经济思想的形成，因而被誉为"冲破旧观念的第一声春雷"和"中国特色社会主义市场经济破壳的标志"，其直接的影响就是催生了深圳速度。

二、空谈误国，实干兴邦

这一观念源于邓小平同志1992年春的南方谈话。1992年1—2月，小平同志赴武昌、深圳、珠海和上海等地视察。在视察深圳经济特区时，小平同志指

[①] 许丹娜:《观念的结构及特点》,《华北电力大学学报》1996年第1期，第41-45页。

[②] 杨世国、马忠煌、程全兵:《观念引领文化　文化塑造深圳——深圳十年文化发展综述》,《深圳特区报》2012年11月1日，第A19版。

出,"深圳发展这么快,是靠实干干出来的,不是靠讲话讲出来的,不是靠写文章写出来的",充分肯定了深圳经济特区干部群众的务实观念和改革开放建设中所取得的成绩。随后,在深圳经济特区的蛇口工业大道上竖立起了"空谈误国,实干兴邦"的标语牌,很快成为一句流行全国的口号。如今,这块标语牌历经风雨,几次更换,却从未中断,依然矗立在蛇口南海大道边上。这一口号的实质就是倡导一种新的务实观念,强调要减少争论,多干实事,一心一意谋发展,勇当中国改革开放的先锋。

三、敢为天下先

这一观念同样源于1992年春的邓小平南方谈话。1992年1月,小平同志视察深圳经济特区发表讲话,强调改革开放胆子要大一些,敢于试验,鼓励深圳经济特区要"大胆地试,大胆地闯"。随后,《深圳特区报》《深圳商报》把邓小平同志视察深圳期间重要谈话中的观点、主张,结合深圳改革开放的实际,连续发表了多篇社论,使得"敢为天下先""先走一步""敢闯敢试"等观念迅速流行起来。在其影响下,深圳人以"敢为天下先"的精神和敢于"吃螃蟹"的勇气,诞生了许多具有开先河的"中国第一",如第一个打破平均主义"大锅饭"工资制度、敲响土地拍卖"第一槌"、第一家由企业集团创办的银行开业、第一家股份制保险企业创办,等等。由此,这一观念又被称为创造"深圳奇迹"的精神密钥。

四、改革创新是深圳的根,深圳的魂

这一观念提出于2005年3月的中共深圳市委工作会议。会上,深圳市委领导班子提出"深圳的根,深圳的魂,就是改革创新。要以更大的胆识、更大的勇气、更大的魄力、更大的力度,继续推动深圳改革创新事业取得更大的成就",同时,特别强调在当前的形势和条件下,要弘扬"四种精神",即负责任的精神、敢闯敢试的精神、敢抓敢管的精神和奋发有为的精神。[①]这次会议,不仅高度浓缩了深圳改革开放的实践经验,而且还特别阐明了深圳因"改革"而生、因"开放"而兴、因"创新"而强的历史逻辑,诠释了"特区是特别能改革、特别能开放和特别能创新的地区"的时代内涵,强调了"改革"和"创新"已经成为深圳文化的精髓,融入深圳人民的血液,内化为深圳发展的独特基因。

---

① 叶晓滨:《中共深圳市委工作会议召开》,《深圳特区报》2005年3月26日。

五、让城市因热爱读书而受人尊重

这一观念源于"深圳读书月"活动提出的读书宣言。2005年，深圳率先发布了全国首份号召读书宣言——《我们爱读书》。宣言强调了"读书，使人丰富，使人聪慧，使人坚强；读书，给人以知识，给人以力量，给人以方向"的理念，发出了"让深圳成为一个因热爱读书而受人尊重的城市吧"号召，要把"崇尚读书、热爱读书、追求读书"成为深圳人的一种价值追求和社会观念，以推动深圳学习型城市的建设，形成全社会热爱读书的氛围。由于读书月活动成效显著，社会影响巨大，2013年10月，联合国教科文组织授予深圳"全球全民阅读典范城市"称号，以表彰深圳坚持不懈推动国际化建设和全球文化交流合作，尤其在推广书籍和阅读方面为全球树立了典范，深圳成为全球唯一获此殊荣的城市，"读书"由此也成为深圳的城市标签和文化符号。

六、鼓励创新，宽容失败

这一观念也和邓小平同志1992年春的南方谈话有关。1992年春，邓小平同志的南方谈话指出，"允许看，但要坚决地试。看对了，搞一两年对了，放开；错了，纠正，关了就是了"[①]。创新，其本质就是对传统的突破或打破，任何"创新"都有可能面临着"失败"的风险，如果没有对"失败"的"宽容"，就不会激发出人们对"创新"的勇气和热情，只有"容败"的胸怀和气魄，"创新"才能得到必要的支撑和保障，才能激励人们不断努力地"创新"实践和尝试。2006年，深圳经济特区颁布了国内首部以改革创新为主题的法规——《深圳经济特区改革创新促进条例》，其最大亮点就是从法律的高度对改革创新提供了最强有力的保护和支持，向全国展示了支持、鼓励、理解、宽容改革创新者的社会氛围和文化环境，让一批批怀揣理想的创业者、创新者，从四面八方来到深圳经济特区，用自己的努力和拼搏实现人生的理想和愿望，共同塑造了深圳这座"创客之城"。

七、实现市民文化权利

这一观念最早提出于首届深圳读书月。2000年11月，"深圳读书月"正式创办。其间，深圳在全国率先提出"实现市民文化权利是文化发展根本目的"的理念，并以此促进公共文化服务体系建设，让广大市民实现享受文化成果的

---

① 《邓小平文选》(第3卷)，人民出版社2001年版，第372页。

权利、参与文化活动的权利、开展文化创造的权利和文化选择的权利。2003年，深圳在全国率先提出了"文化立市"战略，通过深化文化体制改革、繁荣文化事业和壮大文化产业等措施，满足人民群众日益增长的精神文化需要。在实现市民文化权利的进程中，深圳把读书作为市民最基本、最重要的文化权利之一。为了配合读书月活动开展，深圳提出了打造"图书馆之城"，着手加快建设市、区、街道、社区4级图书馆网络，先后成为我国第一个建设"24小时书吧"的城市（2006年）、成立阅读联合组织的城市（2012年）、发布"城市阅读指数"的城市（2014年）、建设"一区一书城、一街道一书吧"的城市（2015年）、"为阅读立法"的城市（2016年）和开展儿童早期阅读项目"阅芽计划"的城市（2016年），并获得联合国教科文组织授予"全球全民阅读典范城市"称号。可以说，"实现市民文化权利"，是深圳文化发展的一种观念创新，也是深圳文化发展的一种战略，因而被视为深圳的"文化宣言"。

八、送人玫瑰，手有余香

这一观念来源于深圳义工联提倡的理念之一。深圳经济特区成立后，每年都有成千上万的务工者与创业者，从祖国的四面八方来到深圳。他们远离家乡，无亲无靠，一旦遇到各种困难，便感到束手无策。面对这些问题，共青团深圳市委于1989年9月组织了19名热心人士组成义工队伍，并开通"关心，从聆听开始"青少年服务热线电话，为遇到困难的来深者提供帮助。1990年4月，由46名义工组成的市义工联在民政局注册成立，成为内地第一个义工团体。市义工联以"服务社会，传播文明"为宗旨，倡导"参与、互助、奉献、进步"的服务精神，传播"助人自助""送人玫瑰、手有余香"的互助理念。在这句口号的凝聚下，越来越多的人加入到"深圳义工"的团体之中，参与到深圳的志愿活动、关爱行动、慈善捐助等义举之中，"有困难找义工，有时间做义工"成为一句鹏城大街小巷响亮的口号，推动了深圳"志愿者之城"的建设。

九、深圳，与世界没有距离

这一观念来源于深圳申办2011年"第十一届世界大学生运动会"的口号。深圳经济特区建立之初，就把"国际性城市"作为城市发展的战略目标和发展理念。进入21世纪后，深圳由一个落后的边陲小城一跃成为一座初具规模的、比较开放的现代化大城市。在这一背景下，深圳提出了通过举办大型国际性体

深圳文化述论

育活动，进一步提升城市形象和国际影响力，推动深圳全面发展和国际化城市的建设。2004年7月，深圳经济特区启动了申办2011年的"第十一届世界大学生运动会"的工作；2006年5月，公布了"深圳，与世界没有距离"的申办口号。从此，这一口号迅速传播开来，得到了广大市民的普遍认同，表明深圳向世界敞开着胸怀，保持和世界的零距离，体现了深圳开放和包容的城市品格，更加凸显深圳"国际性""世界性""全球性"的地位。

十、来了，就是深圳人

深圳是一个由移民构成的城市，其外来人口超过七成，属于中国典型的"移民城市"。1979年，深圳的常住人口是32.35万。2019年，深圳常住人口为1344万。移民城市的人群，来自五湖四海，素不相识。他们在为城市建设做出贡献的同时，由于受到一些主观或客观因素影响，严重缺乏归属感。面对着一个数量巨大的、"创业之余需要交流，离乡背井更期待温暖"的移民群体，深圳经济特区提出了"来了，就是深圳人"这句口号，不仅表达了广大市民的共同心声和对归属感的深沉呼唤，只要来了就是深圳人，都可以迅速融入这座城市，成为这里的一员，和深圳一起共同成长和发展，而且还体现了深圳特区"开放""包容"的价值观念。在深圳，没有"排外"和"陌生"，只有"包容"和"互助"。正是移民源源不断的涌入，给深圳带来了的人才、资金、管理和知识，成就了今天的"深圳奇迹"。

观念作为人类精神文化的表现，对社会实践有巨大的推动作用。"深圳十大观念"在深圳经济特区40年的建设实践中，成了"社会的动员力、改革发展的牵引力、移民的凝聚力、城市形象的提升力"[1]，推动了深圳经济特区经济社会发生了巨大变化，使其社会主义核心价值体系建设更加具体化、时代化。正如《人民日报》所评论的："它是时代精神的高度浓缩，改革历程的生动注脚。它勾连着走向开放的全体中国人的共同记忆，也可沉淀为我们继续迈步未来的独特财富。"[2]

---

[1] 李凤亮：《弘扬深圳特色的"观念文化"》，《中国文化报》2012年3月27日。
[2] 傅盛宁：《推介"深圳十大观念"体现文化自觉》，《深圳商报》2012年6月11日。

第二节 义工文化

义工，又名志愿工作者，根据我国颁布的《中国注册志愿者管理办法》，它是指不以物质报酬为目的，利用自己的时间、技能等资源，自愿为国家、社会和他人提供服务和帮助的人。其主要领域包括扶贫济困、助老助残、社区服务、生态建设、大型活动、抢险救灾、社会管理、文化建设、西部开发、海外服务等，其最基本的特征是出于个人的自由意愿，服务社会而不求物质报酬。深圳作为我国义工志愿服务的发源地之一，诞生于20世纪80年代末期，30多年来一直引领全国城市文明风尚之先，它与深圳文化深度融合和发展，共同构成了深圳义工文化的重要内容。

一、成立中国大陆地区第一个义工组织

1989年，为了帮助来深务工者和青少年，共青团深圳市委开通了名为"为您服务"的热线电话和信箱，由19名热心青年组成了一支志愿服务队伍，为遇到困难的务工者开展服务。后来，随着社会影响力和知名度的提高，其规模得到不断扩大，加入队伍的人数不断增加，于1990年4月正式注册成立"深圳市青少年义务社会工作者联合会"（以下简称"深圳市义工联"），成为内地第一个义工组织，[①]后于1993年6月更名为"深圳市青少年义务工作者联合会"。随着义工工作涉及人员的范围和内容不断增大，1995年4月，深圳市义工联正式改名为"深圳市义务工作者联合会"，初步形成了一个动作规范、机构健全、组织网络完善的义务工作体系。义工联以"服务社会，传播文明"为宗旨，倡导"参与、互助、奉献、进步"的服务精神，传播"助人自助"和"送人玫瑰、手有余香"的互助理念，服务范围包括热线电话服务、残疾人服务、老人服务、病人服务、孤儿服务、环保服务、文艺服务、法律援助服务等。新世纪以来，深圳义工联通过加强社区化、项目化、专业化、法治化和国际化的建设，形成了在市、区两级建立义工联，街道建立义工服务站，社区建立义工服务队（站、

---

① 许妖蛟：《深圳义工的源起及发展（1989—1995年）》，参见方琳主编：《深圳义工改革发展实录（第一辑）》，社会科学文献出版社2020年版，第62页。

中心、基地）的4级义工服务网络。在国内率先探索了"政府委托""政府购买服务"的方式，为社会提供多种形式的义工服务，实现对政府公共职能的有效补充。

随着深圳市义工联的发展壮大，现已成为深圳经济特区社会各阶层积极参与、拥有相当服务力量、服务社会各个领域的社会群众性团体。人数由最初成立时的19人发展到198万人，服务项目175万项。多年来，深圳市义工联先后获得"中国十大杰出青年志愿服务集体""中国优秀青年志愿者服务集体""中国青年志愿者行动先进集体""广东省青年志愿者行动杰出集体""深圳市文明单位""深圳市民族团结先进单位"等光荣称号，深圳义工代表丛飞、李泓霖被授予"中国青年志愿服务金奖"。

二、颁布我国第一部义工服务条例

为了鼓励和规范义工服务活动，推动义工服务事业的健康发展，弘扬社会主义道德风尚，促进社会和谐。深圳经济特区于2005年7月颁布了《深圳市义工服务条例》（以下简称《条例》），这是我国第一部义工服务条例。归纳起来，主要有4点：一是明确义工、义工服务组织的概念、性质以及服务范围，确立了义工服务活动应当遵循自愿、合法、诚信、节俭和非营利性的原则，强调义工服务活动必须接受共青团组织和其他有关部门的指导和监督；二是建立义工服务组织的规章制度、职责、服务计划、经费使用等规定；三是提出需要义工服务的个人或者单位，向义工服务组织提出服务申请的条件和要求；四是制定义工服务组织应当建立义工考核和表彰制度。《条例》的出台，标志着深圳义工志愿服务事业开始向法治化、专业化方向发展，从而迈上了一个崭新的台阶。

三、设立我国首个义工文化节

为了弘扬义工精神，关爱义工群体，让广大市民了解深圳义工，参与义工服务，体验义工生活，进一步推进深圳经济特区精神文明建设，构建和谐深圳，在共青团深圳市委和深圳经济特区报的共同倡议下，深圳市义工联决定将3月5日学雷锋纪念日设为"深圳义工节"。[1] 从此，深圳经济特区的十数万义工有了自己的节日，"有困难找义工，有时间做义工"成为一句响亮的口号，让"来

---

[1] 滑翔、王川：《首个深圳义工节全城义工献爱心》，《深圳特区报》2006年3月6日。

了就做志愿者"成为一种时尚。深圳义工与学雷锋活动的结合，赋予了深圳经济特区义工文化新的时代内涵，"深圳义工"也成为了深圳乃至全国志愿服务的一个优秀品牌。目前，"深圳义工节"已经成为深圳弘扬雷锋精神、促进城市文明建设、开展志愿文化交流的重要节日。特别是2019年3月5日，在第十四届"深圳义工节"主题活动期间，首个以义工文化为主题的展览馆——"义工天地"，在深圳青年广场正式开馆。该馆由团市委、市义工联为深圳165万名志愿者所打造，通过大量珍贵的历史图片、文献资料、实物等，以科技化手段展示了深圳义工30多年来的发展历程和工作成就。展览馆分为2厅8区，每一个区域都有其特定的功能。其中的"大事记墙"采用时间轴的形式依次展示深圳市义工联的发展史，"义工风采墙"则用照片形式展示广大义工的风采和讲解他们感人的事迹。

四、创建我国首个志愿者之城

为了进一步扩大社会参与、培育壮大社会组织、推进社区志愿服务、完善工作机制、营造志愿文化氛围、优化发展环境，2011年12月，深圳市委、市政府正式出台了《关于建设"志愿者之城"的意见》，规划用5年时间，从社会参与、志愿组织、社区服务、激励机制、资源保障、文化建设等6个方面，努力把深圳建设成为具有中国特色、中国风格和中国气派的"志愿者之城"。这是全国首个系统性提出建设"志愿者之城"的城市，由此推动了深圳志愿服务事业进入了新的发展阶段。2015年12月，深圳市委、市政府提出了在未来5年将提高标准，打造"志愿者之城"升级版。具体表现在4个方面，一是推动志愿服务法治化、社会化、国际化、专业化水平再上新台阶，在组织、队伍、项目、平台、文化、机制等方面取得新突破，继续保持深圳市全国志愿服务"排头兵"的地位；二是要在规范运作、加强管理、提升质量上下功夫，尤其要发挥好各级团属志愿服务组织的"枢纽"作用，当好全社会志愿服务的"领头羊"；三是要加强志愿服务平台建设，打造更多有效对接社会需求、高效整合社会资源、规范标准运行的实体型、网络型、复合型志愿服务平台；四是要通过完善志愿服务立法和政策，健全管理制度机制，促进志愿者招募、培训、服务、激励、退出的规范运作，提升志愿服务科学化水平。2015年12月，深圳"志愿者之城"建设取得显著的阶段性成果，并被评为全国首批"志愿服务模范城"的试点城市。

五、创新义工志愿服务模式

深圳城市化进程的发展和城市管理水平的提高，推动了深圳义工事业不断的创新发展，在实践过程中逐渐形成了"社工＋义工"联动模式，无论是对深圳还是全国的义工发展史来说，都具有里程碑的意义。

社区，作为深圳城市社会治理的基层单位，大量公共管理、社会公益和社会援助等事务工作需要义工的广泛参与。2005年，深圳颁布的《深圳市义工服务条例》，从多个方面促进了义工与社工在社区开展志愿服务，为"社工＋义工"联动模式奠定了良好基础。接着，2007年10月，深圳市委、市政府发布了《中共深圳市委深圳市人民政府关于加强社会工作人才队伍建设推进社会工作发展的意见》（2007年10月25日），提出要大力推行"社工＋义工"模式。强调推进社会工作，既要发挥专业社会工作者的作用，又要发动公众广泛参与，发挥义工的协助、参与作用，形成"社工引领义工服务、义工协助社工服务"的模式，建立社工、义工联动发展的机制。随后，深圳团市委、深圳市义工联于2008年3月份印发了《关于开展社工、义工联动工作的通知》文件，制定《深圳共青团系统社工、义工联动工作社工派驻办法（试行）》，规范了社工管理职责、社工工作职责、社工工作方法和社工考核办法。2013年7月，团市委、市社工委、市民政局联合出台《关于推动志愿服务社区化的意见》，将志愿服务纳入社会建设和社区工作格局，依托社区服务中心启动社区U站建设。这一系列的政策和措施，推动了"社工＋义工"联动模式的形成和发展，在深圳各个社区服务中得到了广泛的运用，义工服务成为社区服务的重要内容。

"社工引领义工服务、义工协助社工服务"，现已成为深圳全市的一种普遍服务形式，义工广泛渗入到社区、学校、禁毒、医务、灾害、食品药品安全、精神卫生、交通安全等多个服务领域之中，在节能环保、垃圾分类、文化倡导、U站服务、福利院探访、亲子活动、社区义诊、环卫工人关爱、交通安全倡导等方面，积极协助社工开展众多常规服务，深度参与社区服务和创新社会治理模式，成效显著。

六、打造全国首个城市志愿服务品牌

在建设"志愿者之城"过程中，深圳致力创建城市志愿服务的"深圳品牌"，打造出"U爱"志愿服务品牌，"U站"成为深圳志愿服务最主要的阵地，"U"也成为"志愿者之城"的重要标识，代表志愿者传递关爱，寓意有爱。

"U"是取自英文"University"的首个字母,即"大学"之名。"U"之所以成为深圳义工服务的标识,是源于2011年在深圳举办"第26届世界大学生夏季运动会"期间所设立的志愿服务站"U"。由于其优质的服务、良好的声誉和易记的标识,给世界各国嘉宾留下了深刻的印象,因而大运会结束后,58个城市志愿服务U站保留下来,继续为市民提供各种志愿服务。2012年12月,深圳在全国率先推出《深圳市"志愿者之城"建设目标指引》,城市志愿服务品牌建设纳入了工作目标。从2013年开始,深圳市重点打造"U爱"志愿服务品牌,把U站建设成为志愿服务的重要阵地。2014年3月,在深圳市"志愿者之城"建设工作领导小组办公室、深圳团市委、深圳市义工联统筹下,决定在"学雷锋纪念日"和"深圳义工节"期间,集中开展一系列的"U爱三月"活动。该活动现已连续举行多年,成为深圳志愿者关爱社会的一项品牌活动。如今,U站与"U爱"在深圳的社区、学校、医院、地铁站、公交站以及各种公共场所,随处可见,它们在文明宣传、信息咨询、应急服务、绿色出行、法律援助、扶贫助残、禁毒宣传、赛事服务等方面,为广大市民和游客提供了各种志愿服务。

七、建立全国首家志愿服务基金

为了积极扩大社会参与,充分激发社会活力,最大限度地调动公众参与志愿服务和社会建设的积极性和主动性,建立志愿服务多元化保障机制,关心爱护深圳义工群体的权益,深圳建立了全国首家志愿服务基金。2012年12月,在深圳市委、市政府的大力支持下,经由深圳市民政局批准,由共青团深圳市委员会指导,正式成立了深圳市志愿服务基金会。基金会以"传播志愿服务理念,弘扬志愿服务精神,提高志愿服务水平,推动志愿者事业发展"为宗旨,坚持"财政引导、社会参与、突出公益、法人治理、严格监督"的运作机制,积极探索志愿服务的多元化资金保障机制,培育志愿服务组织,资助志愿服务项目、志愿文化培育等,全面促进"志愿者之城"建设。志愿服务基金会的成立,标志着深圳建设"志愿者之城"进入新的高度,标志着"参与、互助、奉献、进步"的志愿服务精神已经深入人心,为深圳志愿服务事业的发展壮大,注入了强大的动力。[①] 近年来,为落实习近平总书记对志愿服务事业重要指示精神,弘扬"互助、友爱、奉献、进步"的志愿服务精神,进一步发动社会力量关心关

---

① 杨丽萍、肖意:《深圳市志愿服务基金会成立》,《深圳商报》2012年12月5日。

爱深圳义工，深圳市志愿服务基金会决定从 2019 年起将每年 3 月的第 3 个周六定为"关爱义工日"。[①]

此外，率先建立了志愿者长效激励机制。一是政府激励。2006 年，在全国推出首个"义工服务市长奖"。2010 年，在全国率先出台志愿服务积分入户政策。志愿服务纳入市民文明行为公约、簕杜鹃勋章评选等方面内容。二是组织认证。率先构建多层次、广覆盖的志愿者荣誉认证体系，包括"一星级到四星级""深圳市五星级志愿者""深圳市百名优秀志愿者"等。三是社会关爱。联合中国银行、中国电信、深圳通公司等推出电子义工证，持证的志愿者免费获得实名制红马甲以及在市内参加服务期间的 10 万元保险，实现了志愿者证件、服装、保险等系统保障。如今的深圳，志愿服务已蔚然成风，义工队伍遍布全市各处，不仅体现了"开拓创新、诚信守法、务实高效、团结奉献"的深圳精神，而且极大地促进了深圳的城市文明建设和发展。

第三节　科技文化

自深圳经济特区建立以来，深圳政府部门大力发展科技文化事业，在制度建设、科研机构、科研队伍、科技产业和科研基地等方面，推动了深圳科技文化的创新发展，形成了 5G 技术、超材料、基因测序、3D 显示、新能源汽车、无人机等处于世界前沿的优势产业，孕育出以华为、中兴、腾讯、比亚迪为代表的众多引领科技创新的企业，成就了"中国硅谷"。

一、制定系列科技政策，引导科技事业发展

深圳经济特区成立后，面对科技基础十分薄弱和落后的状况，深圳市委、市政府以"拓荒牛"的精神，大胆进行体制与机制上的创新，制定了一系列的政策和措施，大力促进深圳经济特区科技事业的发展。

1985 年 11 月，深圳首次召开科学技术工作会议，随后于 1986 年颁布了《关于加强科技工作的决定》，提出了"经济建设必须依靠科学技术，科学技术必须面向经济建设"的方针。1990 年初，深圳正式制定颁布了《深圳科学技术

[①] 张宇婷：《深圳市志愿服务基金会发起设立"关爱义工日"》，《深圳商报》2019 年 3 月 25 日。

发展规划1990—2000年》，明确提出以高新技术产业为先导的发展战略。1991年8月，市委、市政府颁布《关于依靠科技进步推动经济发展的决定》，把发展科学技术摆到经济和社会发展的首要位置。进入新世纪后，2001年7月，深圳市委、市政府颁布了《中共深圳市委关于加快发展高新技术产业的决定》，提出了把深圳建设成为规模优势明显、产业特色突出、创新体系完善、创业投资活跃、科技人才荟萃、综合环境优良的高科技城市的目标。2006年出台的《中共深圳市委　深圳市人民政府关于实施自主创新战略建设国家创新型城市的决定》，全国率先提出把创新作为未来城市发展的主导战略，建设国家创新型城市；党的十八大以后，深圳相继出台《深圳国家自主创新示范区建设实施方案》《关于促进科技创新的若干措施》《关于促进人才优先发展的若干措施》《深圳经济特区国家自主创新示范区条例》等一系列政策文件，全面指导和推进深圳国家自主创新示范区建设。2017年5月，推出了《加快深圳国际科技产业创新中心建设总体方案》《深圳市十大重大科技基础设施建设实施方案》《深圳市十大基础研究机构建设实施方案》《深圳市十大诺贝尔奖科学家实验室建设实施方案》《深圳市十大重大科技产业专项实施方案》《深圳市十大海外创新中心建设实施方案》《深圳市十大制造业创新中心建设实施方案》《深圳市十大未来产业集聚区规划建设实施方案》《深圳市十大生产性服务业公共服务平台建设实施方案》《深圳市十大创新创业基地建设实施方案》《深圳市十大人才工程实施方案》等一系列文件，加快深圳国际科技产业创新中心建设。2019年6月，颁布了《深圳经济特区科学技术普及条例》，以加强深圳经济特区科学技术普及工作和提高公民科学素质。2019年7月，制定了《深圳市科技计划管理改革方案》，进一步完善"基础研究+技术攻关+成果产业化+科技金融"的全过程科技创新生态链，增强核心引擎功能，为打造可持续发展的全球创新创意之都提供科技支撑。2020年8月，公布了《深圳经济特区科技创新条例》，进一步加快现代化国际化创新型城市和具有全球影响力的创新创业创意之都的建设。2022年6月，发布了《深圳市人民政府关于发展壮大战略性新兴产业集群和培育发展未来产业的意见》，提出大力发展先进制造、智能制造、绿色制造、服务型制造，促进先进制造业与现代服务业深度融合，培育若干具有世界级竞争力的战略性新兴产业集群。2023年5月，深圳市委、市政府印发了《深圳市加快推动人工智能高质量发展高水平应用行动方案（2023—2024年）》。该方案从强化智能算力集群供给、增强关键核心技术与产品创新能力、提升产业集聚水平、打造全域全时场景应用、强化数据和人才要素共5个方面提出14项措施,以最充足的算力、最大的政策支持、最优的产业生态、最好的人才环境、最丰富的场景应用,积极打造国家新一代人工智能创新发展试验区和国家人工智能创新应用先导区,努力创建人工智能先锋城市。

二、多渠道建立科研机构,大力开展科技研发工作

科研机构是科技基础能力建设的重要组成部分。深圳经济特区建立以来,在重视科技发展的同时,也相继建立相关的管理和研究机构。一是成立深圳市科学技术协会,统筹全市科学技术事业发展。1979年11月,深圳市科学技术委员会成立(1981年10月更名为深圳科技发展中心,1987年复名,1992年3月更名为深圳市科学技术局),成为推动全市科学技术事业发展的重要力量。二是建立科技研究机构,推动科学技术进步。特区成立前,深圳只有5家水产、农业等方面的科研机构。从1984年开始,深圳逐步建立了多家科研机构,到2020年,深圳全市已有科研机构2642家,其中国家级117家,省级957家,[①]基本建立了从实验研究、技术开发、产品测试到规模生产等方面一系列科研机构,科技创新发展动能强劲。三是建立虚拟大学园基地,加速科研成果产业化。为了改变基础性研究薄弱的状况,1996年,深圳市政府与清华大学共建深圳清华大学研究院,开启了中国新型科研机构的崭新探索。1999年,开始建设我国第一个集成国内外院校资源,按照一园多校、市校共建模式建设的创新型产学研结合示范基地——深圳虚拟大学园,先后引进了65所国内外知名院校。这些高校的引进,大大增强了深圳科研力量,在人才培养、成果转化、技术创新、深港合作与国际化等方面为深圳经济建设与发展做出了突出的贡献。

三、积极实施人才计划,打造科技创新队伍

人才是科技创新发展的第一资源,是科技活动中最为活跃、最为积极的因素。为了培养各类科技创新人才,从20世纪80年代开始,深圳积极实施人才计划,多形式、多渠道培养或引进各种科技人才,打造了一支有层次、有梯度、有特色的科技创新人才队伍。

---

① 王晶:《深圳40年·成就综述 科技创新是引领发展的第一动力》,《每日经济新闻》2020年8月24日。

首先,建立深圳直属高校,培养基础学科人才。特区成立之初,深圳没有一所高等学校,人才缺乏。为了改变这种状况,培养特区建设需要的人才,深圳于1980年成立了深圳市直属的第一所公办大学——深圳广播电视大学(2020年12月更名为深圳开放大学),培养特区急需的各种人才。1983年,创办了深圳第一所综合性大学——深圳大学,培养多层次的基础科学研究人才。紧接着在1993年和2002年,分别成立了深圳职业技术学院和深圳信息职业学院,培养应用技术类人才。2010年,深圳借鉴世界一流理工科大学的学科设置和办学模式,创办了南方科技大学,以培养更高层次的科技人才。2015年,深圳市委、市政府开始筹建应用型高等学校——深圳技术大学,并于2018年经教育部批准正式设立,开始独立招生。这些高等学校自创办以来,为深圳经济特区的经济建设、科技进步和社会发展培养了数十万人才。

其次,联合知名高等学校,培养高级科技人才。自1999年建立深圳虚拟大学园后,不少国内外的知名高校陆续入园。2000年7—8月,相继成立了华中科技大学深圳研究院和上海交通大学深圳研究院。2001年1—5月,分别成立北京大学深圳研究生院、清华大学深圳研究生院、哈尔滨工业大学深圳研究生院。在此基础上,2014年5月,深圳市政府与哈工大签署新的合作办学协议,合作共建本、硕、博教育体系完备的"哈尔滨工业大学(深圳)"。2015年11月,深圳市政府与中山大学合作建设中山大学深圳校区。2016年,根据中俄两国元首达成的重要共识,由深圳市人民政府、北京理工大学和莫斯科国立罗蒙诺索夫大学三方合作创建了深圳市第一所中外合作办学的高校——深圳北理莫斯科大学。至此,深圳形成了全日制与非全日制并举、公办与民办兼顾、自办与引进相结合、科学研究和技术应用结合的高等教育体系,形成了专科、本科、硕士研究生、博士研究生和博士后等多层次、多形式的人才培养体系。

再次,实施"孔雀计划",引进高层次人才和团队。为了健全完善人才体系,推动支柱产业和战略性新兴产业领域的人才队伍结构优化及自主创新能力提升,2011年,中共深圳市委、深圳市人民政府发布了《关于实施引进海外高层次人才"孔雀计划"的意见》,引进一大批海外高层次创新创业人才和团队。至2018年,深圳累计确认"孔雀计划"人才3264人,[1]高层次人才总数1.21万

---

[1] 汤琪:《深圳"孔雀计划"进入第九年:累计确认人才已超3000人》,《澎湃新闻》2019年1月22日。

人。其中，全职院士41人，留学归国人才近12万人，引进广东省创新科研团队和孔雀团队148个，在站博士后人数总量达2735人，其中作为科技工作者主体的专业技术人员已达到183.5万人。[1]

四、结合深圳产业优势，形成特色科技产业

深圳经济特区的制度创新，推动文化、科技等一系列的创新，吸引了大量具有创新性人才、技术、资金等生产力要素汇集，在"有为政府＋有效市场"的驱动下，形成了一批以科学技术为依托、以创新为动力、以高新技术为核心的科技产业，电子与信息产业、生物医药产业、新能源产业，新材料产业等走在了全国前列，突出表现在以下方面。

一是电子与信息产业。20世纪90年代开始，大力发展电子信息产业，取得了举世瞩目的成就。2009年，有31000多家企业从事与电子信息相关的业务，形成了一个庞大的产业集群，以华为、金蝶等为代表的一批民营企业迅速成长为行业的龙头企业。2015年，深圳出台了《〈中国制造2025〉深圳行动计划》，进一步推动了深圳电子信息产业加快转型升级，出现了一批具有自主知识产权、创新能力强、市场占有率高、技术先进的自主品牌龙头企业，形成了通信设备、计算机及外设、数字视听、汽车电子、平板显示、软件等方面的六大优势产业，占据全国近1/6的产值，产业规模目前位居全国大中城市首位。[2]据《深圳市2022年国民经济和社会发展统计公报》数据，2022年，深圳新一代电子信息产业增加值5811.96亿元，增长2.6%。

二是生物医药产业。深圳于2005年被确定为首批国家生物产业基地，随后深圳的生物医药产业迅速发展，产业集聚效应加快，形成了坪山深圳国家生物产业基地核心区、高新区生物医药研发总部基地、盐田大梅沙成坑基因产业基地等园区。2009年9月，深圳制订了《深圳生物产业振兴发展规划（2009—2015年）》，提出加快深圳国家生物产业基地建设。经过多年的努力，现已建成了两大生物产业基地，一个是坪山生物产业基地，这是全国首批、深圳市唯一的国家级生物产业基地。该基地吸引120多家生物医药企业和产业化平台项目入驻，代表性企业有赛诺菲巴斯德、国药致君、海普瑞、康哲药业等。另一个

---

[1] 王晶：《深圳40年·成就综述 科技创新是引领发展的第一动力》，《每日经济新闻》2020年8月24日。

[2] 梁丽：《深圳电子信息产业占全国近1/6产值》，《深圳晚报》2016年4月9日。

第二章 当代文化

是深圳国际生物谷。2013年由深圳市政府主导建设，范围覆盖东部沿海大鹏、盐田及坪山地区，以地处大鹏半岛东北端的坝光片区为核心启动区，园区引进生物企业52家、科研机构11家，涌现了迈瑞医疗、海王生物、微芯生物、华润三九等龙头企业。2021年，深圳市生物医药产业营业收入为461亿元[1]。2002年6月，深圳市发展和改革委员会等部门印发《深圳市培育发展生物医药产业集群行动计划（2022—2025年）》，提出到2025年，将深圳建设成为全球知名的创新药研发中心和国内领先、国际一流的生物医药产业集聚发展高地。到2023年9月，全市生物医药规上企业140家，上市企业11家，其中营收超10亿元企业8家，超百亿元企业4家。建成生物医药领域各级创新载体超500家，还建设了国家级临床医学研究中心1家、省级4家、市级14家[2]，全力支撑粤港澳大湾区国际科技创新中心战略。

三是新能源产业。新世纪以来，以核能、太阳能、生物质能、新能源汽车为代表的新能源产业在深圳迅速发展起来，在科技研发、装备制造、应用推广、产业服务等方面形成有深圳特色的新能源产业。2007年5月，深圳开始在光明新区高新产业园区进行新能源产业布局，集中发展和培育太阳能光伏、LED光电等新能源产业，以杜邦太阳能和拓日新能源为代表的一批光电企业落户投产和以世纪晶源为龙头的"国家半导体照明工程产业化基地"建成，形成了产业链较为齐全的LED生产研发基地。2009年12月，深圳市人民政府制定了《深圳新能源产业振兴发展政策》，大力扶持深圳新能源产业发展，重点培育太阳能、核能、新能源汽车、储能、生物质能、风电等6类新能源产业。2010年8月，深圳首个新能源产业园正式奠基动工。2015年出台了《深圳市新能源汽车产业基地综合发展规划》，提出建立国家级新能源汽车产业基地，先后建成坪山新区新能源汽车产业基地和龙岗区新能源产业基地，涌现出中广核、比亚迪等产值过百亿元的龙头企业，以及拓日、创益、伽伟、嘉普通、艾默生、能源环保、南玻等一批产值超亿元的新能源知名企业。2023年11月，深圳市工业和信息化局、深圳市发展和改革委员会等8部门联合发布《深圳市促进新能源汽车和智能网联汽车产业高质量发展的若干措施》，提出6项18条具体措施，助力

---

[1] 数据来源：深圳市发展和改革委员会等部门印发《深圳市培育发展生物医药产业集群行动计划（2022—2025年）》。

[2] 袁静娴：《深圳迈向生物医药产业创新高地》，《深圳商报》2023年12月17日，第A03版。

深圳抢抓汽车绿色化、数字化、无人化、平台化产业重构机遇，推动汽车产业高质量发展。到2023年底，深圳新能源汽车整车制造业产值增长85.3%[①]。

四是新材料产业。在20世纪90年代初，新材料产业在深圳逐渐发展起来，并形成了一定的产业规模，出现了一批骨干企业，年产值超千万元的有12家企业，部分产品已在国内市场占有较大份额，还有部分产品打入国际市场。新世纪初，深圳确立了把新材料产业确定为六大重点高新技术产业之一，进一步推动了新材料产业的发展。到2010年，新材料产业规模达到了590亿元，约占全市工业总产值的3.2%，在工程玻璃、汽车玻璃、光学玻璃等特种玻璃产业链下游深加工环节形成了一定的优势，并开始向产业链上游延伸，集聚了一些知名特种玻璃企业总部，出现了具有完整产业链的大型企业。在功能高分子材料领域，集聚了一批处于全国领先地位的企业。2011年8月，深圳相继出台《深圳新材料产业振兴发展规划（2011—2015年）》和《深圳新材料产业振兴发展政策》，大力发展电子信息材料、绿色低碳材料、生物材料、新型结构和功能材料、前沿新材料等五大领域，重点实施创新能力提升工程、产业发展促进工程、产业集聚推进工程、产业合作拓展工程等四大工程，将深圳建设成为国际知名、国内领先的新材料产业基地。目前，深圳新材料产业已经拥有110多家企业，包括中兴通讯、比亚迪、富士康、正威集团等千亿企业，比克、南玻、中金岭南、大族激光等40余家上市企业，盛波光电、贝特瑞、星源材质等一大批知名企业，成为全国新材料产业发展中的"领头羊"。据《深圳市2022年国民经济和社会发展统计公报》数据，2022年，新材料产业增加值为364.74亿元，增长21.9%。

五、建立科学研究基地，形成科技集聚效应

科学研究基地是科技事业的重要支撑，集科研、开发、生产、教育、服务等功能于一体。根据《粤港澳大湾区发展规划纲要》提出的深圳战略定位，深圳积极推进光明科学城与深港科技创新合作区共建综合性国家科学中心的建设。

光明科学城位于深圳北部的光明区，地处粤港澳大湾区和广深港澳科技创新走廊重要节点。2018年4月，深圳市委、市政府做出了以光明科学城作为核心区创建综合性国家科学中心的决定，并正式启动光明科学城建设工作。2020

---

① 《深圳交卷！北上广深经济成绩单全部出炉》，深圳卫视深视新闻2024年1月31日。

年4月,深圳市委、市政府通过了《深圳市人民政府关于支持光明科学城打造世界一流科学城的若干意见》,从总体要求、科研、人才、产业、资金、空间、交通、配套、机制、组织保障等10个方面,支持光明科学城高标准、高质量、高水平打造世界一流科学城。5月,市政府批复了《光明科学城空间规划纲要》,确立了"开放创新之城、人文宜居之城、绿色智慧之城"的建设目标,把光明科学城建设成为高端科研、高等院校、高尚社区、高新产业、高端人才集聚的全球科技创新高地和竞争力、影响力卓越的世界一流科学城。自光明科学城开工建设以来,一些重大科研机构或项目陆续落户。未来,光明科学城将成为粤港澳大湾区国际科技创新中心的核心功能承载区和综合性国家科学中心的重要组成部分,代表国家参与全球科技竞争与合作,打造"开放创新之城、人文宜居之城、绿色智慧之城",成为竞争力影响力卓越的世界一流科学城。

深圳经济特区40年的发展,在科技文化建设方面取得了巨大成就,创造了"文化+科技"的深圳产业发展的特色和模式,实现了从劳动密集型、资金密集型向技术密集型、人才密集型的产业转变。2020年3月,科学技术部、发展和改革委员会等国家五部委正式确定深圳为"综合性国家科学中心",把深圳打造成为一个具有全球影响力的"国际科技创新中心",推动了深圳科技文化事业在新时代迈上一个新台阶。

第四节 时尚文化

时尚文化是指在某一特定时期内,相当数量的人对特定的观念、行为、语言、生活方式等产生了共同的崇尚与追求,并使之在短时间内成为整个社会到处可见的现象,具有时代性、集体性、新颖性、动态性、商业性和娱乐性等特点。它既是大众文化的表征,又是社会文化的一种类型,体现着一个时代社会文化的诸种特征,同时又以其独具个性的内涵丰富着社会文化并对社会文化产生巨大的影响。[①]深圳是一座以年轻人为主的城市,也是一座引领潮流的城市,是一座被称为"时尚之都"的城市,不仅形成了"时尚+"的文化理念和生活方式,还建立了传统与现代结合、时尚与科技结合的时尚产业体系。

---

① 贺雪飞:《潮起潮落:时尚文解读》,《黑龙江社会科学》2002年第5期,第70—71页。

深圳文化述论

一、积极推进全球"时尚之都"的建设

为了提高深圳企业的核心竞争力和城市的文化软实力。2004年，深圳市委、市政府在"文化立市"的城市发展战略中，提出了申请创建世界"设计之都"的构想，并作为"国家行为"正式向联合国教科文组织推荐。经过近4年的努力，联合国教科文组织于2008年11月正式批准深圳加入联合国教科文组织全球创意城市网络，成为联合国教科文组织认定的中国第一个、全球第六个"设计之都"。经过多年的努力，深圳的全球"时尚之都"建设成效显著，从区域背景、时尚品牌、配套体系、时尚人才、时尚文化、时尚产业、时尚政策、时尚法律等方面，都已经具备了"时尚之都"的八大要素。[①]2017年，在首届"全球时尚城市指数"评价中，对深圳的时尚文化、时尚消费、时尚品牌、时尚产业价值的现状进行了严格、科学的评价，结果表明，深圳的各项指数均达到了"时尚之都"的条件和要求，从此深圳正式迈进了全球"时尚之都"行列。接着经过2018年、2019年两次评价，深圳连续3年跻身全球六大"时尚之都"。

二、加快传统优势产业向时尚产业的升级转型

深圳市委、市政府一直高度重视产业转型升级工作，从2011年以来，先后出台了《关于加快产业转型升级的指导意见》（2011年）、《深圳市加快产业转型升级十项重点工作》（2011年）、《深圳市加快产业转型升级配套政策》（2012年）、《深圳市产业转型升级专项资金管理办法》（2016年）等一系列政策文件，为产业转型升级奠定了较好的政策基础。2020年3月，深圳针对时尚产业的升级发展，专门制订了《时尚产业高质量发展行动计划》，提出了"创新协同化、产品时尚化、品牌国际化和产业聚集化"的升级原则，重点实施创新能力提升、工业设计提升、品牌国际化、知识产权保护与激励、时尚产业聚集、国际化拓展和高端人才培养等七大工程，以国际一流的时尚创意设计推动服装等传统行业，向技术高端化、创意多元化、产品时尚化、品牌国际化方向发展。这一系列政策的实施，使得深圳具有传统优势的服装、家具、黄金珠宝、钟表、皮革、工业设计、内衣等传统行业，实现了向时尚创意产业的华丽转身。

为了推动传统行业及企业从产品制造型向创意设计型的转变，加强行业、企业之间的协同创新，2014年3月，在深圳市政府倡导下，由深圳的家具、服

---

① 财经视点：《时尚之都的八大要素》，《宁波经济》2013年第10期，第25页。

装、黄金珠宝首饰、钟表、皮革、工业设计、内衣、眼镜等八大传统行业协会与行业内骨干企业，联合成立"深圳市时尚创意产业联盟"，以促进深圳传统优势产业的转型升级与跨产业的联动发展。与此同时，着力打造时尚创意产业总部经济。光明区成为深圳钟表产业集聚基地，被誉为"中国时间谷"。福田区作为深圳时尚品牌总部集中地，拥有优良的产业基础和营商环境，成为以品牌女装为主体的时尚总部高地。龙华区的大浪时尚小镇成为深圳服装产业集聚基地，大批知名品牌在此建立总部。罗湖区的水贝—布心片区，聚集了黄金珠宝市场主体大约9000家，成为全国性的黄金珠宝时尚产业总部经济集聚高地，被誉为"中国宝都"。

三、大力发展以"时尚+"为路径的时尚创意产业

时尚作为一种生活方式和文化现象，必须要有与其文化相适应的物质载体，而这一载体最重要的就是与其相关的产业，即时尚产业。为此，深圳在加快传统优势产业向时尚产业升级转型的同时，以"时尚+"为路径，大力发展时尚产业，形成了以服装、黄金珠宝、钟表、皮革、眼镜、智能穿戴、美妆为代表的时尚产业。

（一）服装产业

服装产业是深圳最早发展的产业之一。特区成立后，凭借特区的优惠政策和毗邻香港的区位优势，吸引了许多内地服装企业和港商来深圳投资办厂。1980年5月，深圳经济特区的第一家外资服装企业——"新南新印染厂"在葵涌兴建。随后，以港资为主的许多服装企业相继来深设厂，逐渐形成了以"三资"和"三来一补"[①]为主体的行业结构和以"外销为主、内销为辅"的经营模式，进行加工出口。2002年，深圳市政府出台了《深圳市纺织服装产业结构调整方案》，推动了服装产业由单一劳动密集型的生产模式向劳动密集和技术密集并重的模式转变，并在龙华大浪规划建设"深圳服装产业集聚基地"。2005年，深圳市委、市政府出台了《关于大力发展文化产业的决定》，推动了深圳服装行业进入了以文化创意、设计创新、科学管理为核心竞争的阶段，逐步形成文化创新、设计创意、品牌运营和科学管理等融合发展的新格局，实现了从传

---

① 三资，即中外合资、中外合作、外商独资。三来一补，即来料加工、来样生产、来件装配和补偿贸易。

统加工产业向时尚创意产业的转型。2013年,深圳被中国纺织品牌战略推进委员会授予"时尚品牌创意之都"称号。2019年,深圳服装行业拥有2500多家品牌服装企业,其中中国驰名商标6个、广东省名牌产品17个、广东省著名商标9个,当中有10家品牌上市企业,有200多家深圳服装企业亮相世界四大时装周,创造了行业的4个"第一",即品牌数量第一、上市企业第一、经济总量第一及市场占有率第一,[①]被业界称之为"深圳时装军团"。

(二)黄金珠宝产业

深圳是中国黄金珠宝首饰制造与交易中心,起步于20世纪80年代初。1981年12月,由港商投资的深圳市东方首饰厂成立,以生产加工戒指、耳环、吊坠、项链等系列金饰品为主。这是深圳第一家"三来一补"的黄金珠宝企业。1984年12月,深圳市艺华联合工贸公司成立,这是深圳第一家对国内生产、经营黄金饰品的定点企业。到20世纪80年代末期,深圳初步奠定了黄金珠宝产业的基础。1989年5月,深圳市政府把黄金珠宝首饰产业确定为出口创汇支柱行业,加强了对这个行业的支持。进入21世纪后,在不断引导产业升级、优化产业结构的政策推动下,深圳黄金珠宝产业开始进入规模化、集约化、品牌化的发展时期。据统计资料表明,深圳黄金珠宝产业已经涵盖设计研发、生产制造、展示交易、品牌推广、检验检测等各个环节,有大小珠宝交易中心和批发市场约30家,产业队伍超过25万人,行业制造加工总产值约1500亿元,批发零售贸易额约450亿元。[②]深圳聚集了全国绝大部分珠宝品牌的总部,成为全球最具竞争力的黄金珠宝生产基地、贸易中心集群地和最大的珠宝消费市场,被称为中国珠宝产业国际交流的"窗口"。

(三)钟表产业

改革开放初期,香港钟表产业开始向深圳进行产业转移,从1983年开始,香港部分钟表企业在深圳投资成立独资或合资企业。1983年成立的沙河华侨电子厂,是深圳最早生产手表的合资企业。到1994年底,深圳已有500多家钟表企业,钟表产业规模初步形成。从20世纪90年代末至21世纪初,深圳钟表产业开始从来料加工转向专业化、品牌化、集约化转型,进入了快速发展阶段。特别是2003年,深圳钟表产业提出了建立"钟表集聚基地"和"行业公共服务

---

① 陈盈姗:《作为时尚产业聚集地 深圳如何走出成就时尚之都的路子?》,《南方都市报》2020年10月30日。

② 杨绍武:《2018年度深圳珠宝产业现状》,《中国宝石》2019年第1期,第130页。

平台",推动企业从"加工制造"向"创新创造"方向转型。2011年12月,深圳钟表产业获得首批"国家外贸转型升级专业型示范基地"称号。

随着互联网、大数据、智能制造的发展,也推动了深圳钟表产业向"时尚科技产业"转型升级,使其走上了一条"钟表+文化"的新型发展道路。2014年,深圳市先后获得了"中国钟表之都"和产业集聚时尚区域品牌"深圳手表"的称号。统计资料显示,目前深圳钟表品牌市场占有率占国产品牌的70%左右,拥有自主品牌100多个。全国钟表行业10多个中国驰名商标中,近七成在深圳。

(四)皮革产业

皮革业在深圳发展较早,在特区成立前已经有一定的产业基础。1980年以来,由于特区的政策吸引了香港和内地的一些皮革企业到深圳办厂,皮革制造业发展迅速,产品从最初以生产皮鞋为主发展到熟牛皮加工、男女革皮鞋、皮手套、革皮箱、皮包、皮手袋、革皮服等几十个品种,逐渐成为国际皮革市场的信息中心和生产采购中心之一。20世纪90年代中后期,深圳皮革产业开始出现了一批民营企业,涌现出了百丽等多个品牌,其产品无论是在档次还是品质上,都处于国内领先地位,成为业内时尚潮流的引导者,尤其是女鞋更是成为业内"领头羊"。深圳皮革产业的出口额在全国大中城市皮革产业的出口额中连续多年排在首位,成为鞋类、皮具箱包、皮衣、原辅材料、皮革机械等门类齐全的传统优势行业。新世纪以后,深圳皮革产业开始实施"品牌战略",重点发展中高端皮革制品,扶持一批企业开展连锁经营方式。同时,建立特色产业园区,进行技术改造和产业升级,培育出了以百丽、思加图、天美意为代表的一批皮艺时尚品牌,在引领国内皮艺时尚潮流方面,发挥了重要作用。

(五)眼镜产业

深圳眼镜产业始于20世纪80年代,由于其具有邻近港澳地区、人力资源充足以及用工成本相对低廉的优势,香港大批眼镜企业为了降低成本,纷纷把工厂迁至深圳横岗。经过10年时间的发展,这些眼镜企业逐渐积累了一定的资本、技术和管理经验,开始为欧洲知名品牌"贴牌"生产,产品出口到欧洲、亚洲市场。

从20世纪中期到21世纪初,深圳眼镜业进入了"黄金时代",眼镜产业规模不断扩大,生产配套逐渐完善。眼镜企业较为集中的龙岗区横岗街道,成为全球中高档品牌眼镜镜架的最大生产基地和全国五大眼镜生产基地之一。为了加快推进以"横岗眼镜"为代表的产业转型升级，2014年6月，深圳市政府办公厅印发了《深圳市推进眼镜产业转型升级专项行动方案（2014—2016年）》，全面助力深圳眼镜行业的转型发展，以"品牌至尊、创新驱动、精品产销、时尚引领"为转型理念，不断扩大眼镜产业规模，提升产业竞争力和影响力，加快眼镜产业与时尚产业融合，努力将深圳建设成为全球知名的高端眼镜研发制造基地。深圳目前是世界著名的中高端眼镜生产基地，全球70%的中高端眼镜都出自深圳。

（六）智能穿戴设备产业

自2004年以来，随着移动互联网与人工智能技术的快速发展，智能穿戴从概念走向了现实。智能穿戴设备开始进入人们的日常生活，成为时尚消费市场的热门产品。作为国内拥有电子产品研发、生产、消费和创新优势的深圳，对这一新兴产业抢先进行了规划和布局。在2008年前后，智能穿戴设备产业发展迅猛，异军突起，深圳成为我国智能穿戴设备的研发和生产基地，走在了全国的前列。

2014年，相继出台《深圳市机器人、可穿戴设备和智能装备产业发展规划（2014—2020年）》和《深圳市机器人、可穿戴设备和智能装备产业发展政策》等文件，分别在产业资金、人才政策和激励机制等方面，大力扶持智能穿戴设备制造产业，把深圳打造成为国内领先、世界知名的产业制造基地、创新基地、服务基地和国际合作基地。到2018年，深圳已是中国智能可穿戴设备最大的研发生产基地，生产制造了全球80%左右的可穿戴产品，拥有从传感器、柔性元件、终端设备、交互解决方案的完整产业链。2019年5月，深圳出台了《深圳市新一代人工智能发展行动计划（2019—2023年）》，提出把深圳发展成为我国人工智能技术创新策源地和全球领先的人工智能产业高地。这一计划的推出，为深圳发展智能穿戴设备奠定了良好的政策和产业基础，并借助深圳"设计之都""时尚之都"和"创客之都"的厚重底蕴，使其成为未来的全球智能穿戴产业之都。

（七）美妆产业

随着深圳全球"时尚之都"的建设，美妆产业也在深圳快速兴起，成为深圳时尚产业发展的一个突出亮点。在20世纪90年代前后，以"三来一补"的形式，一些港资或外资化妆品企业就来到深圳建立工厂，开始半成品或代工生产化妆品。经过 30 多年的发展后，该行业也逐步转型升级，实现了品牌化、专业化和高端化，形成了一批有较强实力和知名度的企业。目前，深圳仍有 200 多家从事化妆品生产的企业，从行业的整体实力和社会影响上看，深圳美妆产业最为突出的是美妆产品的营销，现已成为全国美妆产品的购物中心和消费中心。

四、打造一批深圳原创时尚品牌

从新世纪开始，深圳市委、市政府提出实施"深圳品牌"，提高深圳制造质量，提升深圳城市形象，作为新的发展动力引擎，由此也推动了深圳时尚品牌的建立和发展。从 20 世纪 90 年代至新世纪初期，深圳服装行业率先开始打造自己的品牌。这一时期，以淑女屋、玛丝菲尔、城市俪人为代表的深圳女装品牌先后建立，通过产业集聚和形成团队的优势，逐步发展成为深圳服装在品质和设计上具备了与国际品牌同台竞技能力的品牌。2008 年推出了"深圳市女装区域品牌规划"，提出，深圳市将用 10—20 年时间，逐步推进深圳女装区域品牌的国际化发展进程。目前，深圳汇聚全国 70% 的高端女装品牌，形成了中国女装的"深圳军团"，拥有 1000 多个服装品牌。与此同时，其他行业也开始纷纷建立自己的品牌。如横岗眼镜产业，也从"贴牌代工"到创建自主品牌，在政府政策的大力扶持下，积极打造具有知名度的自主品牌，实现产业转型升级，培育出 80 多个能够引领国内流行趋势的自主品牌。2017 年，横岗眼镜入选全国产业集群区域品牌建设试点，成为全球品牌眼镜镜框的最大生产基地和中国五大眼镜生产基地之一。

随着深圳时尚产业的发展，时尚文化与产品研发、设计、制造、品牌、营销和服务等经济活动一体化融合发展，人才培育与传播媒体等产业支撑体系建设不断完善，产业规模不断壮大，产品日趋高端时尚化，技术与品牌等核心竞争力的显著提升，深圳时尚产业的集聚效应，逐渐汇聚成以光明内衣基地、大浪服装基地、光明钟表基地、罗湖黄金珠宝基地为代表的时尚产业基地，这些基地的建设，有利于提高深圳时尚产业竞争力和价值创造力，提升深圳国际化区域性时尚产品制造与消费聚集区的地位，对推进亚洲领先、全球知名的新锐时尚产业之都的建设起到了重要的作用。据《深圳市 2022 年国民经济和社会发展统计公报》数据，该年度深圳数字与时尚产业增加值达到 3327.74 亿元，增长 8.8%。为加快推进现代时尚产业集群数字化转型，促进时尚产业高端化、数字化、品牌化发展，深圳市工业和信息化局于2023年1月制定了《深圳市现代时尚产业集群数字化转型实施方案（2023—2025年）》，以此加快推进时尚产业集群的数字化转型，构建具有核心竞争力和强大市场影响力的时尚产业集群，打造全球知名的现代时尚产业高地。提出到2025年，推动现代时尚产业集群高端化、数字化、品牌化水平显著提升，新模式、新业态层出不穷，产业综合实力显著增强。推动超过480家、覆盖50%以上经济规模的集群企业实施数字化转型，培育一批现代时尚产业数字化转型标杆企业，带动2000家以上企业"上云用数赋智"，培训数字时尚复合型人才3000人，形成大中小企业融通发展的产业生态，实现从"深圳制造"向"深圳品牌"转变。

第五节　新民俗文化

民俗，即民间风俗，它是指一个国家或民族中广大民众所创造、享用和传承的生活文化。民俗起源于人类社会群体生活的需要，在特定的民族、时代和地域中不断形成、扩布和演变，为民众的日常生活服务，具有地域性和集体性、类型性或模式性、传承性和扩布性、相对稳定性和变革性、规范性和服务性等特点。[①]民俗是一种人们的生活方式，是一种历史文化传统，是人们日常生活的重要组成部分，因而又可以称之为民俗文化，主要包括存在于民间的物质民俗、社会民俗、精神民俗和语言民俗等。民俗文化可以说是一个包罗万象的民间文化宝库，其内涵丰富，体裁多样，内容随着时代的发展而不断变化或扩充。

新民俗，是相对于旧民俗而言的一个概念。它是指人们在原有民俗基础上，创造出与时代相适应的、一种新的文化现象。从本质上看，它是一种文化创新，通过创新从而保持了民俗文化的生命力。根据形成的过程、内容、形式和特点，新民俗可以分为传统创新型、时尚娱乐型及网络传播型等类型。

一、传统创新型的新民俗

自秦汉以来，大量的汉族人民从中原各地源源不断地进入深圳地区，在这里，他们与当地的百越民族一起共同创造了具有岭南文化特色的传统文化。在民俗生活方面，他们既传承了中原汉族的传统民俗，又保留了部分百越民族的

[①] 钟敬文：《钟敬文民俗学论集》，上海文艺出版社1998年版，第270、274页。

特色，突出表现在当地广府人、客家人和疍家人的民俗生活之中。改革开放后，这些传统民俗不仅得到了继承与弘扬，而且还融入了各种文化的先进成分和新时期的文化元素，形成了一种既带有地方传统特色，又富于时代创新特征的新节庆民俗。

（一）社区邻里节

随着深圳"村"改"居"工程的完成，深圳原有的村庄全部转变为城市社区，村民也成了城市居民。同时，大量的外来人口涌入，使得原来以宗族为主体的村庄变成了人员复杂的社区。在这种情况下，为了探索与创新社区治理模式，丰富社区居民的文化活动内容，加强社区居民之间交流，搭建邻里相互认识的平台，树立互相关怀、互助自助的信念，形成温馨、和睦、友爱的新型邻里关系，2007年，深圳举办了首届社区邻里节。

作为一项促进社区融合的重要活动，社区邻里节自创办以来已连续举办13届，丰富多彩的各类活动已经让社区邻里节成为一个弘扬传统美德、彰显社区特色、展示居民风采、促进居民交流的品牌文化活动，备受广大市民的关注和喜爱，不仅提升了居民对社区的认同感、归属感以及居民之间的凝聚力，还成为深圳创新社区治理模式，实现了"人人参与、人人尽力、人人共享"的社区治理目标，促进了深圳"和谐城市，幸福社区"的建设。社区邻里节已多次被评为深圳关爱行动"市民最满意活动"项目之一，是一个特殊的深圳"本土"节日。[1]

（二）南水社区姊妹节

南水社区姊妹节是改革开放后形成的习俗。它是南山区蛇口街道南水社区以女性居民为主的节日，时间为每年12月25日。

南水社区是一个以客家人居多的社区，居民大部分是100多年前从梅州、河源等客家地区迁徙而来，民俗生活带有浓厚的客家文化特色。改革开放前，由于当地的经济落后，不少年轻姑娘选择了外嫁他乡，加上交通不便或其他原因，这些外嫁姑娘难以回乡探亲团聚。改革开放后，这个昔日贫穷的村庄迅速成为一个生活富裕的社区。为了让这些外嫁女有时间回来探亲团聚，感受改革开放带来的新变化，1997年，外嫁女子与留在本地的姊妹相约，确定每年12月

---

[1] 陈盈珊、肖茹莉：《深圳第十一届社区邻里节成功举办——街坊邻里竖起大拇指》，《南方都市报》2017年11月15日。

25日，她们从海内外各地回到南水社区，一起举行集体聚会，之后聚会就成为了每年的惯例，也成为了社区的隆重节日，社区居民称之为姊妹节。

姊妹节当天，南水社区张灯结彩，锣鼓喧天。南水社区1000多名居民与从全球各地回来的外嫁女一起载歌载舞，共同庆祝这个节日。白天，他们表演各种内容丰富、精彩的文艺节目，既有当地传统的客家山歌、醒狮表演，又有从其他地方带回来的舞蹈，如腰鼓舞、蒙古国舞、泰国舞等。晚上，他们欢聚一堂，共进晚餐，品尝家乡的大盘菜，场面壮观，气氛热烈。如今，姊妹节已经连续举行20多年，经过多年积淀，南水社区姊妹节已成为南水社区一项重要的民俗活动，它和南水客家山歌一同被列入了南山区非物质文化遗产。同时，南水社区姊妹节还吸引了不少社区新居民前来参加，成为南水社区新、老居民的共同节日。更为重要的是，传统民俗中外嫁女"回娘家"仪式被赋予了新时期的文化内涵。

（三）海湾社区社员节

海湾社区社员节是蛇口街道海湾社区特有的节日，时间为每年的农历正月初七。

海湾社区原为海湾村，是一个以下海养蚝、捕鱼为主的村庄。深圳经济特区建立后，村民们由蚝民、渔民转变成了城市居民，海湾村也从一个渔村发展成现代化的城市社区。经济的富裕、身份的转变和生活方式的变化带来了新的文化生活。1993年春节，由原海湾村改革组建的海湾实业股份公司、海湾居民委员会决定，将每年的农历正月初七定为社员节，以感谢改革开放的好政策，感谢为海湾村做出贡献的村民，并借以教育后代，保持蚝民、渔民的勤劳本色。

社员节当天，凡年满18周岁的居民都要参加集体聚会，特别是那些早年移居港澳地区或海外各地的原村民，也纷纷赶回来与乡亲们齐聚一堂，共庆欢乐。活动最为重要的部分就是特别邀请一些德高望重的老干部、老村民、老党员向青年们讲述村史、改革开放的发展和各自的奋斗经历，教育青年一代传承前辈的美德，传承吃苦耐劳的海湾村风、民风和家风。到了晚上，全体村民观看文艺表演，共吃大盆菜。

二、时尚娱乐型的新民俗

深圳是一座年轻的城市，文化、科技、时尚和创新等构成了深圳的城市文化要素，并以不同的方式融入人们的生活中，影响着广大市民的生活方式，从而形成了一些带有时尚娱乐特点的新民俗。

（一）旅游过年的新民俗

春节作为中国最隆重的传统节庆民俗，备受中国各族人民的重视。每当春节到来之际，外出他乡的人们不管身在何处，都会以不同的方式回到家乡与亲人团聚，由此形成了春运大潮。深圳是一个外来人口占大多数的城市，节前的回家和节后的返工成为深圳的特殊奇观。

近年来，随着社会经济的发展以及人们经济条件和生活水平的提高，交通条件不断改善，网络通信更便捷，回乡过年的人数逐渐减少，而留在深圳过年的人数则不断增多。在深圳过年的市民中，更多的人选择了外出旅游的方式过年，这使得深圳的过年慢慢地形成了一种新民俗。调查结果显示，2019年春节期间，高达63.5%的市民计划安排外出旅游过年，计划跨省出游的居民占51.2%，同比增加17.8%；计划仅在市内游玩的占9.1%，同比减少19.6%。出境游中，选择东南亚国家的居民达58.3%，20.8%计划去港澳地区。选择驾驶私家车出游的居民占44.8%，选择铁路出行的居民占33.3%，选择飞机出行的占11.2%[①]，旅游过年已成深圳市民过年的新民俗。

（二）热心公益的新民俗

深圳是一座爱心之城，被称为"中国最慷慨的城市"。自2012年以来，深圳不断丰富慈善捐赠方式，形成了"政府推动、民间运作、社会参与、各方协作"的公益慈善新格局，开创了"健康+公益""媒体+公益"的新模式，培养了"每天锻炼一小时""每天阅读一小时""日捐一元，随手公益""有时间做义工""周末走绿道，亲近大自然"等12种"最深圳"的公益生活方式。其中，社会关注度、参与度最大的是公益金百万行。

公益金百万行是深圳关爱行动的重点品牌项目，由深圳市关爱办、深圳市关爱基金会和深圳特区报社共同发起，2012年7月8日，首届"公益金百万行"活动举行。该活动以"快乐公益，与爱同行"为口号，旨在倡导"人人为我，我为人人"的公益精神。市民以健康步行的方式，为公益慈善项目募集善款，用于帮助困难环卫工人，突发灾害困难救助，国内重大自然灾害救助，资助深圳高校在校大学生科研或社会实践团队、资助设立长者关爱热线等方面。

---

① 沈勇：《深圳春节预计795万人次出游》，《深圳特区报》2019年1月25日。

到2022年5月,"公益金百万行"已经连续举办了11届,成为展示深圳市民奉献爱心的一张亮丽名片。同时,公益金百万行的影响力也不断扩大,一批企业和市民踊跃奉献爱心,纷纷加入爱心大军。截至当年底,这项活动累计收到各界爱心善款超3000万元,资助了上万个困难个体。①以公益金百万行所代表的"健康+公益"模式,已经成了深圳的新民俗,也成了许多市民的生活习惯。这个活动在推动爱心之城建设、培育社会主义核心价值观方面起到了深远的作用。

(三)热爱阅读的新民俗

阅读在深圳已成为一种时尚生活方式,也成为人们的一种生活习惯和自觉行为。作为联合国教科文组织颁发的"全球全民阅读典范城市",深圳的阅读气氛一直非常浓厚,在全国来说独领风骚、持续领先,得到了国内、国外一致的肯定。

2000年11月,深圳举办了首届深圳读书月活动。随着活动规模、参与人数、社会影响不断扩大和提高,深圳读书月成为市民展示阅读风采的舞台。2020年11月举行的第21届深圳读书月,一共推出290项活动,包括52项重点主题活动与238项一般主题活动。2023年11月4日,第24届深圳读书月在中心书城启动。本届活动以"阅历史文脉 读现代文明"为主题,设置"1+4+N"活动框架,即举办一个年度巨献,按照"文明的阶梯""文化的闹钟""城市的雅集""阅读的节日"四大定位,开展339项、2000余场主题活动,突出"全域、全景、全民、全媒"实施特色。同时,还在全市11个区设置分会场,实现处处可读、时时可读、人人可读,把全民阅读做成深圳极重要的城市品牌。

2003年底,深圳首次在全国提出建设"图书馆之城"的新思路,以全市已有、在建和将建的图书馆网点和数字网络为基础,联合各图书情报系统,建立覆盖全城、服务全民的文献信息资源共享网络,实现图书馆网点星罗棋布、互通互联、资源共享,为市民提供功能完善、方便快捷的图书馆服务。据《深圳"图书馆之城"2018年度事业发展报告》,截至2018年底,全市共有公共图书馆650家,其中市级馆3家,区级馆9家,街道及以下基层馆638家;布点各类自助图书馆296台(城市街区自助图书馆245台,光明区24小时书香亭51个)。307家公共图书馆、296家自助图书馆加入图书馆之城统一服务。全市公

---

① 黄洋、冯大美:《11年前的今天首届"公益金百万行"成功举行》《深圳特区报》2023年7月8日。

共图书馆馆藏总量 4295.8 万册（件），同比增长 5.34%，累计纸质文献 2475.67 万册，累计电子文献 1820.13 万册（件）。人均公共图书馆藏书量（纸质文献和电子图书之和）2.55 册，呈持续稳步增长态势。全市进馆人次 2953.79 万，同比增长 4.50%，人均进馆 2.27 次；全年外借总量达 1369.67 万册次，市、区图书馆网站点击量 2207.31 万次。全市新办读者证 23.98 万张。全市累计注册读者 246.72 万人，持证率 18.94%。全市公共图书馆共举办各类读者活动 1.43 万场，参与读者达 501 万人次。图书馆之城的建设，进一步推动了全民阅读。2021 年 7 月，深圳推进"图书馆之城"建设作为公共文化服务领域唯一项目，入选国家发展和改革委公布的《深圳经济特区创新举措和经验做法清单》并向全国推广。为了进一步打造全国领先的智慧型"图书馆之城"，深圳市制定了《深圳市"图书馆之城"建设规划（2021—2025）》，提出到 2025 年，建成国内领先的智慧型城市公共图书馆体系，打造先行示范典型和高质量服务标杆，服务水平跻身国际城市图书馆一流行列，助力深圳打造新时代文化高质量发展典范。到 2022 年底，深圳全市有各类公共图书馆增加到 779 座，公共图书馆总藏量 6051.87 万册，比上年增长 6.0%。

为了更好地满足市民的阅读需求，2019 年 7 月，深圳举办了首届深圳书展，通过书展打造一个新的文化平台，持续提升深圳的城市综合竞争力和文化品牌影响力。这次活动吸引了近 50 万读者热情参与，实现图书零售总额 1256 万元，创下全国城市类书展之最。2020 年第二届深圳书展于 11 月底至 12 月初举行，历时 10 天，与深圳读书月首次联动，节展合一，共掀阅读热潮。

2014 年 11 月份以来，深圳掀起了一场"爱·文明——点赞深圳十大文明行为"活动，"爱读书""爱微笑""爱献血""爱助人""爱U站""爱议事""爱家园""爱实干"等文明行为得到了深圳市民和网民的大力推荐。深圳人对自身文明行为的推选和点赞、认同和共鸣，成为深秋时节一道动人的文明景致。其中爱读书这一文明行为受到了深圳市民和网民的广泛认同，热爱阅读成深圳的新民俗。

三、网络传播型的新民俗

随着电子信息技术的迅速发展，以互联网为载体的各种平台不断出现，逐渐影响或改变着人们的生活方式和行为，也让民俗衍生出一些新的形式与内容。一是传统民俗从现实场景转移到网上，如传统节庆、日常消费等部分仪式转移到了网上，出现了网上红包、网络祝福、网络祭拜、网上购物等行为；二是网络平台创造了一些新民俗，如网络语言、网络节日、网络娱乐等新形态；三是借助互联网平台进行民俗文化的传承和推广，如各种以宣传民俗文化为主的网络平台。由于这些民俗活动通过互联网进行，传播速度快，影响范围广，内容丰富多样，因而发展迅速，受到了人们的欢迎和接受，成为一种新民俗形态，可以称为网络传播型新民俗，也即网络民俗。在深圳，这种新民俗突出地表现在微信红包和网上购物等两方面。

（一）微信红包

微信红包是腾讯于2014年1月推出的一款应用，能够实现收发红包、查收发记录和提现等功能。微信红包的使用也从春节等特定场景，变为了各种节日甚至是日常生活中好友间表达情感必不可少的生活方式。此后，微信红包的收发量实现了极其迅猛的增长。根据《2017智慧生活指数报告》的统计数据，深圳的红包、转账等数据位居榜首，发红包最为慷慨。① 近年来，微信红包的收发数量在一路飙升，根据微信官方发布的2019年春节数据报告，从除夕到初五，微信消息发送量同比增长了64.2%，8.23亿人次收发微信红包，在发红包城市排名中，深圳列第三位。② 如今，发微信红包已逐渐成为深圳以及全国人民的一种全新的民俗习惯和文化现象。

（二）网上购物

购物是消费民俗的重要行为，人们通过购买生产和生活资料，满足日常的各种需要。新世纪以来，随着各种互联网购物平台纷纷建立，人们的购物方式也从商业实体转向互联网平台。互联网平台以便捷、快速的特点，受到广大消费者的欢迎，特别是年轻人，网上购物逐渐成为人们日常购物的渠道之一。深圳是我国首个电子商务示范城市，率先建成了较为完善的电子商务政策法规体系，营造了安全可信的电子商务交易支撑环境，其电子商务活动比较活跃，发展水平较高，是我国网上购物最为活跃的中国城市之一，网购已经成为深圳消费民俗中最为突出的特点。

据调查，2007年深圳市民网上购物的年平均频率为9.2次，平均花费为2086元，购买商品以非日用品为主，排在前7类的商品分别是书籍杂志、服装

---

① 邹嫒：《大数据显示，深圳人最爱发红包》，《读特》2017年7月31日。
② 陈姝：《微信发布2019春节数据报告：深圳发红包次数全国第三》，《深圳商报》2019年2月10日。

首饰、音像制品、数码产品、礼品等非日用品，个人洗浴用品和充值卡等日用品，网上购物尚处于形成期。[①]2011年，深圳迅速成为中国电子商务三大终端消费地之一，深圳的网购交易金额在国内位居上海、北京之后，名列第三，网购人数约占网民总数的一半，突破400万人，网上购物比例为39.2%，高于全国总体水平。同年，深圳的社会消费品零售总额为3520.87亿元，而网购金额在350亿元左右，占全市社会零售品消费总额10%[②]，高于全国总体水平。2016年，网上购物发展速度突飞猛进，深圳市民线上购物平均为2.9次/月，有62.8%的居民平均每次花费58分钟在线上购物。购物网站主要选择商品质量有保障、支付方式简便、商品种类丰富、送货速度快的购物平台，如天猫、淘宝、京东、苏宁易购等。而所购物品也从过去以非日用品为主转向了日常生活用品为主，包括服装、鞋类、箱包、数码产品、果蔬、生鲜等。[③]以上说明，网上购物已经成为深圳市民的一种消费行为，构成了深圳新民俗的重要内容。

节与时进，俗因时变。深圳经济特区在坚守和传承中华优秀文化基础上，不断推动传统文化的创造性转化和创新性发展，形成了文化与科技结合、虚拟与现实融合、线上与线下结合的新格局，诞生了新的民俗文化形态，赋予了深圳经济特区文化新内涵，注入了新活力，对提高深圳经济特区广大市民的文化认同和社会凝聚力有着十分重要的作用。

第六节　打工文学

观念更新带来了一系列文化创新，反映到文学艺术领域就是深圳经济特区最先诞生了我国文学艺术的创新形态——打工文学，它是反映打工者这一社会群体生活的文学作品，包括小说、诗歌、报告文学、散文、剧作等各类文学体裁。从广义上讲，既包括打工者自己的文学创作，也包括一些文人作家创作的以打工生活为题材的作品，[④]即"打工者写，写打工者"的文学。之后，打工文学

[①] 孙智群、柴彦威、王冬根:《深圳市民网上购物行为的空间特征》,《城市社会学》2009年6期，第109页。

[②] 陈姝:《半数深圳网民上网购物》,《深圳商报》2012年12月22日。

[③] 《"深圳居民网购消费行为与偏好调查报告"新鲜出炉》,《深圳商报》2016年10月27日。

[④] 杨宏海:《打工文学备忘录》,社会科学文献出版社2007年版，第3-4页。

迅速向其他城市扩展，引起社会各界的热切关注，成为中国当代文学的重要组成部分。

一、打工文学出现的背景

文学是人类的思维活动，是社会文化的一种重要表现形式，是"反映现实生活的一面镜子"。毛泽东曾说："作为观念形态的文艺作品，都是一定的社会生活在人类头脑中的反映。"[1] 打工文学作为我国改革开放后出现的一种新的文学形式，有着其深刻的社会背景。

（一）城市化的进程催生了"打工潮"

改革开放加速了我国城市化的进程，城市化的结果是城市规模持续扩大、城市人口迅速扩张。据资料统计，1979—1991 年，城镇人口年平均增长率达到 11%，城市化水平由 1978 年的 18% 上升到近 50%[2]。城市化吸引了大量农村剩余劳动力进城务工，出现了改革开放后的打工潮。正如风童的《打工者日记》写道，"听别人说／城市是个好地方／城市挣钱机会多／我来到城市／……／可我从这个月走到那个月／……／我眼睛望见的／被风吹动的都是／树叶"[3]。也如谢湘南在《在对列车漫长等待中听到的一首歌》中所说"……放下镰刀／放下锄头／别了小儿／别了老娘／卖了猪羊／荒了田地／离了婚／我们进城去／我们进城去／我们要进城／我们进城干什么／进了城再说／……"[4]

（二）农村联产承包责任制改革释放了大量的劳动力

党的十一届三中全会以后，我国开始实行以家庭承包为主要形式的包产到户、包干到户等生产责任制。在相关政策的积极引导下，包产到户和包干到户的生产责任制迅速在全国广泛推行。1999 年，家庭联产承包责任制的实行，使中国广大农民获得了充分的经营自主权，极大地调动了农民的积极性，解放和发展了农村生产力。与此同时，国家对农民的流动政策逐步放宽和松动，一方

---

[1]《毛泽东选集》第三卷，人民出版社 1991 年版，第 860 页。
[2] 刘士林：《新中国的城市化进程及文化城市战略》，《文化艺术研究》2010 年第 2 期。
[3] 风童：《打工者日记》，转引自刘渝霞：《打工文学：对于底层生活的关怀》，《河南社会科学》2009 年第 2 期。
[4] 谢湘南：《在对列车漫长等待中听到的一首歌》，转引自柳冬妩：《从乡村到城市的精神胎记——关于"打工诗歌"的白皮书》，《文艺争鸣》2005 年第 3 期，第 36 页。

面，为城市经济的发展提供了充足的劳动力；另一方面，广大农民在农闲之时，能够有较多的时间外出打工，以提高家庭经济收入。因而在20世纪80年代初期，南方沿海城市出现了数量庞大的打工者。

（三）较为宽松的文艺政策推动文学创作的多元化

1980年7月26日，《人民日报》发表了《文艺为人民服务、为社会主义服务》的社论，明确提出了中国特色社会主义新时期文艺工作的方向，对新时期文艺的繁荣发展起到了积极的推动作用，不仅激活了文艺生产力，还进一步拓宽了创作题材，深化了创作主题，丰富了创作风格，更为重要的是开创了百花齐放的崭新局面。在我国较为宽松的文艺政策的推动下，文学界出现了形式多样、题材多元、内容丰富的创作热潮，对打工文学的出现起到了催化作用。

（四）经济特区的建立为打工文学的成长提供了土壤

深圳经济特区是我国首批经济特区之一，由于其地理位置的优越和政策的推动，成了众多外商投资创办企业的首选之地，也吸引了数百万进城务工人员。这些来自全国各地的务工人员，被称为"打工仔""打工妹"，他们在为深圳特区的现代化建设做出贡献的同时，书写了自己的工作与生活，创作了数量众多、体裁多样的文学作品，产生了中国改革开放后新的文学形式——打工文学，深圳经济特区成为打工文学的发源地。

二、打工文学的发展历程

打工文学伴随着深圳经济特区的建立而兴起，跟随着深圳经济特区的发展而成长，至今已经走过了40多个春秋。这片富于创新的热土已经成就了一代又一代打工文学的创作者，产生了一部又一部有社会影响力的打工文学作品，形成了一群又一群关心、热心打工文学的读者，更重要的是还出现了一批又一批专注于打工文学的研究者，他们一起共同撑起了深圳经济特区打工文学的一片蓝天，成为当代中国文坛一道亮丽的风景。回顾打工文学40多年的发展历程与特点，可以归纳为自发兴起、自觉规范、自我转型和自信提升等4个时期。

（一）自发兴起时期（1984—1995年）

深圳经济特区建立后，"三来一补"的企业在深圳纷纷开厂，以电子厂、服装厂、鞋厂、玩具厂等为代表的各种劳动密集型工厂迎来了一批又一批的外来务工者。在物质生活和精神生活极不丰富的年代，一些年轻人出于对文学的爱好，在工作之余创作了一系列以打工为题材的文学作品。他们既无组织安排又没经费支持，纯粹是个人自发行为。因此，早期打工文学的出现和兴起，带有明显的自发性质。

20世纪80年代初，租住在龙华镇的几名打工文学作者，最先开始了打工文学创作，并创办了以《打工城》为名的文学橱窗，最早将文学作品冠以打工之名，由此也成为后来打工文学命名的缘由。他们所在的龙华镇被视为深圳经济特区打工文学的发源地。他们通过自办或企业办的板报、宣传栏、文化走廊、手抄报、厂刊、厂报等方式发表作品。当时，龙华镇政府创办了全国较早镇级报纸《龙华报》，刊发了不少的打工文学作品，对正在萌芽中的打工文学起到了催化作用。

打工文学的出现引起了文化学者和媒体的关注，在他们的支持下，一些正式期刊开始发表打工文学作品。1984年《特区文学》杂志第3期发表了林坚创作的短篇小说《深夜，海边有一个人》，这是正式期刊上首次发表反映特区打工者生活的文学作品，具有标志性意义，因而被视为打工文学的开篇之作。1988年12月，宝安区文化局以"内刊"形式创办了全国第一本打工文学刊物《大鹏湾》，首刊中发表了张伟明的打工题材小说《下一站》与《我们INT》。

有了期刊的支持，打工文学作品也获得了更多的发表机会。以林坚的中篇小说《阳光地带》为代表的一系列作品相继在国内的一些期刊正式发表，成为早期打工文学的代表性作品，林坚、张伟明、安子、黄秀萍、罗建琳、孙小淞、周崇贤等人也被誉为第一代"打工文学作家"。1992年，电视连续剧《外来妹》的热播，在全国引起强烈反响，掀起了一股关注打工文学的热潮。

在媒体和学者的关注、支持下，打工文学得到了政府部门和社会各界的肯定。1991年，打工文学这一命名也得到正式确立。1992年，海天出版社推出了《打工文学系列丛书》（共8册），这是打工文学作品首次正式结集出版。

（二）自觉规范时期（1995—2005年）

由于得到期刊等媒体的关注与介入，以及政府文化部门的重视与支持，20世纪90年代中期以后，各种文学社团组织逐步建立，参加市、区级作家协会组织的人数增加，这表明打工文学逐步改变了原来自发的涣散状态，开始进入了有组织的自觉规范的发展时期。

1993年，郭海鸿在深圳宝安区石岩镇创立了"加班文学社"，并创办社刊《加班报》，写下了著名的创刊词"我们刚刚结束给老板的加班，现在我们要为自己的命运加班"，当时《人民日报》称"这个口号影响了整整一代彷徨的打工者"。此外，还有公明镇的"劲草文学社"、龙华镇和石岩镇的"打工文学社"等一大批的文学社团在深圳各处相继建立起来，成为来深人员的"打工之家""创作之家"。这些文学社聚集了一批有文学爱好的打工者，他们一起探讨写作主题，交流心得体会，共同提高写作技能。他们自费购买了多种文学期刊、报纸，方便打工者们阅读，提高其创作视野。1995年，在龙华镇政府的资助下，龙华镇打工文学社集结成员作品，出版了打工文学作品集——《南漂之梦》。

随着文学社团组织的增多，宝安区龙华镇政府文体站于1996年率先成立了文学创作协会，会员有260多人。龙华镇政府还出资建设"打工文化长廊"，成立"打工作者周末接待日"，利用周末时间请知名作家前来为打工者评讲作品，提高创作水平，活跃创作气氛。1999年，镇政府拨款创办《龙华文艺》杂志，该杂志成为打工文学作品的发表阵地。同时，打工者创作水平的提高，使得深圳打工文学也走上了规范发展的道路，逐渐融入主流文学界，《人民文学》《诗刊》《星星》等主流文学刊物开始刊登打工者的作品。这一时期，以郭海鸿、戴斌、郭建勋、光子、王十月、谢湘南、曾楚桥、徐东等为代表的第二代打工作家脱颖而出，他们在各级文学期刊上发表的作品，不仅数量逐渐增多，而且质量提升显著。打工文学从一个"文学现象"逐渐转变为一个"文学概念"，为打工文学形成深圳特区的文化品牌奠定了现实基础。

（三）自我转型时期（2005—2012年）

随着深圳经济特区打工文学的发展壮大，其社会关注度和影响力也不断提高。2003年，深圳经济特区"文化立市"战略的实施和2005年团中央"鲲鹏文学奖"的设立，有力地推动打工文学的新浪潮。在这一背景下，深圳市各级文化部门加大了对打工文学的支持力度，通过组织专家研讨、举办培训学习班等形式，提升作者的文学水准和文化内涵，成为"劳动者文学"的范畴，成为深圳经济特区城市文化品牌的重要内容。

1993年，深圳经济特区文化研究中心成立不久，于1996年联合中山大学举办了一个打工文学讨论会。2000年8月，广东省文艺批评家协会、深圳市特区文化研究中心和宝安区文化局主办了"大写的二十年·打工文学研讨会"。这是第一次全国性的打工文学研讨会，多位主流文学批评家参加。2005年，深圳市文联、深圳读书月组委会办公室等单位策划主办了以"打造打工文学品牌，促进社会和谐进步"为宗旨的首届全国打工文学论坛，此后该论坛每年举办一届，成为深圳读书月的品牌项目。2008年，在迎来改革开放30周年之际，全国打工文学论坛移师北京举行，围绕"和谐文化建设与打工文学"进行了对话与讨论，打工文学被定位为"改革开放30年一个重要的文学现象"。这些研讨活动不仅让打工文学从深圳经济特区走向全国，提高了知名度和影响力，更为重要的是提升了打工文学在全国文学界的地位。

进入21世纪后，"80后""90后"的年轻人成为外出打工的主体，其教育层次、文化素质相比之前都有很大的改变，从最初集中在各类工厂、工地上的打工者，扩展到各种企业、公司的白领阶层。为了帮助他们成长，广东省作协于2007年在鲁迅文学院举办了包括打工作家在内的"广东作家培训班"，聘请知名作家或知名理论家进行授课，为他们进行文学理论基础、文学创作技巧等方面知识的培训。2012年4月，共青团广东省委、省文化厅、省青年产业工人作家协会等共同主办了"新生代产业工人作家培训班"，这些培训学习既培养了他们坚定的理想信念，又提高其文学创作素养，大幅度提升了他们的创作水平和作品质量。一大批优秀作品频现《人民文学》《收获》《十月》《诗刊》等期刊，屡获鲁迅文学奖、人民文学奖、鲲鹏文学奖、广东省青年文学奖等奖项。

随着各种电子新媒体的出现，打工文学在这一时期也开始借助现代工业文明成果，纷纷出现在各类网站、微博、微信等电子媒体上。更为便捷的网络传播和电子书阅读，直接推动了打工文学的新发展。特别是许多打工文学作品被改编成了影视剧和网络剧，在电视媒体和网络媒体传播。2008年，郭建勋的长篇小说《天堂凹》被改编拍成电影，由著名演员吴军、姚晨担纲主演。同年，深圳作家吴君的小说《亲爱的深圳》，由中央电视台新视点栏目和一江春水影视公司共同改编成同名电影。这些打工文学作品改编成影视剧，也让打工文学走向了更宽更大的舞台。

这一时期，打工文学不断提高创作水平和作品质量，成果突出，不仅受到主流文坛的肯定，还纷纷走进了书店、图书馆、机关办公室、高等学校和科研机构。从此，打工文学成为深圳经济特区乃至中国文学界的重要组成部分。

（四）自信提升时期（2012年至今）

新时代背景下，打工文学已经转型为劳动者文学，由此带来了一系列的新变化。一是大量的高校毕业生加入劳动者文学创作的行列，创作队伍的整体素质有了很大提高；二是劳动者文学内涵与外延扩大，从原来仅限于"打工者写，写打工者"的范围，扩展到"非打工者"写的以打工生活为主题的文学作品；三是部分职业作家、学者转向劳动者文学创作，他们以丰富的社会阅历、生活体验和专业技能，成为劳动者文学重要的创作力量。如冯同庆创作了长篇小说《南方南方》，此书入选2019年"全国十大劳动者文学好书榜"。这一时期，劳动者文学最重要的特点就是实现了跨越式发展，其文学成果和社会影响远胜以往任何时期，劳动者文学也从平凡变得华丽，从容地走向了更强大、更辉煌的舞台。

深圳特区的打工文学或劳动者文学作为中国现代化和市场经济的产物，见证了我国改革开放的历史进程。40多年来，它从无到有，从小到大，经历着从粗糙走向完美，从幼稚走向成熟，从浅薄走向深刻的成长过程。[①]在这个过程中，除打工者群体自身的创作与阅读之外，政府部门的扶持、市场的文化生产机制、文学领域专家学者的帮助、媒体报道以及民间社会组织的资助是推动与建构这一文化现象的重要力量。

三、打工文学的社会价值

文学以艺术化手段来真实或虚构反映社会生活，通过人物形象或故事情节所表达的思想情感和精神道德来影响社会现实，达到文学"经世致用"的社会价值。文学的社会价值一直都是文学价值中最基本、最主要的价值，居于文学价值体系的重要位置，因此，从本质上看，文学具有"表达传递特定社会意识形态的工具性，探索人性、道德、万物本质的哲学性，以及追求真善美的审美性。三者相辅相成，缺一不可"[②]。打工文学从深圳经济特区诞生，扩展到整个广东乃至全国，影响了几代人的精神信仰和价值追求，有着其独特的文学魅力和积极的社会价值。

（一）真实记录深圳经济特区的发展

从创作手法上看，打工文学以现实主义为主导，以打工者的亲身经历，真实展示打工群体的生活方式、生存状况，书写了他们的奋斗史、创业史、成功史、发展史。来自湖南的打工作家郭建勋是最早一批打工者之一。15年的打工经历让他创作出18万字的长篇小说《打工》。这部小说几乎以原生态的方式记录了一个打工群体的生活和情感经历。正如他所说，打工文学根本不需要虚构，因为打工故事本身就足够生动、丰富，足以感动人心。从这一意义上说，打工

---

① 周思明：《从"打工文学"到"劳动者文学"》，《河北日报》2018年5月4日。
② 嵇璐：《略论中国文学传统的现代化：路径、方向与形态》，《青年文学家》2019年第21期，第32页。

文学不仅仅是文学,而且还是历史的记录。打工文学在以形象、鲜活的文字书写底层个体生存境遇的同时,还记载了中国改革开放与市场经济的发展史,记载了当代中国人从传统到现代、从封闭到开放过程中的精神历程,为当代文学积累了新鲜丰富的中国经验。[①]因此,可以说,"打工文学"不仅仅是文学作品,更重要的还是一种历史记录,见证了深圳经济特区40多年的发展历程。

(二)推动深圳政府部门的社会改革

从作品内容来看,打工文学大多都以打工者对个体生存和命运忧思为主题,在早期打工文学作品中,纪实文学占据重要地位,如安子的《青春驿站》,呼唤"每个人都有做太阳的机会",表达了广大打工者的心声;张伟明的《下一站》中,打工者背井离乡到异地他乡,"东家不打打西家,勇敢走向《下一站》";林坚的《别人的城市》描述了"走出了乡村,却走不进城市"的心理状态,真实反映了在社会转型期的打工群体对新生活的向往、焦虑和心理矛盾,是打工者的"心灵的呼唤",是一种"真实的文学"[②]。这些反映打工生活作品的问世,逐渐引起了社会各界对打工群体的关注,侧面推动了政府部门对打工群体实施相关的社会政策改革。

1993年5月,深圳制定《深圳经济特区劳务工条例》,明确规定了4点:第一,用人单位不得因员工无深圳户口而在劳动报酬、工作时间和其他劳动条件方面实行差别待遇;第二,取消对劳务工的各种不合理收费;第三,让劳务工平等参加工会,各级工会不设门槛;第四,给予劳务工平等参政议政权利,推荐他们中的优秀人员参选各级人大代表,参与对深圳社会经济的监督和管理。2005年,为了保障劳务工和用人单位的合法权益,加大维护劳务工合法权益的力度,深圳经济特区推出了关爱劳务工的十大新举措,率先"实现劳务工工伤保险全覆盖,建立劳务工养老保险制度、推进企业履行社会责任制度和创办全国首个劳务工电视节目",开展"零欠薪""劳务工技能培训和引进工程",推进"劳务工合作医疗试点和劳务工咨询投诉三通",深入开展"春风行动"和文化进社区活动。2006年12月,深圳市政府颁发了《关于进一步加强农民工工作意见》,进一步建立和完善农民工权益保障机制。2007年,在由中央电视台开

---

① 唐成茂:《打工文学:深圳特区一道亮丽的人文风景线》,《中国文化报》2010年12月27日。

② 杨宏海:《文化视野中的广东"打工文学"》,《粤海风》2000年第6期,第46页。

展的调查活动中,深圳被评为全国十大"最受劳务工欢迎的城市"之一。

如今,最初的"打工仔""打工妹"称号,在经过"外来劳务工""来深建设者"的演变后,成了现在的"来了,就是深圳人"。因此,从社会意义上来说,打工文学的价值就在于它始终关注、关怀弱势群体,"而且这种关怀不是呈俯视的态势,而是一种零距离的平视"①,这也推动了政府部门相关的改革,而改革又促进了打工文学的繁荣发展,两者相得益彰。

(三)弘扬特区精神和社会主义核心价值观

习近平指出:"广大文艺工作者要高扬社会主义核心价值观的旗帜,充分认识肩上的责任,把社会主义核心价值观生动活泼、活灵活现地体现在文艺创作之中。"②打工现象催生了打工文学,打工文学又为打工者提供了展示才华的舞台,为他们树立正确的世界观、人生观和价值观,激发他们积极向上,对追求梦想起到积极的作用。

安丽娇,笔名安子,年仅17岁的她独自一人从广东梅县区来到深圳,开始了打工文学之旅,先后出版了8部文学著作。现在她已成功转型为企业家,并被评为"深圳十大杰出青年",还是团中央首届全国20位进城优秀务工青年奖学金获得者。余巍巍,2005年在工厂打工时,她创作出版了长篇小说《还乡桥》,挽救了一大批沉迷于赌博的务工者,获得了良好的社会反响。2010年她被评为"深圳市十大优秀外来女员工",2012年荣获深圳市"劳动模范"称号。她还是一名深圳市五星级义工,坚守初心和梦想,在自我提升的同时点亮别人的希望之光。王十月,也从打工作家成长为知名文学期刊《作品》杂志社副总编辑、副社长。从这些打工文学作家们的成长历程和他们作品中所塑造的正面形象,可以看到他们身上所表现来的"自立、自强、自信"的拼搏精神,他们用成长经历和文学作品向社会传递了正能量,用行动践行着社会主义核心价值观。

总的说来,打工文学作为扎根现实生活的一种新的文学形式,经历了从边缘到主流、从单调到多元、从业余到精英的更迭过程,拓展了文学题材的领域和内容,体现了时代性、原创性、真实性和大众性的特点,因而具有广泛的影响力和强大的生命力。正如著名文学评论家雷达说:"我们常常讲文学是时代的

---

① 周思明:《打工文学:期待思想与审美的双重飞跃——王十月小说创作论》,《文艺评论》2008年第2期,第41页。

② 习近平:《在文艺工作座谈会上的讲话》,人民出版社2015年版,第2页。

心灵史，很多人由乡村来到城市，产生错位之感，要寻找文化的归属感、文化的认同感，在这个过程当中有很多丰富的心理活动表达出来，这就大大丰富了我们的文学。这是打工文学对中国文学的特殊贡献。"[1] 同时，打工文学在中国现代化、城市化的进程中，还为打工群体在文学史上填补了话语空白，维护了他们的文化创造权，促进其社会权益的实现。

---

[1] 转引自南风：《打工文学助推深圳"深派文化"崛起》，《人民日报》（海外版）2013年11月6日。

第三章　海洋文化

　　海洋文化是相对于大陆文化而言的一种文化，具体表现为人类从受海洋影响而形成的受制于海洋而又利用海洋的观念意识及其相应的思维方式、行为方式，包括经济结果，法规制度，衣、食、住、行、习俗和语言文学艺术等形式，[①] 具有开放性、外向性、冒险性和崇商性等基本特征。[②] 深圳地处南海之滨，海域连接南海及太平洋，海洋面积较大，海岸线漫长，海上岛屿众多，海洋资源多样、丰富。据《深圳市志·基础建设卷》统计，深圳海洋总面积1145平方千米，海岸线总长度有257.3千米。东部是大亚湾、大鹏湾，海域面积计336平方千米；西部紧邻珠江口、伶仃洋，有深圳湾、大铲湾，海域809平方千米。沿海分布17座海岛，其中面积较大的有内伶仃岛、大铲岛、小铲岛、孖洲岛，均分布于珠江口的伶仃洋，其余小岛主要分布在大鹏半岛沿岸。沿海岸线还有31.18平方千米的泥滩、沙滩、砾石滩等类型的海滩，[③] 加上亚热带的气候条件，海水盐度适中，盛产鱼类、虾类、蟹类、贝类、海藻类等40余种海洋生物。此外，还有众多向海突出的海岬、深入陆地的海湾和天然而成的深水港口。这种得天独厚的自然环境和海洋资源，特别适宜发展海洋捕捞、海盐生产和海上航运。从历史上看，从7000年前的新石器时代中晚期至改革开放前，生活在深圳沿海一带的百越民族、疍家人、广府人和客家人，他们在长期与大海的互动中，创造了以海洋捕捞、制盐、养蚝为主的海洋经济文化、以海上丝绸之路贸易为主的海洋商业文化、以防御外来侵略为主的海洋防卫文化和以海神崇拜为主的

---

　　① 曲金良：《海洋文化概论》，中国海洋大学出版社1999年版，第5页。

　　② 吴建华：《谈中外海洋文化的共性、个性与局限》，《浙江海洋学院学报》（人文科学版）2003年第1期，第14—15页。

　　③ 深圳市地方志编纂委员会编：《深圳市志·基础建设卷》，方志出版社2014年版，第179、187页。

海洋信仰文化。与此同时，还留下了活动，最终评出了大鹏所城、盐田中英街、赤湾天后庙、南头古城、沙井江氏大宗祠蚝壳屋、赤湾左炮台、大鹿湾海域界碑、南山大铲岛、鲨鱼涌古港、内伶仃岛等"深圳十大海洋文化历史地标"，赤湾天后庙还入选了"广东十大海上丝绸之路文化地理坐标"。可以说，深圳海洋文化源远流长，资源丰富。从现实上看，为新时代深圳经济特区建设"21世纪海上丝绸之路桥头堡"和打造具有全球竞争力、创新力、影响力的"全球海洋中心城市"奠定了重要的基础。

第一节　海洋生产

深圳沿海海湾众多，地势较平坦，既有河流冲积平原、冲积海积平原、潟湖平原，也有适合渔业生产的天然滩涂，包括泥滩、沙滩、砾石滩3种类型，面积多达418.17平方千米。[①]这种优良的地理环境不仅适合人类居住，也为人们从事海上生产活动提供了便利条件。早在新石器时代中晚期，就有人类在这些地带定居生活。秦汉以后至改革开放之前，生活在沿海一带的汉族移民，在从事传统的农业生产的同时，还进行捕鱼、晒盐、养蚝等活动。清康熙《新安县志》中就有"新安，一面负山，三面通海，民间以海为田，以鱼为活；各业缯埠，各输课米，无可混也""邻于大海，鱼盐蜃蛤之利为便，民争趋之，是以不暇他务也""盖明季，海上采捕鱼虾，船只甚众；异棍假借名色，承引开埠，载运盐斤往海上，以网其利也"[②]"南头白石一埠，乃灶民、渔、蜑贸易之区"[③]等相关记载。由此可见，海洋生产成为历史上深圳地区重要的经济活动。

（一）源远流长的海洋捕捞业

深圳地处南海中部，一直以来都被视为广东沿海渔业的重要区域和开发南海捕捞生产东西部渔场的中转港区，渔民众多。可以说，海洋捕捞是深圳最具

---

① 深圳市地方志编纂委员会：《深圳市志·基础建设卷》，方志出版社2014年版，第184页。

② "宝安文史丛书"编纂委员会编：《康熙新安县志校注》，中国大百科全书出版社2006年版，第390、116、225页。

③ "宝安文史丛书"编纂委员会编：《嘉庆新安县志校注》，中国大百科全书出版社2006年版，第783页。

悠久历史的一项传统生产活动。清嘉庆《新安县志》云："邑地滨海，民多以业渔为生。"[1]

考古研究表明，早在7000年前，生活在大黄沙、大梅沙、小梅沙一带的百越先民"识水，善舟""食海中鱼"，他们以海为田，以捕鱼为生计，从事着最早、最原始的海洋生产活动。20世纪80年代初期，在南头古城北面的鹦歌山遗址和今大鹏新区葵冲镇下洞村遗址、庙角山遗址都出土了有用河卵石制作成亚腰形的网坠，[2] 后来又在南山区西丽水库西北区山冈遗址出土了一件长度8.2厘米、宽度5厘米的亚腰形网坠。[3] 在坪山区夹圳岭遗址、光明区楼村遗址等处也出土了石网坠。2000年的第二次全国文物普查时，在大鹏南澳街道西冲口遗址还出土了用泥质红陶制成的陶网坠，其体长3.2厘米，最大径3.9厘米，椭圆形，中空。此外，在南山区向南村遗址和大鹏新区南澳街道的吓村遗址、輋吓村遗址、南农吓村遗址以及大鹏街道的下沙村金沙湾遗址、下沙咸头岭遗址等地，[4] 也出土有陶制的网坠。这些网坠的陆续出土，说明当时的人们已经懂得编织和使用带有网坠的渔网进行捕捞海洋生物，海洋捕捞不仅成为人们获取食物资源的手段之一，而且还成为深圳海洋文化最早的源头。深圳沿海一带的百越先民与"分散聚于沿海今广州及珠江三角洲一带的古南越族人所形成的文化形态，较典型地带着原始的海洋文化的催化性因素，几乎是和南越族原生型的本根文化融为一体，共同塑造着古南越族人的文化性格和价值观念、思维方式、信仰习俗"[5]。进入商周时期后，随着青铜制造技术的传入深圳地区，青铜金属工具也运用于海洋捕捞。考古发现，在香港深圳湾遗址、沙岗北遗址、万角嘴遗址、洪圣爷湾遗址、南丫岛深圳湾遗址等处出土了10多件用于捕鱼的青铜鱼

---

[1] "宝安文史丛书"编纂委员会编：《嘉庆新安县志校注》，中国大百科全书出版社2006年版，第177页。

[2] 深圳市文物管理委员会编：《深圳文物志》，文物出版社2005年版，第41、43、53页。

[3] 杨耀林、古运泉、彭如策、文本享：《深圳市先秦遗址调查与试掘》，见深圳博物馆编：《深圳考古发现与研究》，文物出版社1994年版，第71页。

[4] 周军、吴曾德编著：《深圳市第二次文物普查报告》（下篇），科学出版社2012年版，第167—178页。

[5] 陈乃刚：《海洋文化与岭南文化随笔》，《广西民族学院学报》（哲学社会科学版）1995年第4期，第59页。

钩。① 在松岗铁公坑山、岭下村凤凰岩、福永上角山、铁岗水库南下山和大鹏湾大梅沙等多处考古遗址，发掘出数量不少的青铜器，当中有铜戈、铜矛、铜镞等工具，不排除这些青铜工具也用于捕猎海洋生物。网坠和青铜鱼钩等遗物出土，在一定程度上也表明海洋捕捞是定居在深圳沿海的百越民族的主要生产方式。

秦汉以来至近代时期，大量汉族移民持续不断地从中原各地来到深圳地区。在长达2000多年的历史过程中，这里先后形成了疍家人、广府人、客家人等汉族民系，他们在从事传统农业生产的同时，也开始了海洋捕捞活动，尤其是在蛇口、南头、西乡、盐田、葵涌、大鹏、南澳等地的大部分居民，主要是从事海洋捕捞生产。如清康熙年间（1662—1722年），沙栏吓吴氏族人始祖从广东博罗迁徙至沙头角定居，在从事垦荒农耕之余，也常到沙头角海湾捕鱼，过着半农半渔的生活，并在村前建有专供渔船停泊的码头。东和圩建成后，圩市有七八间鱼栏，除少量零售外，大部分鱼鲜则批发给鱼贩转送到九龙、新界及深圳圩出售。② 清末，深圳沿海逐渐形成了伶仃洋渔场、大鹏湾渔场、大亚湾渔场三大渔场，南头、蛇口、固戍、福永、沙井、盐田以及大鹏半岛的南澳、东山等地成为深圳地区销售海洋生物的主要渔港。民国时期，深圳的海洋捕捞仍有一定的发展。1929年，广东省沿海渔业总公会经省建设厅批准立案，拟在宝安县设立渔业分会，同时设立渔业银行与渔业学校，以联系渔民，研究采捕新法，发展渔业。20世纪30年代，妈湾、固戍两地被认为是"良好之渔业区"，所产咸鱼种类甚多，畅销广州。据统计，1947年深圳地区的渔民有2992人。③

中华人民共和国成立后，深圳地区的海洋捕捞业得到了进一步发展，渔民的生产和生活方式都得到了很大改变。一方面，政府部门在陆上为他们建立渔村，使其开始过上了定居生活；另一方面，渔业生产技术和生产工具都有了很大的提高，开始进入机械化生产时代。1953年，南澳陈水清互助组购置小机船两艘，从此迈开了深圳地区渔船机械化的第一步。60年代初期，基本实现渔船机动化生产，提高了渔业的生产效率。同时，原来以捕鱼为主的生产方式转变

---

① 《中国海洋文化》编委会编：《中国海洋文化·香港卷》，海洋出版社2016年版，第15页。
② 盐田区档案局（馆）、区志办编：《中英街志》，方志出版社2011年版，第82页。
③ 宝安县地方志编纂委员会编：《宝安县志》，广东人民出版社1997年版，第197-198页。

为了以捕鱼和养殖相结合的生产方式,如福田区南部的沙嘴、沙尾、渔农村、下沙、石厦等,都是渔业生产较为发达的村庄,其中沙嘴、沙尾为海洋捕捞,渔农村以内河捕捞、基围和鱼塘养殖为主。[1] 宝安区西乡渔业社区的村民,主要在珠江口、固戍、蛇口、内传仃、大铲岛、小铲岛、台山等区域进行捕鱼作业。[2] 东部的沙鱼涌是一个古老渔村,拥有6艘大船的渔业大队,每条船上都配有20名劳动力,在南澳、坪洲岛及周边水域进行围网捕捞。[3] 特区建立前,深圳海洋捕捞已具有相当规模。1979年,全市有各种大中小渔船321艘,海洋捕捞总产量3896吨,初具向中深海发展捕捞的生产能力,突破了只在万山群岛和大鹏湾、大亚湾渔场生产的限制。开发了南海东西部多个主要渔场——红海渔场、睛海渔场、沙堤渔场、放鸡渔场、海南渔场和北部湾渔场等,产值占全市农业经济中的主要地位。境内建有渔港8个,从东至西为坝光、东山、南澳、盐田、蛇口、南头、沙井渔港。其中,蛇口渔港进入广东省八大渔港区的先进行列。[4]

20世纪80年代以后,随着深圳经济特区的建立和社会经济发展,深圳的海洋捕捞业逐渐衰微。一方面,深圳沿岸多处围海造地,海域污染越来越严重,海洋生态环境不断受到破坏,近海生物数量越来越少;另一方面,工商、贸易、旅游、房地产等行业迅猛发展,许多渔民放弃收益相对较低的海洋捕捞,开始上岸从事其他行业,只有少许渔民从事零星的海洋养殖或捕捞,深圳海洋捕捞业处于相对落后的状况。到了90年代,深圳的海洋捕捞业渐渐走上了转型发展的道路。一是组建远洋捕捞船队,从近海捕捞转向远洋捕捞。1992年6月,成立深圳市远洋渔业有限公司,开赴南太平洋生产,成为深圳渔民跨出国门发展远洋渔业生产的首批船队。至2002年底,深圳市拥有各类捕捞渔船1770艘,渔民总人口超过1万人。[5] 值得一提的是,2023年深圳将开建4艘比航空母舰排水量还大的10万吨级深远海洋大型智能化养殖船,每船每年可源源不断地供

---

[1] 余松岩:《深圳河畔的村庄》,新华出版社1990年版,第13页。

[2] 钟志雄主编:《渔村故事——渔业社区党建人文村志》,深圳市宝安区西乡街道渔业社区党委2020年版,第66页。

[3] 王奋强、王轲真:《深圳近海渔业资源锐减渔民弃舟登陆谋划"转型"》,《深圳特区报》2007年6月25日,第A06版。

[4] 深圳市地方志编纂委员会:《深圳市志·基础建设卷》,方志出版社2014年版,第77页。

[5] 蔡志军:《花一亿二扶上万渔民上岸》,《深圳晚报》2003年4月21日。

给高品质南海特色鱼品超5000吨,将带动深圳海洋捕捞业形成"海、岛、陆"渔业全产业链融合发展新模式。①二是鼓励渔民减船转产,大力发展都市休闲渔业。进入新世纪后,深圳政府部门出台相关政策,鼓励企业依托码头、渔港、渔村、渔业种业基地、文化建筑等陆域载体,以及休闲渔船、海上综合渔业平台等海上载体,开展海洋餐饮美食、海上观赏旅游、渔家生活体验、海洋生态文化、海洋科普教育等形式多样的休闲渔业新业态。如今,深圳海洋捕捞业已成功实现了由近海捕捞向深远海洋捕捞和都市休闲渔业发展的转变,使得传统的海洋捕捞业由单一经济价值向科技、文化、旅游、生态等多元价值延伸。

(二)历史悠久的制盐业

深圳属亚热带气候,常年气温偏高,海水含盐度也较高,加上濒临南海,海岸线上有着众多的港湾与滩涂,这就为食盐生产提供了得天独厚的自然环境,制盐业一直以来都是深圳地区重要的海洋生产活动。在清嘉庆《新安县志》中有"沿海居民,类多前晒盐斤为活"②的记载。

深圳制盐业的历史同样可以追溯到距今7000年前的新石器时代中晚期。1985年,在大鹏半岛的咸头岭文化遗址考古发掘中,发现了灶以及大面积的红烧土堆积,出土一块红烧土块残片,厚度约1.5—2厘米,一面平整光滑或内弧,另一面带有夹竹条的印痕。③另外,在大梅沙遗址也发现了2堆红烧土块。据考究,这是越族先民留下的制盐遗迹。④到了春秋战国时期,盐被视为"国之大宝",政府开始加强对食盐生产和销售管理。尤其是秦国在商鞅变法后,实行"禁山泽之原",正式改食盐生产为官营。在"天下之赋,盐利居半"的背景下,有丰富的渔盐资源的深圳地区也进入了国家管理范围。

秦汉时期,中原汉人南迁深圳地区,人口数量迅速增加和先进生产技术传入,使得深圳海盐生产得到了迅速发展,南头一带也成为食盐贸易的重要集散

---

① 秦绮蔚、吴璇:《深圳奋力推动现代渔业高质量发展》,《深圳特区报》2023年2月6日,第A05版。
② 《宝安文史丛书》编纂委员会编:《嘉庆新安县志校注》,中国大百科全书出版社2006年版,第766页。
③ 彭全民、黄文明、黄小宏、冯永区:《深圳市大鹏咸头岭沙丘遗址发掘简报》,见深圳博物馆编:《深圳考古发现与研究》,文物出版社1994年版,第31页。容达贤:《古代深圳的盐业生产》,《深圳文史》第四辑第217页。
④ 深圳市博物馆:《广东深圳大梅沙遗址发掘简报》,《文物》1993年第11期,第40页。

地。汉朝时期，汉政府实行食盐专卖政策，盐业生产由中央政府统一经营，在全国主要产盐地设置28个盐官，管理食盐生产。汉元狩四年（前119年），汉政府在深圳南头城设立"番禺盐官"管理当地及周边地区的盐业生产。[①] 同时，还在深圳地区设立了番禺盐场，又名东官场，成为汉朝时期在全国设立的28座盐场之一。由此，深圳地区的盐业生产正式纳入国家管理，对当地的盐业生产起到了极大的促进作用。三国两晋时期，制盐业已成为深圳地区最主要的生产活动。先是吴国政权在吴甘露间，置"司盐都尉"于东官场，并在汉代番禺盐官原址上修建了司盐都尉官署，进一步加强了对当地盐业生产的管理。后在东晋咸和六年（331年），晋政府从南海郡分立东官郡，下辖宝安、海丰、兴宁、怀安、海安、欣乐等6县，其中宝安为6县之首，东官郡和宝安县的治所均设在南头城。由此说明，深圳制盐业的发展推动了深圳地区郡县的设立，而郡县的设立又进一步促进了深圳地区制盐业的发展，在此后相当长的一段时间里，深圳地区成为东南沿海地区的盐业生产和管理中心。

唐宋朝时期，深圳地区的制盐业进入顶峰时期。从唐初至唐中期，唐政府实行"开盐池盐井之禁，与百姓共之"，并免征盐税。在这种比较宽松的食盐管理政策驱动下，深圳地区的盐业发展较快。进入宋朝后，深圳地区已经成为广东沿海的重要产盐地区，其境内的东莞盐场（南头城附近）、归德盐场（宝安沙井）和官富盐场（香港九龙，包括盐田、叠福等分场）三大盐场，[②] 成为广东盐课提举司管理的十三大盐场之中最多的地区。据史料记载，位于大鹏的叠福盐场产量较大，"南宋初产盐1500石"。[③] 同时，盐税成为宋代深圳地方政府最主要的税源，备受重视和严加管理。南宋宁宗庆元三年（1197年），广东提举茶盐司徐安国在大奚山（今香港大屿山岛）一带查禁当地盐民私自煮盐和贩卖私盐，遭到了盐民的反对，由此引发了一场较大规模的盐民起义，[④] 起义队伍不仅击退官军的镇压，而且还乘胜进攻广州，虽然最后被残酷镇压，但也从侧面反

---

① 宝安县地方志编纂委员会编：《宝安县志》，广东人民出版社1997年版，第13页。
② 宝安县地方志编纂委员会编：《宝安县志》，广东人民出版社1997年版，第216页。
③ 宝安县地方志编纂委员会编：《宝安县志》，广东人民出版社1997年版，第731页。
④ 宝安县地方志编纂委员会编：《宝安县志》，广东人民出版社1997年版，第14页。

映出当时深圳地区的盐民数量之多。南宋时期的沙井，即归德盐场所在地，是深圳著名的产盐之地，也是南宋委派盐官（盐大使）的驻地。为了方便居民出行，保证盐贩开市，盐大使周穆于南宋嘉定十三年（1220年）建造了横跨龙津河的龙津桥，并在桥边修建了一石塔，名为龙津石塔，又称花塔公和渡头石塔，距今已有800年的历史，被誉为"深圳第一塔"。清嘉庆《新安县志》载："龙津石塔在邑之三都沙井村河边。宋嘉定年间盐大使建石桥于沙井村东北，桥成之日，波涛汹涌，若有蛟龙奋跃之状，故立塔于上镇之。"[①] 由此可见，当时深圳地区制盐业的兴盛和发达。元代时期，广东划归江西行省管理，其盐场的分布与宋时略同。据《元史》记载，江西行省于至元年间设立"广东盐课提举司"，下辖盐场13所，其中包括深圳地区的靖康场、归德场、东莞场和黄田场，[②] 而原香港地区的官富盐场于元大德年元年（1297年）被撤销，改为官富巡检司，其官署设于南头古城东南里的原官富盐场内。

明清时期，深圳的制盐业逐渐开始走向衰落。明洪武二年（1369年），设广东、海北二提举司。广东盐课提举司下辖12盐场，其中在深圳境内的有4场，分别为东莞、归德、黄田、官富。明嘉靖二十一年（1542年）又裁革黄田场，附入东莞场，县止东莞、归德二场，隶于广东盐课提举司。[③] 明万历元年（1573年），析置新安县，东莞、归德两场属新安地。清初，从康熙元年（1662年）开始，清政府在广东地区先后进行了3次迁界，广东沿海各地的盐场也在被迁之列。3次迁界导致深圳沿海的各大盐场无法进行生产，盐民也被迫外迁，盐田荒废。沙井的衙边村，其村民均以盐业为生，由于盐田停产，村民不得不外迁他乡，导致大量盐田抛荒。康熙二十三年（1684年），清政府废除迁界令，允许外迁居民展界。其间，回迁盐民的数量极少，盐业生产仍然无法正常进行。为此，清政府推行"招徕灶丁，垦复盐地盐丘"的政策，允许地方政府"招徕迁民，复业耕种，与煎晒盐斤"。[④] 此后，深圳周边地区的客家人陆续迁入深圳

---

① "宝安文史丛书"编纂委员会编：《嘉庆新安县志校注》，中国大百科全书出版社2006年版，第631页。

② 宋濂：《元史·卷九十一》，中华书局1976年版，第2314页。

③ "宝安文史丛书"编纂委员会编：《嘉庆新安县志校注》，中国大百科全书出版社2006年版，第408页。

④ "宝安文史丛书"编纂委员会编：《嘉庆新安县志校注》，中国大百科全书出版社2006年版，第765页。

各地，其中位于东部沿海地区的沙头角一带成为客家人最为集中的聚居地之一。他们在从事传统农业生产的同时，还开发了数十亩的盐田，有上百名盐工。[1] 为了推动盐业生产恢复和发展，清地方政府还在明代就有的南头、白石、西乡、固戍等盐埠的基础上，于嘉庆年间增添盐田、沙渔涌、长洲三处为子埠。[2] 尽管如此，深圳各大盐场的生产仍然未能走上正轨。清乾隆三年（1738年），东莞县的靖康盐场归并归德盐场，归德盐场改名归靖盐场。乾隆五十四年（1789年），奉行改埠为纲，东莞、归靖盐场裁撤，"盐田池漏拆毁净尽，养淡改作稻田"，[3] 只剩余少量盐灶在盐田、大鹏一带，出现了"昔之埠有四，迄今第存彭城一埠，非以灶田日淡，盐产日稀钦"[4] 的景况。民国时期，深圳仍有食盐出产。1921年，宝安县政府在前山设立官收局，统一收购鳌湾所产之盐。1926年，成立盐务总处，设宝安盐务厂。[5]

中华人民共和国成立后，深圳的制盐业仍有一定的规模。1958年，有6个盐场，分别为后海盐场、西乡盐场、龙岐盐场、东和盐场、盐灶盐场和大峰盐场。1960年全县产盐413吨。1965—1972年全部停产。进入80年代后，随着特区的建设和发展，盐田面积大幅度减少。1986年，只剩下大鹏龙岐盐场，盐场面积减至180亩，年产量仅300吨。进入90年代，龙岐盐场规模进一步缩小，平均年产量仅三四千吨，且生产的粗盐质量也不高，根据国家食盐专营的有关规定和1997年6月通过的《广东省食盐专营管理实施细则》等有关规定，1997年依法关闭龙岐盐场。至此，深圳盐业生产基本停止。[6]

如今，随着深圳的城市化和现代化发展，有关"盐"的历史，仅留存在一

---

[1] 盐田区档案局（馆）、区志办编：《中英街志》，方志出版社2011年版，第83页。
[2] "宝安文史丛书"编纂委员会编：《嘉庆新安县志校注》，中国大百科全书出版社2006年版，第413页。
[3] "宝安文史丛书"编纂委员会编：《嘉庆新安县志校注》，中国大百科全书出版社2006年版，第408页。
[4] "宝安文史丛书"编纂委员会编：《嘉庆新安县志校注》，中国大百科全书出版社2006年版，第413页。
[5] 宝安县地方志编纂委员会编：《宝安县志》，广东人民出版社1997年版，第216页。
[6] 深圳市地方志编纂委员会：《深圳市志·基础建设卷》，方志出版社2014年版，第521页。

深圳文化述论

些带有"盐"的地名中，如盐田村、盐田圩、盐灶村、盐寮下村（今改名盐村）、灶下村等。作为最早成就深圳城市历史的制盐业，到今天已成为深圳历史记忆的一部分。

（三）领先千年的人工养蚝业

深圳濒海地带紧靠珠江出海口处，这里咸淡水交汇，水中浮游生物丰富，淤泥堆积的滩涂众多，海浪较小，气候适宜。这种得天独厚的自然环境特别适宜蚝的繁殖生长，养蚝成为深圳沿海居民的一项重要经济来源。蚝作为深圳最著名的海产之一，主要产于珠江口的合澜海、大埔海、后海湾，尤以沙井蚝所产质地最优，长得肥大，味道格外鲜美，声名远播，沙井成为远近闻名的蚝乡。《新安县志》卷三记载，"蚝，出合澜海中及白鹤滩，土人分地种之，曰蚝田"。[1]

沙井是世界上最早进行人工养蚝的地区，最早出现在宋代，有1000多年的历史。沙井蚝又称为"靖康蚝"或"归德蚝"。北宋梅尧臣（1002—1062年）"宦游归靖"曾作《食蚝》诗云："[薄]宦游海乡，雅闻归靖蚝。宿昔思一饱，钻灼苦未高。"[2] 是我国人工养蚝历史最早的记载。元代时期，沙井蚝民已懂得在海中竹插的标志内，投石养蚝。据《元一统志》记载，元代蚝为"东莞八都靖康所产，其处有蚝田，生咸水中，民户岁纳税粮，采取贷卖"[3]。明清时，沙井养蚝业有较大发展，养蚝已成为沙井及周边地区的主业，东莞、新安一带出现了"人蚝成田，各有疆界，尺寸不逾，逾则争"[4] 的情景。民国时期的沙井产蚝区，其范围是北起磨碟企人石，西至龙穴洲，南至福永海面，东至沙井草坦共10个蚝塘。根据1932年《广东建设月刊》第6期记载，沙井蚝田计自沙角凤凰山脚起，以至上下涌口，面积有200余顷（3000市亩），[5] 盛极之时。

中华人民共和国成立后，沙井建立了4个蚝业村和蚝民协会，蚝业生产得

---

[1] "宝安文史丛书"编纂委员会编：《嘉庆新安县志校注》，中国大百科全书出版社2006年版，第249页。

[2] "宝安文史丛书"编纂委员会编：《嘉庆新安县志校注》，中国大百科全书出版社2006年版，第933页。

[3] 转引自《沙井镇志》编纂委员会编：《沙井镇志》，吉林摄影出版社2002年版，第192页。

[4] 屈大均：《广东新语》，中华书局1985年版，第576页。

[5] 转引自《沙井镇志》编纂委员会编：《沙井镇志》，吉林摄影出版社2002年版，第198页。

到迅速恢复。1952年,沙井蚝厂建成投产。1954年6月,沙井成立蚝业合作社。1956年和1957年,沙井蚝业社被国家评为"模范合作社",由陈淦池社长代表两度赴京参加全国劳模大会。其间,苏联、日本、越南等国水产专家纷纷前来沙井考察养蚝。沙井蚝业社也曾派人到辽宁、海南、湛江、新会等地传授养蚝技术。到深圳建市前的1977年,沙井蚝业大队共有23个生产队,生产有了较大的发展,产蚝区域也发展到南山区的蛇口、后海、南山、南园、大新、大冲和宝安区的西乡、福永、松岗以及福田区的下沙、石厦等地。深圳经济特区建立后,受到自然条件变化的影响,蚝区水质污染严重,影响了蚝的正常生长,产量明显减少。与此同时,伴随着深圳城市工商业发展,养蚝收益偏低,从事养蚝的蚝民数量大幅度减少,造成劳动力不足。到21世纪初期,深圳的养蚝业除部分转移到其他地区外,大部分都消失了。

在长期生产过程中,沙井养蚝逐渐形成了一整套成熟的养殖技术,其生产程序有种蚝、列蚝、搬蚝、散蚝、开蚝等。据《广东新语》记载:"打蚝之工具,以木制成如'上'字形,上挂一筐,妇女以一足踏横木,一足踏泥,手扶直木,稍推即动,行涉坦上,其势轻疾,既至蚝田,取蚝敲开,得肉筐中,潮涨乃返。横木长仅尺许,直木高数尺,亦古泥行踏撬之遗也"。[①]在清嘉庆《新安县志》也有相关记载:"其法烧石令红,投之海中,蚝辄生石上。或以蚝房投海中种之,一房一肉,潮长房开以取食,潮退房阖以自固。壳可以砌墙、可烧灰,肉最甘美,晒干曰蚝豉"。[②]从传统来说,广东沿海的养蚝程序分为种蚝(采苗)、列蚝、搬蚝、散蚝、开蚝等过程,但沙井养蚝与之相比,略有不同。根据1951年《宝安县第四区沙井村蚝业调查》记载,沙井蚝的生产过程分为取种、长大、育肥3个阶段。而这3个阶段要分别在不同的地区进行工作。第一阶段为取种,在每年5、6月"咸淡水相撞"时间,到黄田(离沙井10公里)、固成(离沙井15公里)、福永(离沙井5公里)约9公里长的浅水滩涂上,投壳或瓦片入海里取种。其中,以石头取种养蚝的叫石蚝,用瓦片放养的蚝叫瓦蚝,用壳放养的叫壳蚝;第二阶段为长大。在第二年4、5月间将在黄田、固成、福永的蚝种(小蚝)搬到南头、西乡养殖,时间需2年;第三阶段为育肥,将在南头、西乡长蚝区的蚝搬至沙井海面养肥。一直以来,沙井养蚝都是采用这一传

---

① 屈大均:《广东新语》,中华书局1985年版,第577页。
② "宝安文史丛书"编纂委员会编:《嘉庆新安县志校注》,中国大百科全书出版社2006年版,第249页。

统方法，蚝只能在冬季收获，鲜蚝供应时间很短，大部分蚝只能加工成蚝豉供应市场。1978年下半年，国家水产总局组织"中国渔业协会牡蛎考察组"到日本考察，回来后在蛇口开展"筏式养蚝"试验。1979年沙井蚝民率先把日本的周期短、产量高、操作方便的"筏式吊养"试验成功，使蚝的成熟周期比过去缩短一半，产量提高一倍，四季均可上市，取得的经济效益相当可观。[①]

沙井所加工生产的鲜蚝、蚝豉、蚝油，成为深圳著名的土特产，深受人们欢迎，素来驰名于香港、南洋及欧美等地，是深圳最主要的出口创汇的渔业产品，品质上乘，产量和出口量约占广东省的一半。如今，深圳地区千年养蚝的风俗，随着城市化逐渐式微，养蚝业也和盐业一样，成为深圳历史文化的一部分，在当年养蚝地区留下一些以"蚝"命名的村庄，或用蚝壳、蚝灰等修建的房屋，成为了深圳的历史记忆之一。

第二节　海洋贸易

深圳沿海海岸地貌丰富多样，东部海岸为山地海岸类型，岸线曲折，岬湾相间，岸陡水深，湾内风浪平静；西部海岸除蛇口半岛外，其余皆为平原海岸类型，岸线平直，泥滩宽阔平坦，湾底坡度平缓水深。这些得天独厚的海岸线资源，特别适合建设海上港口或码头。同时，深圳地处珠江口东岸，地理位置优越，是出入珠江航道的必经之地，有着"粤省前哨、门户"之称，因而历史上深圳地区就是海港众多、海上交通发达和海洋贸易兴盛的地方，成为我国古代海上丝绸之路的重要节点和近代对外贸易的集散地之一。

一、汉晋时期海上丝绸之路贸易的前哨站

秦汉时期，是我国海上丝绸之路兴起和形成时期。这一时期的广州，经过秦设郡、汉置州以及移民岭南、"和辑百越"等一系列措施治理后，逐渐发展为岭南地区的政治、经济、文化中心和海外贸易的重要港口。到了魏晋南北朝时期，尽管处于南北分裂割据状态，但是位居南方的六朝政权也都比较重视发展海外贸易，使得外贸得到了较大发展，对外商业活动逐渐频繁。

[①]《沙井镇志》编纂委员会编：《沙井镇志》，吉林摄影出版社2002年版，第199-200页。

第三章 海洋文化

在广州发展为岭南大都会的同时，同属于南海郡管辖的深圳地区的社会经济也迅速发展起来，深圳不仅成为中原汉人移民聚集之地，而且还是岭南地区重要的海盐产地之一。南头城及周边地区逐渐发展为珠江口东岸一带的经济中心，南头城成为汉晋时期海上丝绸之路的必经之地和海上丝绸之路贸易的前哨站。尽管历史文献记载的相关史料不多，但可以通过深圳考古出土的文物得到佐证。

一是熏炉。熏炉是中国古时用来熏香和取暖的炉子，早在先秦时期就已经出现。汉代时期，随着西域凿通、丝路繁荣以及佛教的传入，外来香料不断增多，熏香之风更盛行于民间，从上层到平民，无不喜香、用香。尽管当时所用的香料未留下实物考证，但香料的来源与海路贸易有关，主要是从东南亚、南亚、西域以及欧洲一带地区通过丝路贸易传入中国，使得丝绸之路又兼有"香料之路"的美誉。[1] 据考古发掘，熏炉是广州汉墓中最常见的随葬器物之一，共出土了112件（铜炉12件，陶炉100件）。在这些熏炉当中，西汉中期之前较少，大部分属于东汉时期，[2] 其所用的香料大部分也是从东南亚地区输入的。[3] 同样，在深圳的考古发掘中，也出土了熏炉。1981年，广东省博物馆、深圳博物馆在深圳市南头红花园汉代墓葬群的考古发掘中，清理了9座汉墓（西汉墓1座，8座东汉墓），出土随葬器物76件，以陶器为大宗，共61件，其中有熏炉2件，材质为灰白陶。[4] 熏炉的出土，表明汉代时期的深圳地区与广州一样也出现了熏香习俗。

二是料珠。料珠是用玛瑙、紫石英等原料制成的半透明的珠子，为早期玻璃制品之一。据研究表明，这种早期玻璃制品除中国自造外，也有一部分由西北陆路或南边海路输入进来。[5] 在广州的汉墓考古发掘中出土了不少早期玻璃

---

[1] 向祎：《先秦至秦汉时期焚香之风与香具——兼谈五凤熏炉的命名》，《中原文物》2013年第6期，第52页。

[2] 广州市文物管理委员会等编：《广州汉墓》，文物出版社1991年版，第477-478页。

[3] 杨万秀：《论广州港在海上"丝绸之路"的地位和作用》，《学术研究》1990年第6期，第82页。

[4] 广东省博物馆、深圳博物馆：《深圳市南头红花园汉墓发掘简报》，《文物》1990年11期，第36-38页。

[5] 程朱海：《试探我国古代玻璃的发展》，《硅酸盐学报》1981年第1期，第97页。

制品，包括玛瑙、鸡血石、石榴石、煤精、水晶、硬玉、琥珀和玻璃珠等。在深圳汉代至魏晋南北朝时期的墓葬群中也有数量不少的料珠出土，其中在前面提到的南头红花园汉代墓葬群就出土了6颗料珠，其体积大小相同，为腰鼓形，竖穿孔。另外，在宝安区西乡铁仔山铁仔山的8座东晋墓葬群的随葬器物中，也同样发现有料珠等物品。由此也说明，汉晋时期的深圳地区已是海上丝绸之路贸易的地区之一。

伴随着海上丝绸之路的兴起，佛教也从这条线路传入深圳地区。据史料记载，达摩（佛家祖师）杯渡禅师在刘宋元嘉元年（424年），从海上来到县南的羊坑山居住和传教，建杯渡寺。清康熙《新安县志》记载："杯渡山，在县南二十里，高峻插天，一名圣山，南汉时封为瑞应山；有滴水岩，有杯渡庵，有虎跑井，韩愈、蒋之奇各有诗。"[1]而在清嘉庆《新安县志》的记载更为详细："杯渡禅师，不知姓名，尝乘木杯渡水，因而为号。游止靡定，不修细行，神力卓越，人莫测其由。为师因作《传》，记其神异。元嘉三年九月，师东行，至山湖，托病而死。谐接尸，还葬覆舟山。后五年三月，杯渡复来，齐谐惊异。须臾，门外一僧唤师，师便辞去，云'当往交、广之间'。遂以木杯渡海，憩邑屯门山，后人因名曰杯渡山。复驻锡于灵渡山，山有寺，亦名灵渡寺。"[2]后来，为纪念杯渡禅师将羊坑山改名为杯渡山（即今香港青山），并命名为"杯渡仙踪"，又称为"杯渡禅踪"，清康熙《新安县志》将其列为新安八景之首。多少年来，杯渡山成为众多香客、信徒参拜的地方，多有文人墨客到访并题诗留念。

二、隋唐时期海上丝绸之路贸易的驻节点

隋唐时期，政治相对稳定，经济比前代发达，海外贸易进一步发展，海上丝绸之路进入了繁荣时期。南唐开宝四年（971年），唐政府在广州设立我国最早的管理海外贸易机构——市舶司，大大推进了海上贸易的发展。五代时期，地处南方的南汉、闽、越等政权也都重视海外贸易，使得海上丝绸之路航线不仅没有中断，反而还得到了扩大和延伸。这一时期，海上丝绸之路也取代了陆

---

[1] "宝安文史丛书"编纂委员会编：《康熙新安县志校注》，中国大百科全书出版社2006年版，第569、85页。

[2] "宝安文史丛书"编纂委员会编：《康熙新安县志校注》，中国大百科全书出版社2006年版，第741页。

上丝绸之路，广州也成为当时全国最大的港口城市和世界著名的贸易中心。唐至德二年（757年），唐政府撤销宝安县，原辖境并入东莞县，县治也从南头迁往东莞。此后的800多年，虽然深圳地区不再是县级行政管理区，但其独特的海洋地理位置，成为隋唐时期海上丝绸之路贸易的驻节点，在历代文献资料中留下了不少有关记载。

屯门作为隋唐时期广州"通海夷道"的必经之地，又被认为是广州港的重要外港。[①] 据《新唐书·地理志》记载，"广州东南海行二百里，至屯门山，乃帆风西行二日，至九州石。又南二日，至象石，又西南三日行，至占不劳山，山在环王国东二百里海中"[②]。宋代成书的《岭外代答》也有相关描述："诸蕃国之富盛多宝货者，莫如大食国，其次阇婆国，其次三佛齐国，其次乃诸国耳。三佛齐者，诸国海道往来之要冲也。三佛齐之来也，正北行，舟历上下竺与交洋，乃至中国之境。其欲至广者，入自屯门。欲至泉州者，入自甲子门。"[③] 近代学者罗香林对屯门在唐代时期海外贸易活动也做了深入研究并强调："每当夏季西南风发，凡波斯阿拉伯，以至印度与中南半岛，及南洋群岛等，其海舶欲至中国者，每乘风向东北驶，抵中国海后，则先集屯门，然后转棹驶入广州等地而自广州出海之中国商舶，或回航诸蕃舶，亦必候至冬季东北风发，然后经屯门出海，扬帆南驶而至中南半岛，或南洋群岛，以达印度与波斯湾等地。其地区之所由发展，即以其适有交通上之便利也。"[④] 通过4则材料说明，屯门凭着其优越的地理位置和气候条件，成为各种船舶进出广州的理想停泊地。

由于屯门在当时海外贸易的重要性，成为商船云集的地方，因而名噪一时，在唐代文人作品中也有相关的描述。唐元和十四年（819年），韩愈因谏迎佛骨而被贬官到潮州任刺史，在途经广州与友人分手道别时作诗写意，写下了《赠别元十八协律六首（桂林伯，桂管观察使裴行立也）》，其中写道："屯门虽云高，亦映波浪没。"[⑤] 另一位唐代诗人刘禹锡在《踏潮歌》一诗中描写屯门一带的

---

① 王元林：《唐代广州内外港与中外贸易交流》，《唐都研究》2006年第6期，第57—66页。

② 欧阳修、宋祁：《新唐书》卷43，中华书局1975年版，第1153页。

③ 周去非：《岭外代答》，上海远东出版社1996年版，第70页。

④ 罗香林：《一八四二年以前之香港及其对外交通》，香港中国学社1959年版，第21页。

⑤ 方世举：《韩昌黎诗集编年笺注》，中华书局2012年版，第590页。

海景："屯门积日无回飙，沧波不归成踏潮。"[1]虽无证据表明韩、刘二人是否到过屯门，但他们的诗作却反映出当时屯门已成为唐代中外交通要地之一，可见其知名度之高，社会影响力之大。

三、宋元时期海上丝绸之路贸易的集散地

宋元时期，我国古代经济重心南移，珠三角洲地区成为岭南地区的经济中心，加之造船技术和航海技术明显提高、指南针应用于航海，海上丝绸之路发展进入鼎盛阶段。北宋初年，宋政府十分重视海外贸易，不仅在广州设立市舶司，而且还派人到南海诸国招商贸易。神宗时颁布了我国古代史上第一部海洋贸易管理条例，即《广州市舶条》。元朝建立后，元政府沿袭宋代传统，继续设立市舶司，管理海上贸易。同时，元朝的军事强盛和疆域广阔，也使得海外贸易的国家和地区已扩大到亚、非、欧、美等地，大大推动了海上丝绸之路贸易的发展。这一时期，广州已是"岭南巨镇，瞰海灵山，前控蕃夷，后带蛮僚，是元代对外交通的重要地区"，与海外有贸易关系的国家和地区计有116个。[2]

受北方战乱因素影响，在宋元时期南迁到深圳地区的汉族人口不断增多，中原汉族文化先进生产技术的传入，推动了当地的社会经济发展，制盐业、养蚝业、制瓷业、采珠业和手工业也得到了迅速发展，使得深圳地区在海上丝绸之路贸易的角色也发生变化，从隋唐及以前的交通中转站迅速转变为商品交易集散地。其中，香料贸易最为突出，是海上丝绸之路香料贸易中心之一。

首先，深圳地区是广东地区香料生产的主要产地。唐代以来，深圳地区盛产一种名为莞香的香料，宋元渐成规模并有一定知名度，明清到达发展的顶峰。据民国《东莞县志》记载，香树为"古蜜香树，唐名栈香树，即莞之香树也。本出交趾，移植广管，而于莞土尤宜"[3]。清嘉庆《新安县志》云，"香树，邑内多植之。东路于沥源、沙螺湾等处为佳；西路出于燕村、李松萌等处为佳。叶似黄杨，凌寒不落。子如连翘而黑，落地则生，经手摘则否。香气积久而愈盛，正干为白木香，出土尺许为香头，必经十余载，始凿如马牙形，俗呼为牙香。

---

[1] "宝安文史丛书"编纂委员会编：《嘉庆新安县志校注》，中国大百科全书出版社2006年版，第931页。

[2] 陈金林、齐德生：《大德南海志考》，《上海师范大学学报》（哲学社会科学版）1985年第4期，第67、127页。

[3] 陈伯陶纂修：《东莞县志》，台湾成文出版社1968年版，第398-399页。

凡种香家，妇女潜取佳者藏之，名女儿香，岁时供神，以此为敬"①。可见香树不仅在深圳地区得到普遍种植，而且藏香、烧香也成为当地民间一种民俗。

其次，深圳地区是宋元时期香料贸易的主要地区之一。随着香树的普遍种植、制香技术的成熟以及社会用香市场的扩大，加上地理位置优越和海陆交通条件便利，深圳地区逐渐发展成为香料贸易中心。一是莞香外销的集散地。宋元时期，莞香在当时的东莞县（包括深港地区）种植范围不断扩大，制香技术趋于成熟，逐渐形成了一条从种植、采收、加工到贸易的产业链。"莞香盛极之时，一年可以销售超过几万金……广东人多靠莞香发家。"②当地商人将加工制作好的莞香，通过水陆两路运输到深圳南部九龙半岛的港口（今尖沙咀一带），之后再转运至国内其他地方和东南亚、南亚、西亚以及欧洲等地，因而在这一过程中就出现了一些带有香字的地名，如在九龙一带存放香料的地方叫"香埗头"，运输香料的码头叫"香港"，港口附近的村庄被称为香港仔、香港围。③到明朝时，香港正式以地名而出现在万历年间出版的《粤大记》一书中。清嘉庆《新安县志》中也有香港村的地名，为官富司管属村庄之一。④

香料在宋代被称作香药，除了部分国产外，当中大部分来自海外，因此香料成为海上丝绸之路贸易的主要货物之一。香料贸易也给宋政府带来可观的财税收入。宋初，香料贸易主要用金银购买，后来宋政府为了防止金银外流而改变交易的方式，除了实行物物交换外，铜钱逐渐成为宋元时期海外贸易的流通货币，在海外诸国也通行使用，出现了"海外东南诸香国无一国不贪好（宋钱）""四夷皆仰中国之铜币"的局面。

在当代考古发掘中，深圳各区都出土了相当数量的历代铜钱，尤以宋代为最。1985年9月，在龙岗区龙岗镇松子岭发现一处铜钱窖藏，出土了大量宋代铜钱，计有宋元通宝、太平通宝、淳化元宝、元丰通宝、建炎通宝、绍兴通宝等27种宋代铜钱，数量之多，几乎包括了宋代所有的币种。1995年9月，在宝安区松岗街道沙围村铜钱窖藏发现了4000公斤的铜钱（当地农民发现，仅收回

---

① "宝安文史丛书"编纂委员会编：《嘉庆新安县志校注》，中国大百科全书出版社2006年版，第241页。

② 屈大均：《广东新语》（下），中华书局1985年版，第677页。

③ 牛汝辰：《香港地名文化》，《中国地名》2020年第10期，第12页。

④ "宝安文史丛书"编纂委员会编：《嘉庆新安县志校注》，中国大百科全书出版社2006年版，第197页。

2000公斤），有汉五铢、新莽货泉、唐开元通宝、乾元重宝、五代十国的周元通宝、南唐的庚国涌定前期的涌政元宝等。其中以两宋钱币占绝大多数，最晚为南宋淳祐十二年（1252年）的淳祐元宝。这是深圳地区第一次发现数量如此之多、品种、版别如此丰富的铜钱窖藏，在整个广东地区也不多见。此外，在大鹏新区葵涌街道土洋村宋代铜钱窖藏、宝安区福永街道的桥头村元代铜钱窖藏和白岗山元代铜钱窑藏也出土了不少铜钱，少则数十公斤，多则近200公斤。由此可见，宋元时期的深圳地区已经是一个商品经济发达的地方，在一定程度上也证明了深圳地区海外贸易的兴盛。

四、明清时期海上丝绸之路的贸易中心

明清时期，我国海上丝绸之路贸易由盛转衰。明朝初年，政府在实行严厉的海禁政策的同时，允许"朝贡贸易"，而郑和下西洋则标志着海上丝路贸易发展到了巅峰时期。入清之后，清政府继续实行海禁，海上贸易受到极大限制。清政府于1684年宣布废除海禁，实行开海贸易。清中期，为了严防西方殖民者侵略，清政府实行"闭关锁国"政策，只留广州一口对外贸易。由于受到长时间的海禁影响和贸易限制，海上贸易严重衰退。鸦片战争后，中国被迫签订不平等的《中英南京条约》，香港地区被割让，广州等5处沿海城市成为通商口岸，西方商品不断进入中国市场，从此海上丝绸之路贸易中断，并延续整个近代时期。

这一时期，尽管我国的海上贸易受到诸多因素限制，但广州始终都是与海外通商贸易的港口城市，在海上丝绸之路贸易仍然发挥着较大的作用，从此广州在很长的一段时间内独揽了我国的对外贸易，无论是贸易数量还是贸易范围都远超唐宋两代，出现了"番舶衔尾而至"的局面。受益于广州海外贸易的优势，同时借助明清两朝在深圳沿海地区海防力量的加强，深圳海外贸易也同样得到发展，赤湾成为外国使船和中外商船出入广州的停泊之地，南头则成为海上丝绸之路的贸易中心之一。

明代前期，海上丝绸之路交通航线进一步扩展，出入广州的中外商船更多，而这些船舶都要途经位于南头半岛南端和伶仃洋东岸的赤湾，赤湾由此而成为"辞沙"离岸之地。所谓的"辞沙"即为辞别沙滩或离岸之意。随着停泊赤湾的船舶不断增多，由此逐渐发展成为一种仪式，并建天妃庙祭拜。明翰林院学士、

判广州府事黄谏在《新建赤湾天妃庙后殿记》中写道："天妃行祠，海滨地皆有，而东莞则有二：一在县（东）百余里，赤湾南山下。凡使外国者，具太牢，祭于海岸沙上，故谓'辞沙'。太牢去肉留皮，以草实之，祭毕，沉于海。永乐初，中贵张公源使暹罗国，先祀天妃，得吉兆然后辞沙。天妃旧有庙，公复建殿宇于旧庙东南，岁久，岿然尚存。"[1] 自此之后，赤湾出现了"番舶来赎，莫不经由此，然后就岸"[2]。"凡出使外国，与占城（今越南）、爪哇、真腊（今柬埔寨）三佛齐（今菲律宾群岛内）诸国入贡，悉经于此。"[3] 明中期以后，私人海上贸易逐渐取代朝贡贸易，贸易中心也从赤湾随移南头城一带，南头及其附近海岛成为中外商品聚集中心。这种"非法的"、但客观存在的、官方默认的中外走私贸易已经成为"习惯"，并且能获取更大的经济利益，因而有学者将这种民间的海上贸易称为"南头体制"。[4] 在明景泰、正德年间（1506—1521年），南头水上自由贸易市场发展迅速，"你可以花钱买到你想要的任何这类商品"，[5] 这种状况一直延续到嘉靖十二年（1533年），葡萄牙殖民者采取贿赂手段占据澳门之后，南头才失去在东南沿海中外贸易中心的地位。

清代前期，受"迁海"事件影响，深圳地区几乎变成废墟，直到康熙二十四年（1685年）"复界"后才渐渐复苏。经过近100年的招垦移民开发，深圳地区的社会经济得到了恢复和发展。乾隆二十二年（1757年），广州成为我国唯一的对外通商口岸后，深圳地区在广州的海外贸易中继续发挥作用，南头再次成为海上丝绸之路贸易的地区之一。清代尚书汪鋐所撰《驻节南头喜乡耆吴援郑志锐画攻屯门彝之策赋此》一诗云："鳞辑车马出城东，揽辔欣逢二老同。万里奔驰筋力在，生精洁鬼神通。灶田拨卤当秋日，渔艇牵篷向晚风。回首长

---

[1] "宝安文史丛书"编纂委员会编：《嘉庆新安县志校注》，中国大百科全书出版社2006年版，第825页。

[2] 孙海观：《重修赤湾天后庙引》，见"宝安文史丛书"编纂委员会编：《嘉庆新安县志校注》，中国大百科全书出版社2006年版，第909-910页。

[3] 蔡学元：《重修赤湾天后庙记》，见"宝安文史丛书"编纂委员会编：《嘉庆新安县志校注》，中国大百科全书出版社2006年版，第912页。

[4] 李庆新，《明代屯门地区海防与贸易》，《广东社会科学》2007年第6期，第90页。

[5] 萧国建：《香港历史与社会》，《屯门镇考》，香港教育图书公司1994年版。引自：杨耀林：《明代海禁下的南头自由贸易港》，《深圳史志》2020年第3期，第113-114页。

深圳文化述论

歌无尽兴,天高海阔月明中。"① 到了鸦片战争后,随着通商口岸的开放,海上丝绸之路贸易逐渐失去其功能和地位,从此一蹶不振,但由于广州依然是南方地区对外贸易中心,明末清初出现的"广州十三行"也发展成为一个庞大的商业集团,在清代后期的广州对外贸易中占据了垄断地位,而一些原来参与海外贸易的许多中小商人完全被排斥在外。为此,部分中小商人不得不离开广州而选择到珠江口周边地区从事经营活动。在这种背景下,有着位置、交通和资源优势的深圳南头就吸引了许多商人前来经营,由此也使得南头的商业活动又一次兴盛起来,这一点可以通过在今天南头古城遗存下来的东莞会馆来说明。

东莞会馆,又名宝安公所,位于南头古城中山南街,是清代后期东莞商人在南头城设立的商业会所。目前,该馆建筑物保存基本完整,特别是馆内竖立的4块碑刻②,上面记载了会馆的修建缘由、捐资商号或名单等事项,由此反映出南头城的商业繁盛。首先,从时间上看,该馆始建于清同治七年(1868年),也即鸦片战争结束后的26年,说明此时的南头城已经汇集了不少商人在此经营,出于"上则解纷排难""下则扶正祛邪"的目的,由当地东莞商人"爰集同人,兴建公所";其次,从两次捐资名单看,除了南头埠外,还有当地的深圳埠、西乡埠、厦村埠、沙头埠、沙井埠、福永埠、黄田埠、黄松岗埠、云林埠、盐田埠、新桥埠、丰和墟等和东莞县的莞城埠、太平埠(虎门)、樟木头埠、横沥埠,以及省城埠(广州)与香港地区的香港埠、元郎埠等地商号和商人。可见清代后期,深圳地区的商业繁华遍及多个区域,尤其是紧邻东莞的西部地区更为发达;再次,从南头古城的其他遗存物看,该古城至今保存有牌楼、城门、新安县衙、新安监狱、海防公署、关帝庙、文天祥祠、烟馆、接官厅、聚秀楼、义利押当铺、陶米公钱庄等10余处清代建筑。透过这些丰富多样的历史遗存物,亦可窥见清代至民国时期南头城的商业繁华,也说明了深圳南头城自唐宋以来,一直是丝绸之路贸易的重要站点,是深圳历代社会经济文化的缩影,因而又被誉为"深港历史文化之根"。

---

① "宝安文史丛书"编纂委员会编:《嘉庆新安县志校注》,中国大百科全书出版社2006年版,第951页。
② 4块碑刻分别是《宝安公所》、《乐助芳名》(同治七年立)、《重建公所》、《芳名胪列》(光绪三十三年立)。

五、21世纪海上丝绸之路的重要交通枢纽

进入21世纪后,随着我国改革开放事业的深入发展,综合国力得到恢复和振兴,使得具有2000多年历史的海上丝绸之路,在沉寂百年之后再度复兴。为进一步深化中国与海上丝绸之路沿线国家的合作,我国于2013年正式提出了建设"21世纪海上丝绸之路"的战略构想。这一战略的提出,不仅为我国构建新时代开放型经济新体制、提升国家经济影响力等重大战略决策指明了方向,也给深圳经济特区带来了新的发展机遇。

2015年3月,《中共深圳市委 深圳市人民政府关于大力发展湾区经济建设21世纪海上丝绸之路桥头堡的若干意见》颁布,提出了"大力发展湾区经济,建设海上丝绸之路桥头堡"。接着,在5月21日召开的中国共产党深圳市第六次代表大会上,强调要充分发挥深圳地缘、商缘、人缘优势,依托粤港澳大湾区,以交通互联、经贸合作、人文交流为重点,着力打造21世纪海上丝绸之路桥头堡,努力在"一带一路"建设中发挥枢纽作用。这些优势归纳起来,主要有以下4个方面。

一是地缘优势。深圳为粤港澳大湾区的中心城市之一,南邻香港,东联惠州和汕头、厦门,西接广州、东莞、珠海、中山,背靠珠三角城市群,经济发展腹地广阔。同时,深圳还是我国东南沿海城市中距离南海海域最近的经济中心城市,为打造"海上丝绸之路桥头堡"和交通枢纽城市具有得天独厚的地理优势。

二是商缘优势。改革开放以来,深圳与海上丝绸之路沿线国家保持着良好的经贸往来。2014年以来,深圳进出口总额连续22年居全国大中城市首位。2021年,深圳进出口规模创历史新高,进出口总额达3.54万亿元,其中对共建"一带一路"国家进出口7755.5亿元,是"一带一路"倡议提出以来首次突破7000亿元,并入选商务部推动外贸稳定和创新发展成效明显予以激励支持推荐名单。[1]

三是人缘优势。从唐代开始,历经明清至近代时期,一批批深圳人沿着历史上的海上丝绸之路纷纷出海谋生。据统计,目前深圳籍的海外华侨华人有近50万人,分布在58个国家和地区,以新加坡、马来西亚、印度尼西亚、泰国等国为主,[2]是广东省乃至中国的著名侨乡之一。同时,深圳侨务系统与海外68个

---

[1] 深圳年鉴编纂委员会编:《深圳年鉴》(2022年),第226、230页。

[2] 深圳侨务办公室编著:《深圳侨务史志》,海天出版社2012年版,第29页。

国家的400多个侨界社团建立了联系，当中包括"海上丝绸之路"沿线的52个国家202个侨界社团。①

四是交通优势。在港口建设方面，深圳港旗下拥有蛇口、赤湾、妈湾、东角头、盐田等港口。同时，深圳还有对外开放的一类口岸15个，其中陆路口岸7个、海港口岸6个和空港口岸1个，②为开展经贸往来和文化交流提供了极大的便利条件。

目前，深圳已成亚太地区重要的交通枢纽，拥有世界第三大集装箱港口、中国大陆第四大航空港，国际性综合交通枢纽总体框架初步形成。2019年，交通运输部将深圳市列入第一批交通强国试点。深圳2019年入选商贸服务型国家物流枢纽，2020年获评全国首批综合运输服务示范城市，2021年进入首批国家物流枢纽建设名单。至此，深圳形成了集"海、陆、空"于一体的、高效集约的国际交通枢纽体系，对打造21世纪海上丝绸之路桥头堡具有重要意义。

第三节 海洋防卫

海洋防卫，简称海防，意指一个国家或政府在其领海范围内或沿海地区采取的一系列的防御措施或行为，用以抵御来自海上各种势力的威胁或入侵，保障国家领土主权完整和政权的巩固。纵观我国历代海防历史，元代以前主要针对沿海地区的海盗及各种敌对势力，以维护海上交通的正常秩序。到了元代中后期至明代中期，逐渐转变为防范日本倭寇从海上侵扰。从明中期开始至鸦片战争前，海防重点则是抵御西方殖民国家的侵略。在我国沿海各省中，地处东南沿海的广东，不仅有着漫长的海岸线，而且远离政治中心，因而历代政权都十分重视广东沿海地区海防建设，形成了较为严密的海防体系。位于珠江口东岸、有着"全广门户""省会屏藩"③之称的深圳地区，则是重点布防的地区之一。自唐代以来的各朝政府都在深圳沿海地区设立各种形式的海防机构或军事设施，使得深圳成为我国海防的一个重镇，在平息海盗、平定倭寇和抵御外来

---

① 资料来源：中共深圳市委统一战线工作部网站。
② 深圳年鉴编纂委员会编：《深圳年鉴》（2022年），第238页。
③ "宝安文史丛书"编纂委员会编：《嘉庆新安县志校注》，中国大百科全书出版社2006年版，第506页。

侵略的斗争中发挥了重要作用,在广东乃至中国的海防史上都留下了浓墨重彩的一笔。

一、唐宋至元代时期初步奠定了深圳地区海防基础

唐宋至元代时期,随着我国经济中心南移,海上丝绸之路贸易繁盛,广州成为当时世界上最大的对外贸易港口之一,而作为海上丝绸之路驻节点的深圳南头,"东控归善,西抵香山,北连东莞,层峦叠崛,屏卫环列"[①]。同时,深圳又是中外商船进出广州的必经之路,海盗活动猖獗。与此同时,深圳还是唐宋元三代的重要产盐区,食盐走私严重。为了保护海上丝绸之路的交通正常进行和国家对盐业经营的管控,三朝政府都在南头建立了军事机构。这些军事机构分别有唐代的1个军镇、宋代的3个军寨和元代的3个巡检司,不仅初步奠定了深圳地区的海防基础,而且也为后来的明清两朝所沿用。

(一)唐代的军镇

唐朝建立后,出于巩固政权的需要,在全国重要的边境地区或沿海地带先后设立了数百个大小不一的军镇,大镇有两三千人,小镇有几百人,这些军镇成为唐代边疆和海疆防御体系的重要基地。这一时期,唐政府在广东沿海的珠江口东岸设立了一个独立于地方政府之外的军镇——屯门镇,配备战船,屯兵镇守,负责管理当地海上交通安全和保障海上贸易的正常开展。

关于屯门镇建立的时间和概况,《唐会要》卷七十三云:"开元二十四年正月,广州宝安县新置屯门镇,领兵二千人,以防海口。"[②]这是古代典籍中最早有关屯门军镇设置的记录。据此可知3点信息:一是屯门镇的建立时间是在唐玄宗开元二十四年,即736年。这与唐玄宗于开元二年(714年)建立广州市舶使的时间相距仅22年,可见屯门镇的设立与广州市舶使的设置有着密切的关系。二是屯门镇"领兵二千人",表明屯门驻军人数有2000人,属于人数较多的军镇,说明屯门镇所在地区在海防战略上的地位十分重要。另据《新唐书·地理志上·岭南道》条下有注:"广州南海郡,中都督府……县十三。有府二,曰绥南、番禺;有经略军、屯门镇兵。"经略军,即是唐代驻守边军队之名。在该书兵志部分则有说明:"夫所谓方镇者,节度使之兵也。原其始,起于

---

① "宝安文史丛书"编纂委员会编:《康熙新安县志校注》,中国大百科全书出版社2006年版,第14页。

② 王溥:《唐会要》(下),中华书局1960年版,第1321页。

边将之屯防者。唐初，兵之戍边者，大曰军，小曰守捉，曰城，曰镇，而总之者曰道。"[1]表明了屯门镇兵属于唐代经略军之一，由岭南节度使直接统领，不受地方政府管辖，可见屯门镇的军事地位之高。三是屯门镇设立的作用为"以防海口"。唐代时期的屯门镇所管辖地区包括今天深圳市全境和整个香港特别行政区，东至大亚湾海面，配达珠江口东侧，这里倚山面海，岛屿众多，加之海外贸易发达，海盗时常出没扰夺过往商船，为此唐政府在屯门设立了专门用于维护海上安全的军镇。天宝二年（743年）冬，海贼吴令光在东南沿海作乱，甚至北上攻陷浙江永嘉郡（今温州市）等地。为此，朝廷令河南尹裴敦复、晋陵太守刘同升以及南海太守刘巨鳞带领屯门镇兵前去镇压。次年二月，吴令光被诛杀。清代顾祖禹《读史方舆纪要》卷一百一十记载："东莞南头城，古之屯门镇……唐置屯门镇兵以防海寇，天宝二载，海贼吴令光作乱，南海郡守刘巨麟，以屯门镇兵讨平之。"[2]从中可见，屯门镇在维护珠江口东岸地区的海上安全和社会秩序方面发挥了重要作用。

在屯门镇设立21年后的唐肃宗至德二载（757年），唐政府将宝安县改名东莞县，县治也搬迁到涌（今东莞莞城）。屯门镇开始取代了宝安县衙成为管理深圳沿海一带的政府机构，从此深圳地区也从珠江口东岸的政治经济中心逐渐转变为广东沿海地区的海防军事重镇。唐灭之后，南汉政权继续延续唐朝在宝安县设立屯门镇，而宋灭南汉后则将其改为屯门寨。

（二）宋代的军寨

军寨，是宋代时期在南方民族地区建立的一种地方性军事行政机构。大部分军寨都有自己的城池和武装力量，对内可以镇压起义、监督控制土官，对外可以拒敌入侵、开展经贸活动。[3]北宋时期，开始修筑大量的军寨，明清时期进一步发展了宋代的军寨体系，成为边防体系的重要形式。

宋代的深圳地区，不仅是海上丝绸之路贸易的重要枢纽，而且还是食盐的

---

[1] 宋祁、欧阳修、范镇、吕夏卿等合撰，许嘉璐主编：《新唐书》（第二册），汉语大辞典出版社2004年版，第881、1057页。

[2] 顾祖禹撰，贺次君、施和金点校：《读史方舆纪要》（卷110），中华书局2005年版，第4606页。

[3] 关勇、齐德舜：《浅析宋朝在南方民族地区的寨制》，《广西民族师范学院学报》2022年第1期，第1页。

重要产区。为了防范海盗活动和食盐走私，两宋政府加强了广东沿海的海防力量，在深圳地区设置了3个军寨。一是在唐代屯门镇的旧址设立屯门寨。北宋开宝四年（971年），宋灭南汉。次年，朝廷在唐代屯门镇的旧址设置了屯门寨，衙署设在今南头古城一带，驻军营寨则设在今蛇口的大、小南山脚下。二是在西部地区新设固戍角寨（今宝安区西乡街道固戍村）。该寨的规模相比屯门寨要小一些。三是在位于九龙半岛南端的官富盐场设置官富寨，派驻军队，负责管理官富盐场。明嘉靖《广东通志》对官富寨做了较为详细的记述："东莞县大奚山，在县南大海中，有三十六屿，周三百余里。居民不事农桑，不隶征徭，以鱼盐为生。宋绍兴间，招降其人来祐等，选其少壮者为水军立寨。水军使臣一员，弹压官一员，无供亿，宽鱼盐之禁，谓之醃造盐。庆元三年，盐司峻禁，遂聚为乱，遣兵讨捕，徐绍夔等就擒，遂据其地。经略钱之望与诸司请于朝，岁拨摧锋水军三百以戍，岁一更之。庆元六年（1200年），复请减戍年之半，屯于官富场，后悉罢之。"[①]由此看出，3个军寨的建立主要负责当地的防盗与缉私工作，以维护海上交通安全和维持地方社会秩序，而且它们之间形成了掎角之势，共同构成宋代时期珠江口东岸海防的防御体系。

（三）元代的三司

元代前期主要防御南宋残余势力的海上进攻和海盗掠夺，而中后期则主要应对因东征日本失败而开始出现的倭人扰边。同时，为了保护南北海上粮运畅通和海上丝绸之路贸易，元代加强了东南沿海一带的军事戍防体系，在沿海地区的重要城镇、贸易港口或海岛等地设置巡检司，用以缉捕海寇和打击海上走私活动。巡检司最早出现于唐代中叶，在元朝、明朝与清代作为县级衙门之下的基层组织得到普遍运用。在宋元时期，巡检更多地表现为军事防御，在明清时期，巡检司除了军事上的防御作用外，还增加了行政功能。[②]广东沿海是元政府设置巡检司较多的地方，尤其是广州路，作为广东宣慰司所在地，设置巡检司的数量较多，计有17处。[③]其中，位于深圳地区的则有屯门巡检司、固戍角巡检司和官富巡检司。

---

① 黄佐修：《广东通志》卷67。引自饶宗颐：《港、九前代考古杂录》，《岭南文史》1985年第2期，第41页。

② 胡仲恺、徐林：《明清广州府巡检司设置变迁初探》，《兰台世界》2013年第6期，第54页。

③ 宋元方志丛刊《大德南海志》，中华书局1990年版，第8445页。

深圳文化述论

宋末的深圳地区是南宋抗元斗争的主战场之一，又是元代海上丝绸之路贸易的主要通道，因而成为元政府在广东沿海的重点防御地区。一方面，以防止南宋残余势力在沿海地区的武装"复宋"运动；另一方面，保护海上交通的正常。为此，元政府建立初年就在宋代屯门寨旧地，即今深圳南头古城一带设立屯门巡检司，在元代东莞县所属"巡检寨兵"中，"屯门巡检额管一百五十人"。同时，将固成角寨也改为固成角巡检司，官署在今西乡固戍村，其驻兵规模相比屯门巡检司要少一些，有"巡检额管一百二十五人"[①]。另外，在元大德年间（1297—1307年），还将宋代的官富寨改为官富巡检司（今香港九龙），官署设在原官富盐场衙署旧地，并延续至明清时期。据清嘉庆《新安县志》记载，清代官富巡检司所管辖范围的村庄多达496个，[②]除少部分分布在福田、罗湖、盐田等地外，其余大部分则分布在今香港地区的香港岛、九龙和新界，可见官富巡检司历经时间之长、管辖地方之大。

二、明代时期形成了深圳地区的海防体系

明朝建立初期，东南沿海地区的海防主要防范逃到海上的张士诚、方国珍等武装集团余党以及日本倭寇、海盗的掠夺和骚扰。明朝中期后，倭寇同海盗相互勾结，里应外合，沿海倭患达到了高潮。与此同时，以葡萄牙为代表的西方殖民国家也开始侵扰东南沿海地区。这一时期，广东沿海成为明政府重点布防的地区之一。从明中期开始，政府对广东沿海的海防进行了重新部署，形成了左、中、右三路布局，"左为惠、潮，右为高、雷、廉，而广州中处"[③]。作为中路广州府辖下，深圳地区是东倭、西夷从外洋经内海进入广州省城的必由之路，因而成为中路海防部署的重点地方。为此，明朝政府在深圳沿海一带先后建立了卫所、水寨、巡检司等军事机构和炮台、堡、烟墩等军事设施，形成了一个严密的海防体系。从东起大鹏、西至南头等地，重兵把守。该海防体系在广东乃至整个中国海防史上起过重要作用。

---

① 宋元方志丛刊《大德南海志》，中华书局1990年版，第8445页。

② "宝安文史丛书"编纂委员会编：《嘉庆新安县志校注》，中国大百科全书出版社2006年版，第194-214页。

③ 郑若曾撰，李新贵译注：《筹海图编》，中华书局2017年版，第171页。

第三章　海洋文化

（一）建立卫所军事机构

卫所是明朝的主要军事机构，是一种寓兵于农、守屯结合的军事制度。明政权建立后不久，在全国一些军事要地和海防重地，建立卫所机构，下设千户所、百户所、总旗、小旗等单位，各卫所归由五军都督府和兵部管理。明洪武初，朱亮祖平定广东后，"遂命镇守建置诸卫所，分布要害。十七年，指挥花茂上言，复设沿海诸卫所，分筑墩台，屯种蓝田，且耕且守，以备倭寇"[1]。广东作为明朝抗击倭寇的重点布防地区，先后建立了8个海防卫城和29个千户所城。其中，在深圳地区的为建于洪武十四年（1381年）的南海卫，官署设在南头城，有官21员，旗军1714名，[2]负责管理东莞、大鹏2个守御千户所。

东莞守御千户所，建于明洪武二十七年（1394年），隶属广东都指挥使司南海卫，衙署在城子岗（今南头古城）城内永盈街。据《新安县志》记载，所城"周围连子城共五百七十八丈五尺，高二丈，面广一丈，址广丈。城楼敌楼各四、警铺二十五、雉堞一千二百、吊桥三、水关二：一在东南隅，一在西隅"[3]。设有永盈仓、预备仓、海防厅署、备倭总兵署、参将署、备倭把总司署、东莞守御所、东莞场盐课司署、归德场盐课司等军事设施。人员配备有正千户1员，副千户7员，百户16员，镇抚1员，幕官吏目1员，司吏1员。[4]城内驻军1120人。所有军官从外地调入，用世袭制。该所还辖有月岗、莆隔、翟屋边3处屯田。

大鹏守御千户所，也是建于洪武二十七年。在广东沿海的所城中，大鹏所城规模最大。据清康熙《新安县志》记载，大鹏所城"内外砌以砖石，沿海所城，大鹏为最，周围三百二十五丈六尺，高一丈八尺，面广六尺，址广一丈四尺，门楼四，敌楼如之，警铺一十六，雉堞六百五十四，东西南三面环水濠，

---

[1] "宝安文史丛书"编纂委员会编：《嘉庆新安县志校注》，中国大百科全书出版社2006年版，第490页。

[2] 应槚辑，凌云翼、刘尧诲重修，赵克生、李燃标点：《苍梧总督军门志》，岳麓书社2015年版，第92页。

[3] "宝安文史丛书"编纂委员会编：《康熙新安县志校注》，中国大百科全书出版社2006年版，第41页。

[4] "宝安文史丛书"编纂委员会编：《康熙新安县志校注》，中国大百科全书出版社2006年版，第118页。

周回三百九十八丈，阔一丈五尺，深一丈"①。该所设有大鹏参将署、大鹏守备署、大鹏仓大使署。官员有正千户1员、司吏1员、副千户1员、武官3员。②另有武官2员、旗军223员。设有王母洞、盐田和葵涌3处屯田。明中期后，大鹏所城在防盗抗倭中发挥了重要作用。嘉庆《新安县志》记载："大鹏一城，所以御东北也，与平海相连，而自惠潮至者，则大鹏适当其冲。明隆庆五年，倭贼攻大鹏所城，舍人康寿柏率众协守，围乃解。"③

（二）增设南头寨

明嘉靖初，卫所制度逐渐衰落，广东沿海一带"海防浩渺，寇盗靡常"④。为了加强海防力量，嘉靖四十三年（1564年），由两广总督吴桂芳奏请设置了6个沿海水寨，以弥补沿海卫所兵力空虚、防备无力的状况，并"给以官船，领以捕盗，哨官分管之，将领总管之"⑤。在6个水寨当中的南头寨就位于深圳地区，并且"南头一寨，则为虎门之外卫，即省会之屏藩"⑥。据南头古城"重建参将府记"碑记载："新安襟带莽海，倭酋凭险四出，汛期则藉督舟沛，以捍出境，外暇则奠兹运筹，以坐哨不轨，卷舒呼吸，生灵安危，攸仗甚矣，将府之不能已于设也"⑦。

南头寨就设在原东莞守御千户所旧址，下设参将1员，陆营把总1员，哨官5员，队兵330员。兵额配备为1486名，其中每处汛派驻兵210名，中哨

---

① "宝安文史丛书"编纂委员会编：《康熙新安县志校注》，中国大百科全书出版社2006年版，第42页。

② "宝安文史丛书"编纂委员会编：《康熙新安县志校注》，中国大百科全书出版社2006年版，第118页。

③ "宝安文史丛书"编纂委员会编：《嘉庆新安县志校注》，中国大百科全书出版社2006年版，第506页。

④ 尹瑾：《敷陈海防要务疏》，见"宝安文史丛书"编纂委员会编：《嘉庆新安县志校注》，中国大百科全书出版社2006年版，第750页。

⑤ "宝安文史丛书"编纂委员会编：《嘉庆新安县志校注》，中国大百科全书出版社2006年版，第750页。

⑥ "宝安文史丛书"编纂委员会编：《嘉庆新安县志校注》，中国大百科全书出版社2006年版，第506页。

⑦ "重建参将府记"碑文，（清）新安县儒学教喻周继董撰，见深圳市地方志编纂委员会编：《深圳市志·社会风俗卷》，方志出版社2014年版，第645页。

168名。万历十九年，南头寨在改参将后，兵力陆续增加，水兵、陆兵以及勤杂兵共计2008名。天启元年，又议割去官兵680名，分属香山寨管辖。此后虽有多次调整，到崇祯八年，尚有水陆官兵1659名，寨船大、小53艘，自万历十九年，陆续增至112艘。"该寨兵船住扎屯门。分二官哨：一出佛堂门，东至大鹏，停泊大星，与碣石兵船会哨，取乎海所结报；一出浪白、横琴、三灶，西至大金，与北津兵船会哨，取广海卫结报。"①管理范围涵盖整个深港地区，"东至碣石界，大、小星洋海五百四十里；西至虎头门一百二十里，西南至老方山三洲柳渡五百一十里；南至大洋，不计里数；北至东莞缺口巡司四十一里。天启元年，建立香山寨，割右司汛地，与香山防守。又续将左司汛地，分属闽将防守"②。

正德十六年（1521年），葡萄牙人在占据屯门后企图夺取南头寨。明政府委派广东海道副使汪鋐率军反击。汪鋐"云筹帷幄，决胜千里，召募海舟，指授方略，皆有成算。诸番舶大而难动，欲举必赖风帆。时南风急甚，公命刷贼弊舟，多载枯柴、燥荻，灌以脂膏，因风纵火，舶及火舟，通被焚溺；命众鼓噪而登，遂大胜之，无孑遗"③。十月，明军大获全胜，不仅收复了屯门，而且迫使葡萄牙残余兵力退回马六甲。这就是"屯门之战"。

（三）强化巡检司的海防功能

明初，朱元璋决定在全国各地广设巡检司，分为内陆巡检司、沿江巡检司、沿海巡检司3类。作为维持社会治安的最基层机构，与前代相比，巡检司的职能更加细化和强化，将原来简单的巡逻、缉私和捕盗化解成了"盘诘往来奸细及贩卖私盐犯人、逃军、逃囚、无引、面生可疑之人"④。广东地区是明清全国巡检司设置密度最大的一个地区，在东莞县则有中堂、白沙、缺口镇、京山、官

---

① 郭棐撰，黄国声、邓贵忠点校：《粤大记》（下），中山大学出版社1998年版，第840页。

② "宝安文史丛书"编纂委员会编：《康熙新安县志校注》，中国大百科全书出版社2006年版，第245页。

③ 陈文辅：《都宪汪公遗爱祠记》。见"宝安文史丛书"编纂委员会编：《嘉庆新安县志校注》，中国大百科全书出版社2006年版，第828页。

④ 王伟凯：《试论明代的巡检司》，《史学月刊》2006年第3期，第52页。

深圳文化述论

富、福永等6所巡检司,每司设有牌兵100名。[1]其中的官富、福永两个巡检司后来划归新安县管辖。

洪武三年(1370年),明政府在九龙地区设置官富巡检司。景泰四年八月,"移广东广州府东莞县官富巡司于屯门村。以旧署隔涉海道,而新治为要冲地也"。万历元年,立新安县后又迁回官富村,有巡检1名、司吏1名、弓兵50名。洪武三十年(1397年),将元代屯门、固戍角两个巡检司的官署、兵营合并改为福永巡检司。明天顺《东莞旧志》云:"邑地濒海,于险隘处设巡检司……而福永巡检司即旧固戍寨。屯门、固戍二寨,归附合为一寨,固戍是也。洪武丁丑改为福永,迁在固成之北十里。"《粤大记》亦有"福永巡检司,在县西南旧屯门固戍寨,洪武三年改,三十一年迁于福永村,遂改今名"的记载。[2]福永巡检司的管辖范围除了原来两寨的海防之外,还扩充到西乡、福永、龙华、公明、石岩、沙井、松岗等地,几乎包括深圳西部地区。

(四)添设炮台、堡、烟墩等海防设施

为了加强防卫,与开筑所城的同时,还在深圳地区修建炮台、堡和烟墩。一是修建南山炮台,安兵30名,生铁炮8门,又设赤湾左、右炮台各1座,均安兵20名,生铁炮6门,扼守珠江口。二是修建莲花迳堡。该堡"离县六十里,抵东莞界,路甚险僻,为寇盗渊薮。崇祯十五年(1642年),知县周希窑建设营堡,拨民哨各兵口名,更番防守;寇盗屏息,往来便之"。三是修建烟墩。烟墩是深圳明清时期最重要的海防设施之一,又称"烽火台""墩台""烽埃",古时多在边界高山险要之处建设高台,用于点燃烟火传递重要消息,多由方石垒成,系古代重要军事防御设施。明朝政府为了防盗和防寇设置墩台,布置兵力,以备无患。东部大鹏所辖区有野牛墩、大湾墩、旧大鹏墩、水头墩、叠福墩,西部东莞所辖区则有岗墩、赤湾墩、伏涌墩、嘴头墩、赤岗墩、鳌湾墩,共计11墩,每墩嘹守旗军5人。[3]

---

[1] 明天顺《东莞旧志》。见张一兵校点:《深圳旧志三种》,海天出版社2006年版,第171页。

[2] 郭棐撰,黄国声、邓贵忠点校:《粤大记》(下),中山大学出版社1998年版,第805页。

[3] "宝安文史丛书"编纂委员会编:《康熙新安县志校注》,中国大百科全书出版社2006年版,第241页。

鉴于深圳地区地理位置在海防上的重要性，明政府于明万历元年（1573年）在深圳地区重新设立县治，并更名为新安县，意为"革故鼎新，去危为安"之义。县衙设在南头东莞所城，属广州府，管理区域包括今深圳的大部及今香港的全部。南头再度成为深港地区政治、经济中心以及海防军事重镇。

三、清代时期进一步强化了深圳地区的海防力量

清朝建立初期，为了防范盘踞在台湾的郑成功反清势力和海上抗清武装，在东南沿海地区实行海禁与迁海政策。统一台湾与实行开海后，西方殖民者纷至沓来，觊觎中国沿海，广东沿海成为西方殖民国家首先入侵的地方。清朝时期，清政府继续沿用明代将广东海防划分为东、中、西3路的做法，中路的广州府仍然作为全省海防的重点区域，而位于珠江口东岸的深圳地区又成为捍卫出入省城广州的重要通道。为此，清政府着重加强深圳地区的海防建设，一方面建立水师营，另一方面增设炮台、烟墩、营盘、汛防、塘防等设施，形成更为严密的海防体系。

（一）建立水师营

鸦片战争前，水师是清代海防主力，从政府军制上分为八旗水师和绿营水师，而从防守区域上则又分为内河水师和外海水师两个部分。其主要担负5项职能：一是维护国家水域主权，维持江河湖海治安；二是管控偷渡和进出口走私，保护商业和运输业；三是管理检查商渔船只建造规模、技术和装备；四是搜救海难事故船只和难民；五是定期巡逻，保护渔业生产。[①] 清代深圳地区的水师有两支，分别为新安营和大鹏水师营，均为绿营水师和外海水师，由广东水师提督兼管。

新安营，建于清初顺治初年（1644年），是清政府以明末南头寨为基础，将其改设为新安营。建立初期，额设官兵500员，城守守备1员，千总1员，把总2员。康熙三年奉旨，增设官兵500员，改城守为中军守备，添设游击1员，中军守备1员，千总2员，把总4员，合前共1000员。乾隆二十二年，总督杨应据奏：以左翼镇驻扎虎门，为外海水师；本营改为左翼镇标左营。嘉庆十六年，粤东添设水师提督1员，驻扎虎门；移左翼镇驻阳江。本营复改提

---

① 王宏斌：《清代水师职能初探——兼与美国海岸警卫队前身机构比较》，《军事历史研究》2021年第3期，第46页。

标水师左营，驻防新安，设游击1员、中军1员、千总2员、把总4员、外委5员。①

大鹏水师营，建于清初顺治十三年（1656年），先是在大鹏设守御千户所的基础上，升格为大鹏所防守营，设防守千总1员。十三年，上台为善后计，设守备1员，千总1员，把总2员。康熙七年，大鹏营归并惠州协所属，新安营不辖大鹏，而大鹏营仍兼防新安。四十三年，题定营制，大鹏设立水师营，添设游击1员，中军守备1员；额设左、右哨千总2员，左、右哨把总4员。雍正四年，裁游击，改设参将1员，添设外委、千、把总7员。原隶水陆提标统辖，嗣于嘉庆十五年奉旨，水陆区分，改归水师提督，为外海水师营，驻防新安大鹏所。该营下辖九龙汛、下沙塘汛、大屿山汛、老大鹏汛、盐田汛、红香炉汛、上峒塘汛、东涌口汛、关湖塘汛等水陆塘汛9处，设有大屿山炮台、沱泞山炮台、九龙炮台3座。②道光十九年（1839年）七月，英军在九龙海面挑起"九龙海战"，大鹏水师营取得胜利。战后，道光二十年（1840年），清政府又将大鹏营提升为大鹏协，统领左、右营两营，兵力已超过2000名，防区包括今香港全区及其附近的洋面。

（二）新建多个炮台、烟墩、营盘等军事设施

为了防范西方殖民国家入侵，清政府在广东沿海新建炮台、烟墩、营盘等一系列军事设施，其中珠江口两岸炮台建设最多，防御力量最强。在深圳地区，除了保留明代修建的赤湾左、右炮台外，还新建了4个炮台，分别为南头炮台（康熙二十三年建）、沱宁山炮台（康熙五十四年建）、九龙寨炮台、大屿山石笋炮台（嘉庆二十二年建，两者位于香港地区）。③嘉庆《新安县志》记载，"自复界后，海宇敉宁，而设险更为周密。虽今之汛地及设兵，皆与旧制不同。而大屿山、鸡翼角砲台，南头砲台，赤湾左、右砲台，最为险要"。

---

① "宝安文史丛书"编纂委员会编：《康熙新安县志校注》，中国大百科全书出版社2006年版，第118页。"宝安文史丛书"编纂委员会编：《嘉庆新安县志校注》，中国大百科全书出版社2006年版，第285页。

② "宝安文史丛书"编纂委员会编：《嘉庆新安县志校注》，中国大百科全书出版社2006年版，第496—497页。

③ 卢坤、邓廷桢主编，王宏斌等点校：《广东海防汇览》（卷32），河北人民出版社2009年版，第828页。

第三章 海洋文化

与此同时，在深圳地区沿海分设墩台（又称烽火台）21座，分别是碧头墩台、茅洲墩台、嘴头角墩台、鳌湾角墩台、南山墩台、圣山墩台、屯门墩台、大军营墩台、九龙墩台、佛堂门墩台、大埔头墩台、黄竹角墩台、麻雀岭墩台、盐田墩台、鸦梅山墩台、东坑墩台、西山墩台、深圳墩台、五通岭墩台、大梅沙墩台、小梅沙墩台。每台驻守兵员有15人、25人、30人或50人。后来，把一些不太紧要的墩台，改为瞭望台用，并在每个墩均设兵把守，如深圳、五通岭、大梅沙、小梅沙4座，改作瞭望台，每台设兵10名。嘉庆时，仍有碧头墩台（东莞交界）、嘴头角墩台、茅洲墩台、大坡头墩台、屯门墩台、麻雀岭墩台、鳌湾角墩台、九龙墩台。目前保存下来有6个，赤湾烟墩遗址、鳌湾墩遗址、大鹏叠福墩遗址、大鹏大湾墩遗址、大鹏明野牛墩遗址、南澳水头墩遗址。[①]

此外，还塘房10座，分别是阿公山塘房、周家村塘房、栗木岗塘房、白沙塘房、流塘塘房、白石塘房、龙塘塘房、月岗屯塘房、宝平卷塘房和麻雀岭塘房，每塘设兵4名。后来，为了防范盗寇的骚扰，又在一些险要的地方增设营盘、排栅，建造营房，并派兵防守，以绝盗贼来往窥伺。这些营盘分别有辋井营盘、水迳头营盘、若草峒营盘、莲花迳营盘、飞鹅莆营、佛子凹营盘，每盘安兵30名把守。[②]

通过一系列的海防建设，深圳地区形成了"陆有营，水有寨，各分汛守，而又设游司，犄角互援，屹然雄镇"[③]的海防格局，在清朝前期海防上发挥了重要作用，"邑地虽居海滨，然而布置周密，山海二寇，可无虞矣"[④]。但在后来的鸦片战争、第二次鸦片战争、中日甲午战争中，清政府相继战败，被迫签订《南京条约》（1842年）、《北京条约》（1860年）、《展拓香港界址专条》（1898年）等条约，香港岛、九龙、新界及其260多个海岛被占领、割让或租借，原

[①] 宝安县地方志编纂委员会编：《宝安县志》，广东人民出版社1997年版，第730页。

[②] "宝安文史丛书"编纂委员会编：《康熙新安县志校注》，中国大百科全书出版社2006年版，第241-243页。

[③] 宝安县地方志编纂委员会编：《宝安县志》，广东人民出版社1997年版，第248页。

[④] 宝安县地方志编纂委员会编：《宝安县志》，广东人民出版社1997年版，第245页。

新安县失去了2/5的土地，深圳地区由此失去了全省门户的地位，而且也从历代的海防重镇变为边防之地，原驻守深圳地区的水师营及其相关的军事设施也被裁撤，尤其是历经明、清两代建设的大鹏所城失去了海防重镇的战略地位。进入民国后，大鹏所城已无军队驻守。尽管大鹏所城、赤湾左右炮台等失去了军事价值，但却留给下了历史文化价值，成为深圳历史文化和海洋文化的一个地理坐标。

第四节 海洋信仰

人类在长期的海洋生产活动中，面对海洋的神秘和威力产生了一种强烈的敬畏感，并创造出一种超自然力量的海洋神灵神，由此而逐渐形成了海洋信仰。从本质上看，海洋信仰是"人类在向海洋发展与开拓、利用的过程中对异己力量的崇拜，也就是对超自然和超社会力量的崇拜"[1]，反映出人们对海洋的敬畏、期盼与感恩的一种复杂情感与行为。在深圳地区的海洋信仰主要有龙王信仰、妈祖信仰、洪圣信仰3类。

一、龙王信仰

龙王是中国沿海地区最早、最普遍信仰的海神，其源头可以追溯到先秦时期已经出现的龙崇拜。到唐宋时期，龙王得到了朝廷的正式册封，由此也有了各自的身份，即所谓的"四海之神"，分别为东海之神曰勾芒，南海之神曰祝融，西海之神曰蓐收，北海之神曰玄冥。此后，龙王信仰在沿海地区迅速兴盛和发展，形成了请龙王、敬龙王、祀龙王、谢龙王等信仰习俗。在"四海之神"中，广东沿海地区以崇拜南海之神祝融为多。清代学者屈大钧在《广东新语》卷六《海神》云："凡渡海自番禺者，率祀祝融、天妃，自徐闻者，祀二伏波。祝融者，南海之君也。虞翻云，祝，大也。融，明也。南海为太明之地，其神沐日浴月以开炎天，故曰祝融也"，"南海之帝实祝融，祝融，火帝也，帝于南岳，又帝于南海者"。[2]

---

[1] 王荣国：《海洋神灵：中国海神信仰与社会经济》（上），江西高校出版社2007年版，第40页。

[2] 屈大均：《广东新语》（上），中华书局1985年版，第204、207页。

深圳地区的龙王信仰，主要流行于深圳西部地区，以宝安区福永、沙井、新桥和南山区南头古城附近村庄为主体，并建有龙王庙，以供村民祭拜。元代以来，在这些地方建有三处龙王庙。一是沙井大钟山龙王坛。该坛目前已经损毁，其兴建时间和具体规模不详，仅在清康熙《新安县志》上留下"大钟山，在凤凰岩北，上有龙王坛，最灵异；下有黄孝子祠"的记载。[1] 二是南山大冲大王古庙。该庙建于明代，由当地郑氏村民所建，此后历经后世多次重修而保存完整，现建筑为1996年修建，坐北向南，除正殿供奉南海之神祝融外，侧殿还供有天后和土地神。2011年开始，大冲村进行旧改并更名为华润城，大王古庙不仅得到了保留，而且还被再次进行了修缮，高楼林立映衬之下的大王古庙变得更神圣。三是福永大茅山龙王古庙。该庙为白石厦村文氏族人所建，是目前深圳市保存最完整、规模最大和香火最盛的龙王庙。

据文献记载，白石厦文氏先祖文应麟（1240—1298年）为文天祥从弟文天瑞之子，宋景炎三年（1278年），与丞相弟文璧守惠州，谏文璧筑城墙加强防御，文璧不听。元军来攻，举城降元。文应麟耻与为伍，不愿降元，携二子起东、起南逃离惠州，几经辗转后来到宝安区西部的凤凰岩岭下（今凤凰村）开基立村。其后，次子起南搬迁至白石厦安家，而后发家成为当地文氏一族。由于当地依山临海，村民便以捕鱼为生。为了祈求出海平安、风调雨顺和家业兴旺，文氏族人就在大茅山下修建了龙王古庙，以祈求南海龙王的庇佑。据《龙王古庙重修志序》一文记载，"龙王古庙大茅主峰之下，鹰山之麓，面临珠江，背倚茅岭，左掌南山，右控虎门，脉贯万灵，卓拔一方，为蛟龙腾水之天成仙穴。由是，白石厦文氏先祖梦托龙王之嘱，于元初建成龙王古庙，自此香火鼎盛，善客如云似织，数百载络绎不绝，后历经及嘉靖年间、清初年间文氏诸公多次修缮扩建，致古庙富丽堂皇，灯烛灿烂"[2]。

到清末至民国初年，因战火连绵，村民流离失所，古庙失修而荒废，在20世纪五六十年代，又遭受多次人为损坏，直到改革开放后的90年代初期，为了弘扬传统文化，白石厦村会决定重修龙王古庙，此举得到当地村民、港澳同胞和社会各界人士大力资助，在原址按原貌重建，历经10余年的时间，于2002

---

[1] "宝安文史丛书"编纂委员会编：《康熙新安县志校注》，中国大百科全书出版社2006年版，第85页。

[2] 福永镇白石厦村古庙修建会立，培源撰文：《龙王古庙重修志序》，2003年。

年农历二月将古庙修复，再现昔日光彩。与此同时，也将附近石溪古时立有而后因毁损的康王、北帝、关帝、玄坛等庙诸帝一并请进古庙开光供奉，普惠民众。在后殿的正中央为龙王，而龙王的左侧为北帝和玄坛真君，右侧为关帝和康王。在每年农历九月十七日，村民都会到龙王古庙祭拜南海龙王，这一天又被称为"龙王诞"，祭拜龙王再度成为当地民间的习俗。

值得一提的是，作为南海之神的祝融，除了被尊为水神外，还被尊为最早的火神，象征着中华民族祖先用火照耀大地和带来光明之意。2021年4月24日，在江苏南京举行的中国航天日开幕启动仪式上，我国首辆火星车命名揭晓，经全球征名、专家评审、网络投票等层层遴选，最终被确定为"祝融号"，祝融一名也更让世人知晓，成为中华传统文化的文化符号之一。

唐天宝十载（751年），封南海神为广利王；宋康定二年被封为洪圣广利王；明洪武三年（1370年），南海神改称南海之神；清雍正二年（1724年）南海神被加封为南海昭明龙王之神。

二、洪圣信仰

洪圣，俗称洪圣大王、洪圣爷，在深圳、香港、东莞等地又有"茅洲流水大王"或"把港大王"之称。关于洪圣信仰的来源主要有两种说法，即"唐代广利刺史洪熙说"和"宋代敕封南海海神说"。尽管说法不一，但洪圣作为海神之一被崇拜，在广东沿海尤其是珠江三角洲地区建有数量多达500多座的洪圣庙，[①]其中位于广州黄埔的南海神庙是我国古代四海神庙中规模最大、保存最完整的神庙，可见洪圣广东民间信仰中有着重要的地位。

历史上的深圳地区亦有多座洪圣庙，根据2015年深圳村史调查资料粗略统计，深圳至少有9座洪圣庙，分别为罗湖区蔡屋围洪圣古庙、盐田区大梅沙广利洪圣大王庙、大鹏新区石岐村洪圣公庙、杨梅坑村洪圣宫、光明区公明李松蓢村洪圣庙、福田区沙头街道沙嘴村洪圣庙、宝安区西乡盐田村洪圣宫、沙井蚝二村洪圣古庙和石岩官田村洪圣宫。这些洪圣庙建庙时间大多是明清时期，而当中颇具代表性的有两座。

一是福田区沙嘴村洪圣庙。该庙建于明代，由沙嘴村的欧姓族人出资修建，几经后代修葺而成。沙嘴村地处福田区南部的深圳河与深圳湾交汇处，是福田

[①] 叶春生：《南海海洋风俗存疑》。见广东炎黄文化研究会编：《岭峤春秋：海洋文化论集》，广东人民出版社1997年版，第137页。

区历史上唯一以捕鱼为业的村。除冬季外，其余时间村民都要到位于南海北部、珠江口外的桂山岛和万山群岛一带海面捕鱼。由于渔场远离村庄，天气变幻莫测，在缺乏科学预测气象的条件下，为确保出海平安和渔业丰收，村民便共同集资，在离村庄不远的岸边上修建了洪圣庙。从此之后，沙嘴村的村民每次出海之前都要先去洪圣庙祭拜，并且还要在洪圣的神像前"掷胜杯"（用两片单面凹状形似扇贝壳的小木片投掷到地上卜卦，也称"掷杯"），来预测出海捕鱼的吉凶。如果掷出的"杯"是一阴一阳，就是"胜杯"，当天就可以出海。如果连掷3次都不是一阴一阳，当天便不能出海，只能另择吉日，再进行"掷胜杯"来决定。[①] 虽然这一方法缺乏科学依据，但亦反映出人们对海神洪圣的信赖，长此以往，渐渐形成一种祭奠仪式，并将时间固定在每年农历正月十三，这一天就被称为洪圣诞。

在洪圣诞期间，全体村民都要参加，并在洪圣神像前摆列供品，点燃香烛。仪式由族长或德高望重的长者主持。仪式过程分为3步。第一步是奏乐，主要用锣、鼓、钹、钗等奏响有固定曲牌的音乐。第二步是上香和宣读祭文，由主祭人穿上特制的洪圣衣，率领众人为洪圣公上香、下跪、叩首，之后由主祭人宣读祭文，祈求洪圣公的保佑。接着进入最令人关注的环节就是"掷胜杯"。如果一次就掷"一阴一阳"，则预示着未来的一年全村将是风调雨顺、大吉大利。如果不是"一阴一阳"，就要继续掷，一直掷到一阴一阳为止。然后根据掷的次数的多少，来预测这一年的吉凶程度。掷完之后，全体村民都要依次向洪圣公上香。最后一步，由主祭人将烧鸡、烤猪分给众人，仪式便结束了。由于该仪式富有历史、文化与人类学研究价值，沙嘴村祭祀洪圣公仪式于2008年入选南山区首批非物质文化遗产名录。

二是宝安区沙井洪圣古庙。该庙位于沙井大街中部，大约建于明末清初，是由当地民间自发兴建的一座庙宇，俗称为大王庙，当地及周边的渔民、蚝民在出海前都要在此上香祭拜。沙井洪圣古庙与其他洪圣庙相比，其最大的特色就是同时供奉着两位洪圣大王，一位是宋代敕封为"广利洪圣昭顺威显王"，另一位是被追封为"广利洪圣大王"的唐代广利刺史洪熙，也就是对于前述洪圣

[①] 深圳市福田区地方志编纂委员会编：《深圳市福田区志》（下），方志出版社2012年版，第1116页。

信仰来源的两种说法提到的洪圣大王都已兼顾，都是祭祀的对象，多一位大王就多一份保佑。一方面，反映了当地民众对洪圣大王的信仰与尊敬，另一方面，也体现出当地社会的一种包容的心态。两位大王分立在庙内后殿的正中央，其左右两侧分别供奉风、调、雨、顺4位菩萨，左侧前是风，后是调，右侧前是雨，后是顺。在内堂墙壁的两侧有2幅大型绘画石刻，一幅为《洪圣大王镇海伏魔图》，描画了洪圣大王镇海伏魔的场景；另一幅为《广利威显王出巡图》，描绘了洪圣大王率领众神巡视四海的壮观情景。两幅绘画内共有97个神灵或人物，表情各异，形象生动。

沙井洪圣古庙在清代末期还作为当地抗英斗争的动员基地。据该庙碑文记载，清咸丰六年（1856年），英国发动第二次鸦片战争，沙井籍、清朝进士、新安户部主事陈桂籍按总督课代谕示在此召开动员大会，颁布抗英檄文，不告于神，不禀官，自捐自战，誓将与之决生死。咸丰八年筹办广东团练总局，陈桂籍所带团练拨归总局领导。他对英军的后方基地香港采取灵活多样的行动，使港督包令及英军大伤脑筋，撤出广州退回香港。后来，广州失陷，陈桂籍又率领新安练勇协助广东团练总局在广州抗击英军，取得了三宝圩之战的胜利。陈桂籍还率练勇协助新安知县王寿仁将英军赶出了南头城。20世纪30—60年代，洪圣古庙先后作为学校、政府机关办事处，得到较好的保存。这些史迹无疑又给沙井洪圣古庙增添了一份历史光彩，同时该庙还保存了原有的基址、门匾、围墙、花岗岩门框和部分柱和柱础，而门匾上的"洪圣古庙"4个大字就是在咸丰年间重修此庙时，由陈桂籍所题写的，为研究明清至近代历史、文化和建筑提供了重要的实物资料。2000年，该庙被列为沙井镇文物保护单位。

三、妈祖信仰

妈祖，原型为宋代福建莆田湄洲岛的一名叫林默的女子。她天生水性极佳，常常入海救助海上遇险者。后因救人遇难而"升天"为神。史料记载："神莆阳湄洲林氏女，少能言人祸福，殁，庙祀之，号通贤神女，或曰龙女也。"[①] 此后，历代朝廷不断加封，赐"夫人""天妃""天后""天上圣母"等称号，立庙奉祀

---

① 古本小说集成编辑委员会编：《古本小说集成提要》，上海古籍出版社2018年版，第116页。

并作为朝廷祭祀的对象,从而被视为"国家级"海神。清康熙《新安县志》记:"天妃之神,与海相终始,自宋以来,累册封号,遣有司春秋致祭,其重几与祝融勾芒、颛顼、蓐收四海神等。"①宋元以后,随着福建人外迁或海上丝绸之路贸易,妈祖信仰被传播到我国东南沿海各省以及世界各地。2006年,妈祖祭典被国务院列入首批国家级非物质文化遗产名录。2009年,联合国教科文组织将"妈祖信俗"列入世界非物质文化遗产,成为中国首个信俗类世界遗产。

庙宇作为信仰的承载物,其存在的数量多寡可以在一定程度上反映出一种信仰的发展程度。广东是妈祖信仰影响的主要地区之一,自宋元以来,在沿海各地都建有数量不少的妈祖庙。据统计,目前广东省内仍有妈祖庙300多座,仅次于福建和台湾。②而在深圳沿海一带的村庄都建有规模大小不一的妈祖庙。新中国成立前,东起南澳、大鹏、盐田、沙头角,西至南头、后海、西乡、沙井等地,至少有23座天后庙。③据2015年深圳村史调查资料统计,目前以"妈祖""天后"或"天妃"为名的妈祖庙,至今仍有27座。其中,大鹏新区最多,共有9座,分别为南渔村天后宫、冲街村天后宫、东渔村天后古庙、西贡村天后宫、西涌新屋村天后庙、东山村天后古庙、东山梁屋下村天后宫、水头沙村天后庙和鹏城村天后宫;南山区有4座,分别是大新村天后庙、后海村天后古庙、南水村天后宫和赤湾村天妃庙;宝安区有3座,分别是黄田村天后古庙、沙田村天后古庙和新桥村天后古庙。在其他各区中,盐田区有沙㘭栏天后宫和小梅沙妈祖庙2座,龙华区有陈源盛村天后古庙和白石塘村始祖庙2座,光明区有大围村天后宫和白花洞村天后宫2座,罗湖区笋岗村有天后宫,坪山区有松子坑村妈娘庙(当地称妈祖为妈娘),福田区有上沙村天后宫。

上述的天后庙大部分都是建于明清时期。在每年农历三月二十三日,即"天后诞"当天,当地人都要到天后庙举行隆重的拜祭仪式。每逢出海,必先焚香叩拜,祈求天后保佑平安,渔获丰收。出海归来,也要焚香叩拜,答谢神恩。其中,知名度最高、信众最多的就是位于南山赤湾的天后庙。

---

① 王应华:《重修赤湾天妃庙记》。见"宝安文史丛书"编纂委员会编:《康熙新安县志校注》,中国大百科全书出版社2006年版,第494页。

② 柳超球:《海神信仰与海洋开发——从〈广东新语〉说起》,《青岛海洋大学学报》(社会科学版)1998年第2期,第49页。

③ 深圳市地方志编纂委员会编:《深圳市志·社会风俗卷》,方志出版社2014年版,第295页。

一是建立时间早。关于该庙建立时间，虽然无确切文献资料可考，但据专家研究认为，赤湾天后庙始建时间应为宋代时期，其依据南宋时在广东任官的莆田籍人刘克庄所记的"广人事妃，无异于莆"，认为妈祖的信仰于南宋之时就已经传播到了广东地区，而南宋灭亡后，当地民众礼葬宋少帝于赤湾小南山脚下并建有少帝陵，认为在此之前应建有天后庙。[1]另据明翰林院学士、判广州府事黄谏所撰《新建赤湾天妃庙后殿记》记载"永乐初，中贵张公源使暹罗国，先祀天妃，得吉兆，然后辞沙。天妃旧有庙，公复建殿宇于旧庙东南岁久，岿然尚存"[2]。说明至迟在明初，赤湾地区便已修筑有天后宫。在位于南山区大南山北坡，始建于明代的"春牛堂"（天后庙，明清时期，每年春耕开始新安知县均在此举行开春鞭牛仪式而得名）后殿有对联："自宋迄今八百年来昭圣迹，由闽而粤三千里内著神灵"，说明在明代之前赤湾就已经建有天妃庙。尽管在清初吴国光所撰的《重修赤湾天妃庙记》中记载有"永乐八年，钦差中贵张源使暹罗，始立庙。又行人某，使外国还，捐金，令父老吴松山买田代祀"[3]，另在清康熙《新安县志》"庙祠"中也有"赤湾神，自永乐年建"的说法，但据文物专家和文化学者考证，庙内保存的建筑物为宋代之物，由此可以证明，赤湾天后庙建于宋代，说明了妈祖信仰亦已在深圳当地流传。至清康熙时，赤湾已成为"新安八景"之一，位列第二位，清康熙《新安县志》也有相关记述："赤湾胜概，在南山之南，势耸丽，开展两翼，盘护葱郁，天妃宫殿[在]焉；前[临]海，洪涛万顷，一望无际，零仃数峰，壁立海中，为之屏案，海外奇观矣。天妃神甚灵应，船经此，必祷祠之。"[4]

二是庙宇规模宏大。赤湾天后庙建立后，历经多次修缮和扩建，规模不断扩大。据清康熙、嘉庆两朝编撰的《新安县志》的相关记载，明清时就有8次重修，其中明代有天顺七年（1463年），兵科给事中王汝霖、行人刘泰、刑科给事中陈嘉猷、行人彭盛夫重修；永乐八年（1410年），中使张源重修；万历

---

[1] 龙辉:《赤湾妈祖文化概览》，上海古籍出版社2007年版，第19页。
[2] "宝安文史丛书"编纂委员会编:《嘉庆新安县志校注》，中国大百科全书出版社2006年版，第825页。
[3] "宝安文史丛书"编纂委员会编:《康熙新安县志校注》，中国大百科全书出版社2006年版，第448页。
[4] "宝安文史丛书"编纂委员会编:《康熙新安县志校注》，中国大百科全书出版社2006年版，第103页。

八年（1580年），海防同知周希尹，知县邓凌云、王维翰、梁大嗥、邱体乾重修；明万历四十四年（1616年），知县王延重修；明崇祯五年（1632年），知县乌文明重修；明崇祯八年（1635年），副总兵黎延庆重修。清代的则有顺治十三年，守备张应科重修；清乾隆初年，埠商倪重修；清嘉庆二十二年（1817年），总督蒋、提督林、知县孙海观重修。①至民国年间，已有屋大小100间，里面有许多大小不同的佛像，庙内建筑有山门、牌楼、月池、石桥、钟楼、鼓楼、前殿、正殿、后殿、右左偏殿、厢房、长廊、碑亭、角亭等20余处及99座门，加上附属建筑、庙产及祀田，占地达60公顷，驰名于东南亚，为海内外众多天后庙中最大的建筑之一。②特区建立后，分别于1994年和2010年进行了两次重修，修缮后的天后庙突出了"官式做法、闽粤风格、海神特点"，更加辉煌大气，再现深圳历史上有名的赤湾胜景。

三是影响范围广。唐宋以来，深圳南头一带成为历代海上丝绸之路的驻节点，凡朝廷使臣出使东南亚各国的使船以及运输船、商船、水师船，甚至外国来华的贡船、商船，凡出入珠江口经过赤湾时，都会停船到此举行隆重的祭祀典礼，祈祷天后庇佑。尤其是明代朝廷还颁发诏书，下令"凡使外国者，具太牢，祭于海岸沙上"，之后出使东南诸国者，行经赤湾时必须停船祭祀。船只安全返回后，也要到此答谢天后的庇佑，如明朝"永乐初，中贵张公源使暹罗国，先祀天妃，得吉兆，然后辞沙"，"去年冬，兵科给事中王公汝霖、行人刘公泰有占城之行，泊舟庙下，于神是祷，往返无虞"，"刑科给事中陈公嘉猷、行人彭公盛大自满[剌]加国还，复发钱万缗，以相其事"。③清朝"顺治十三年春（1656年），守备张君应科奉平南王令，转饷琼海，舟过赤湾，俯谒祠下，告有事焉"④。据学者考究，明永乐年间，郑和奉命出使西洋时，其船队不仅曾多次到过赤湾并进行祭拜，而且很多国家使臣都搭乘郑和的宝船来访问中国，并在经

---

① 参见《康熙新安县志校注》，第166、494页。《嘉庆新安县志校注》，第367、825、854-855、912-913页

② 深圳市地方志编纂委员会编：《深圳市志·社会风俗卷》，方志出版社2014年版，第295页。

③ 黄谦：《新建赤湾天妃庙后殿记》。见"宝安文史丛书"编纂委员会编：《嘉庆新安县志校注》，中国大百科全书出版社2006年版，第578页。

④（清）王应华撰：《重修赤湾天妃庙记》。见"宝安文史丛书"编纂委员会编：《康熙新安县志校注》，中国大百科全书出版社2006年版，第494页。

过赤湾时也都到天后宫祭祀。一时间，来自各个国家、不同肤色的达官商贾云集于此，热闹非凡。[①] 正是这些中外使者在赤湾的经停，使赤湾天后庙的名声远扬海内外，尤其是海上丝绸之路沿岸国家或地区更是人尽皆知，其影响波及我国沿海各省、港澳地区和东南亚诸国。

四是形成独有的祭祀妈祖习俗。随着妈祖信仰在深圳地区的兴盛和地方政府的重视，长此以往便沿袭成俗。到明代时期，赤湾祭祀妈祖便逐渐形成了一种深圳地区独有的"辞沙"仪式。"辞沙"，即辞别沙滩之意。明清时，中外使船或商船经停赤湾或补给后，在离开赤湾之前都要举行祭祀妈祖仪式，以祈求妈祖庇佑平安。清康熙《新安县志》记载"凡使外国者，具太牢，祭于海岸沙上，故谓'辞沙'。太牢去肉留皮，以草实之，祭毕，沉于海"，也就是说，将猪、牛、羊的肚子挖空，填上草，放在海边沙滩上祭拜妈祖，祭拜完毕将牲口沉入海底。[②] 清代屈大均《广东新语》亦载："而天妃神灵尤异……其祠在新安赤湾，背南山，面大洋，大小零丁数峰，壁立为案，海上一大观也。凡济者必祷，谓之辞沙，以祠在沙上故云。"[③] 在两则史料中均提到了"辞沙"所用的祭品为"太牢"。"牢"是古代祭祀所用牺牲，根据搭配的种类不同而有太牢和少牢之分。太牢是指牛、羊、豕（猪）三牲，少牢只有羊、豕，没有牛。古时帝王祭祀用"太牢"，诸侯祭祀用"少牢"，而赤湾"辞沙"祭祀为"太牢"，说明其级别已与帝王祭祀同级。"辞沙"时间在农历三月二十三（天后诞）和秋天举行，其祭文为："维后配天立极，护国征祥，河清海晏，物阜民康。保安斯土，福庇无疆。千秋巩固，万载灵长。神恩莫报，圣泽难忘。虔修祀事，恭荐馨香。士民一德，俎豆同堂。仰惟昭格，鉴此烝尝。尚飨！"[④] 后来，"辞沙"仪式成为深圳地区的庆典活动，时间也固定在每年农历三月二十三日，即俗称的天后诞举行，成为明清至民国时期深圳最隆重、最盛大的神诞祭祀活动。其间，天后庙周围搭起竹棚，设立临时商铺销售香烛和食品；各地送来的"太牢"供品，先陈设在大殿祭天妃，然后移至沙滩，伴以舞狮、唱戏、武术表演、杂耍等活

[①] 龙辉:《赤湾妈祖文化概览》，上海古籍出版社2007年版，第30页。

[②] "宝安文史丛书"编纂委员会编:《嘉庆新安县志校注》，中国大百科全书出版社2006年版，第825页。

[③] 屈大均:《广东新语》（上），中华书局1985年版，第205页。

[④] "宝安文史丛书"编纂委员会编:《嘉庆新安县志校注》，中国大百科全书出版社2006年版，第486页。

动，成百上千艘停泊在港的船只鸣放爆竹。鼎盛时，有香港、澳门、香山、东莞、惠阳、海丰等地沿海渔民和东南亚诸国华人数万人参加，整个港湾旗幡招展，锣鼓喧天，热闹非凡。①

20世纪50年代以后，受各种因素影响，赤湾天后庙建筑毁损，"辞沙"活动暂停。到了90年代，赤湾天后庙得到了修复，"辞沙"活动也得到了恢复。但因填海沙滩消失，活动转移到天后宫内举行。现今的"辞沙"活动要进行3天：第一天白天，先进行集体祭拜，祈求妈祖保佑，之后在广场上举行舞狮和武术表演，随后为个人祭拜；第二天晚上，先是众人抢撕去"鬼王"身上的纸片并将其带在身上，然后点火燃烧"鬼王"，同时把纸钱和大米撒向火海，以示祛邪避灾；第三天，是整个祭祀活动的高潮。早晨举行盛大的集体跪拜妈祖仪式，接着向人们分发寓意"添男生女"的红花白花（白花代表添男，红花代表生女），最后用红纸抄写参祭人员名单放在纸扎的"城隍"手中一起燃烧而化为灰烬，人们的心愿也随青烟一起带给妈祖。随后，将供品"太牢"登船出海并沉入海中，至此正祭仪式结束。由于"辞沙"是我国目前发现唯一用"太牢"来祭祀海神妈祖的仪式，传承至今已有500多年历史，富有历史、文化和社会价值，分别于2006年和2007年被列入深圳市非物质文化遗产和广东省非物质文化遗产。

综上所述，龙王信仰、洪圣信仰和妈祖信仰共同构成了深圳海洋信仰的主要内容，成为深圳文化的重要组成部分。它与其他民间信仰一样，不仅具有维系宗族纽带、维持社会秩序的社会功能，而且还有强化地域认同、民族认同、文化认同和国家认同的功能。

---

① 深圳市南山区地方志编纂委员会编：《深圳市南山区志》（下），方志出版社2012年版，第1174页。

第四章　深圳精神

　　精神是人类文化活动的灵魂。精神是一个多义的概念，在《辞海》一书中，将其首义解释为"人的内心世界及其现象，包括思维、意志、情感等有意识的方面，也包括其他心理活动和无意识的方面"[①]。由于精神是人类特有的一种心理意识活动，表现在人类生产实践和生活行为中形成的思想意识、思维方式、价值观念、行为品质、审美情趣和情感归属等方面，它与人类劳动创造的文化成果一样，具有民族性、时代性和地域性等基本特点。近代以来，深圳人民在中国共产党领导下，为民族独立、人民解放和国家富强，做出了重大的贡献。在抗日战争时期，在深圳这块土地上，不仅建立了"中国抗战中流砥柱"之一的东江纵队，还诞生了伟大的"东纵精神"。改革开放以后，深圳成为我国首批经济特区之一，在这片改革、开放、创新的土地上，深圳人民用"摸石头过河""杀出一条血路来"的勇气和"敢闯敢试、敢为人先、埋头苦干"的精神，不仅创造了世界工业化、城市化、现代化发展的奇迹，成为我国改革开放的"排头兵"和"领跑者"，而且还大力加强社会主义精神文明建设，先后培育了具有时代特色的"拓荒牛精神""特区精神""深圳精神"和"新时代深圳精神"。深圳精神是中国共产党人的精神谱系在深圳地区的实践成果和思想结晶，与社会主义核心价值观高度一致，反映了深圳人民的理想追求、价值取向和精神面貌，是深圳人民在社会主义革命、改革开放实践和新时代中国特色社会主义建设的强大精神动力、智力支持和思想保证，成为中国改革开放事业的精神坐标。

[①] 辞海编辑委员会：《辞海》（第七版）缩印本，上海：上海辞书出版社2022年版，第1146页。

第四章 深圳精神

第一节 东纵精神

深圳的悠久历史文化底蕴，孕育了深圳人民的爱国爱乡、坚忍不拔、勇于开拓、敢于反抗的精神品格。近代时期，深圳地区走在我国反帝反封建斗争的前列。1839年9月4日，在大鹏湾海面上发生的九龙海战，打响了鸦片战争第一枪，也就是中国人民反抗外来侵略者斗争的第一枪。1900年10月6日，在马峦山上的三洲田，打响孙中山领导反清斗争第一枪。在新民主主义革命时期，深圳人民在中国共产党领导下，建立了华南地区第一支抗日武装队伍的东江纵队，不仅成为"中国抗战的中流砥柱"之一，还诞生了伟大的"东纵精神"，成为"深圳精神"的历史源头。它是中国共产党革命精神在深圳地区的革命实践，生动诠释了伟大建党精神、长征精神、抗日精神、延安精神和雨花英烈精神的思想内涵，成为改革开放后形成的"深圳精神"的历史之源，成为深圳改革发展的不竭动力之一。

一、东江纵队是中国共产党在华南地区领导和建立的第一支抗日武装力量

1937年七七事变爆发后，日本侵略者发动了全面侵略中国的战争，民族危机进一步加深。1938年10月，日军发动了侵略华南地区的战争，广州、深圳、惠州、东莞等地相继沦陷。面对日本帝国主义的侵略，具有光荣革命传统的东江地区（即东江流域一带的深圳、东莞、惠州、河源等地）人民在中国共产党领导下，举起抗日旗帜，积极组建人民抗日武装，开展反抗日本侵略者的武装斗争。

1938年10月，日军在大亚湾登陆后，受党组织委派，共产党员、东莞人王作尧建立了"东莞模范壮丁队"。同年底，将东江地区的各路抗日队伍组建为"东江抗日游击队"，包括曾生领导的"惠宝人民抗日游击总队"（1938年12月成立于坪山的周田村）和王作尧领导的"东宝惠边人民抗日游击队"（1939年1月成立于观澜的章阁村）。这两支队伍共300余人，也就是东江纵队的前身。抗日民族统一战线建立后，国共两党联合抗日，从1939年4月—1943年11月，

深圳文化述论

队伍名称先后变更为"第四战区第四游击纵队直辖第二大队""第四战区第三游击纵队新编大队""广东人民抗日游击队"和"广东人民抗日游击总队"。1943年，根据党中央指示，队伍番号改称为"广东人民抗日游击队东江纵队"，并于1943年12月2日发表了《成立宣言》，司令部就设在葵涌的土洋村，正式亮出了"东江纵队"的番号。到1944年，东江纵队共有11支大队和一个自卫队，遍及深圳、东莞、惠州和香港等地。

抗日战争期间，东江纵队在华南敌后战场上对日伪作战1400余次，毙伤日伪军6000余人，俘虏、投降的3500余人，缴获各种枪6500余支，炮25门。同时，队伍由初创时的200多人发展到1.1万余人，民兵1.2万人，转战东江两岸、港九敌后，粤北山区和韩江地区39个县市，为抗日战争和世界反法西斯战争的胜利做出了杰出贡献。抗战胜利后，东江纵队根据中央指示，北撤山东烟台。1947年，北撤队伍组建为中国人民解放军两广纵队，留守队伍则组建为中国人民解放军粤赣湘边纵队，参加了解放战争，为广东的解放和新中国成立立下了汗马功劳和彪炳史册的丰功伟绩。[①]

二、东江纵队是一支以青年知识分子、港澳同胞、海外华侨为主体的革命队伍

深圳、东莞、惠州等地位于珠江口东岸，毗邻港澳，经济富裕，教育发达，思想开放，华侨众多，受到这些因素影响，使得东江纵队有着鲜明的特点。

（一）知识分子多

东江纵队的官兵中，知识分子人数占了一定的数量。司令员曾生毕业于中山大学。副司令员兼参谋长王作尧1934年毕业于黄埔军校，1936年加入中国共产党。抗战爆发后，受中共广东省委的委派，他回到家乡东莞组织抗日武装队伍。1938年10月，王作尧组建了"东莞模范壮丁队"，他担任队长。1939年1月，成立了东宝惠边人民抗日游击队，他任队长一职。1943年12月，东江纵队成立，他担任副司令员兼参谋长。政治部主任杨康华，原籍浙江，出生在广州的一个知识分子家庭。1936年加入中国共产党，同年毕业于中山大学。1938年4—10月，担任中共广州市委常委，兼宣传部部长。1940年10月，转任中共香

---

① 曾生：《坚持华南战场抗战的一面旗帜——回忆东江纵队的战斗历程》，《人民日报》1983年11月23日。

港市委书记，兼管澳门地下党组织工作。1943年12月，东江纵队成立，出任政治部主任。参谋长周伯明、政治委员梁嘉、罗范群也是中山大学的毕业生。

（二）港澳同胞多

深港两地，一衣带水；同宗同源，血浓于水；一方有难，彼此支援。当祖国面临危机时，港澳同胞义不容辞地回到祖国，为祖国服务。抗日战争爆发后，中共香港市工委积极响应党中央的号召，在港澳地区大力开展抗日救亡运动。一方面，通过党员和积极分子的宣传发动，许多商会、同乡会、文化社团、青年社团和工厂纷纷组织起来，相继成立了香港学生赈济会等抗日救亡团体，开展抗日救亡工作；另一方面，组织香港爱国同胞回到东江地区，参加东江抗日游击队。1938年10月下旬，曾生等人在坪山建立了中共惠宝工委和惠宝人民抗日游击总队后，仅仅20天的时间，从香港回惠阳的救亡工作队有7个，共200余人。到年底，人数增加到500余人，其中香港组织了15个工作队，澳门组织了2个队，还有不少是个别回乡的。从港、澳回来的大批党员和积极分子，成为曾生等开始组建抗日游击队的基本队伍和主要骨干。[1] 接着，从1938年底到1941年12月，即香港沦陷前，中共香港党组织又动员和组织了大批爱国青年回来参加广东人民抗日游击队和开辟敌后抗日游击根据地的工作。香港沦陷后，港澳地区爱国青年纷纷参加在香港地区建立的广东人民抗日游击队港九大队，人数多达400人以上。[2]

（三）归国华侨多

深圳、惠州、东莞是广东省著名的侨乡，在抗日战争爆发后，南洋等地的华侨子弟克服重重困难回到家乡，参加抗日斗争。1938年10月30日，侨居南洋英、荷两属殖民地的东江华侨，成立了南洋英荷两属惠州同侨救乡委员会，会址设在吉隆坡惠州会馆。1939年1月初，南洋惠侨救乡会和香港爱国团体代表在香港正式成立东江华侨回乡服务团，并在香港设总团部办事处。之后，以香港惠阳青年会和海陆丰同乡会所组织的两个回乡救亡工作团为基础，在惠阳

---

[1]《东江纵队史》编写组：《东江纵队史稿》，广东人民出版社1983年版，第26—27页。

[2] 黄慰慈：《华侨、港澳同胞对东江纵队的贡献》，引自编辑组：《论东江纵队》，广东人民出版社1990年版，第131—132页。

淡水正式成立东江华侨回乡服务团。①1939年4月开始，马来西亚的爱国华侨纷纷组织了多名华侨参加回乡服务团，一是由爱国侨领黄伯才、张郁才出资，以黄志强为队长，由13人组成的东江华侨回乡服务团两才队；二是由爱国侨领官文森出资，以王春红为队长，由7人组成的东江华侨回乡服务团文森队；三是由吉隆坡各界人士捐款，以黄炜然为队长，组成了73人的东江华侨回乡服务团吉隆坡队。与此同时，在越南、泰国、美国等地的华侨爱国青年亦不远万里回到东江参加曾生等领导的抗日游击队。②据资料统计，回到东江地区参加抗日的华侨子弟有1500多人，当中有独立中队政委钟若潮、中队长陈廷禹、中队指导员黄密等20多位华侨子弟，为国家独立和民族解放献出了宝贵的生命。③

此外，女战士多也是东江纵队的一个特点。在东纵女战士当中，既有青年知识分子，也有大家闺秀。她们与男战士一样，"日行渴饮东江水，夜战饥餐南海风"，活跃在杀敌战场上，涌现了许多女英雄。如东江纵队唯的一位女连长李玉珍、女指导员黄宝珍，独立中队女政委夏冰、模范医务工作者易焕兰等。

三、东纵精神是中国共产党革命精神在深圳地区革命实践的思想结晶

东江纵队是中国共产党领导下，在华南地区建立的一支抗日武装力量，与党的性质、指导思想、宗旨和纲领有着高度一致性，从本质上看，"东纵精神"是中国共产党革命精神在深圳地区的革命实践。

（一）东江纵队的建立充分展现了"伟大建党精神"的思想内涵

习近平总书记指出，"一百年前，中国共产党的先驱们创建了中国共产党，形成了坚持真理、坚守理想，践行初心、担当使命，不怕牺牲、英勇斗争，对党忠诚、不负人民的伟大建党精神，这是中国共产党的精神之源"④。抗日战争爆发后，受党组织委派，共产党员曾生、王作尧等人就回到东江地区建立东江抗日武装队伍。1943年12月，正式成立东江纵队并发表了《成立宣言》。在宣言中，庄严宣告"拥护中国共产党的政治主张，接受中国共产党的领导，为打败

---

① 《东江纵队史》编写组：《东江纵队史稿》，广东人民出版社1983年版，第27—28页。
② 《东江纵队史》编写组：《东江纵队史稿》，广东人民出版社1983年版，第30页。
③ 《东江纵队史》编写组：《东江纵队史》，广东人民出版社1995年版，第43—44页。
④ 习近平：《在庆祝中国共产党成立100周年大会上的讲话》（2021年7月1日），《光明日报》2021年7月2日，第02版。

日本帝国主义,建设独立自由幸福的新中国而奋斗"。宣言还强调,"我们是中国共产党领导下的部队,是人民的抗日武装,我们除了中国人民利益之外,并没有其他利益"①。由此可见,东江纵队作为一支由中国共产党领导和建立的武装力量,始终把国家、民族、人民利益放在首要地位,在革命斗争中实践了"伟大建党精神"的思想内涵。

(二)榴花塔阻击战展示了"天下兴亡,匹夫有责"的"抗战精神"

1938年10月,日军在大亚湾登陆后,企图攻占东莞县城。为了抗击日军的进犯,10月19日,刚刚组建不久的东莞模范壮丁队,一共200多名队员,奔赴位于莞城附近的榴花塔一带阻击日军,在这正式打响了华南地区抗日斗争的第一枪。在后来连续20多天的战斗中,共击毙击伤日军数十人,但模范壮丁队也为此牺牲了22名队员。这些参战队员绝大部分是当时东莞中学的学生,17、18岁的年龄,在作战经验不足的情况下,以"初生牛犊不怕虎"的气概与日军作战,如樊炳坤战士在膝部负伤后,仍然勇猛地扑向骑着战马的日本兵,后被日本兵用军刀劈中头部,壮烈牺牲。在这次战斗中,东莞模范壮丁队向中国人民展示了"天下兴亡、匹夫有责的爱国情怀,视死如归、宁死不屈的民族气节,不畏强暴、血战到底的英雄气概,百折不挠、坚忍不拔的必胜信念"的抗战精神。②

(三)东移海陆丰再现了"长征精神"的伟大壮举

抗日战争进入相持阶段后,为了粉碎国民党反动派企图消灭东江纵队的阴谋,保存革命力量和坚持斗争,东江军事委员会决定转移到海陆丰地区继续斗争。1940年3月1日,东江纵队从惠阳出发,东移海陆丰地区。在东移过程中,面对着前有大山阻挡,后有国民党反动派追击大军,东纵官兵们没有被这些困难所吓倒,却以坚强的革命意志,不仅爬过了当地群众认为不可能爬上的海拔高达1000多米、被称为"大风山"的大山,而且还拿起简单而又十分落后的武器与敌军英勇奋战,如黄友率领全班战士,为掩护部队转移,与数百敌军血战,全部壮烈牺牲。东移海陆丰的英雄壮举,再现了"把全国人民和中华民族的根本利益看得高于一切,坚定革命的理想和信念,坚信正义事业必然胜利的精神;为了救国救民,不怕任何艰难险阻,不惜付出一切牺牲的精神;坚持独立自主、实事求是,一切从实际出发的精神;顾全大局、严守纪律、紧密团结的

---

① 《东江纵队史》编写组:《东江纵队史稿》,广东人民出版社1983年版,第93—94页。
② 习近平:《在纪念中国人民抗日战争暨世界反法西斯战争胜利75周年座谈会上的讲话》(2020年9月3日)。

精神；紧紧依靠人民群众，同人民群众生死相依、患难与共、艰苦奋斗的精神"的"长征精神"。①

（四）东江抗日根据地的建立呈现了"延安精神"的丰富内涵

抗日战争期间，东江纵队按照党中央指示，先后建立了大岭山、羊台山、罗浮山等多个抗日根据地，以及梧桐山、增（城）博（罗）边、九龙新界、稔平半岛、东江上游等游击基地，活动范围遍及东江流域和周边地区。在抗日根据地内，东江纵队领导人民群众开展斗争。一方面，实行减租减息，发展生产，救灾度荒；另一方面，废除国民党的苛捐杂税。同时，动员农、工、青、妇组织各种群众抗日团体积极配合东江纵队，他们不仅经常给部队传送情报，站岗放哨，运送弹药，缝补衣服，救护伤员，带路送信，而且送衣送物，捐钱捐粮，踊跃参军，为东江纵队的发展壮大做出了重大贡献。此外，东江纵队还创建了抗日军政干部学校培养党、政、军干部。东江抗日根据地建设，在很大程度上实践了"坚定正确的政治方向、解放思想实事求是的思想路线、全心全意为人民服务的根本宗旨、自力更生艰苦奋斗的创业精神"的"延安精神"。②

（五）李淑桓等东纵先烈用生命演绎了"雨花英烈精神"

在东江纵队的革命斗争中，涌现出许多可歌可泣的英雄人物和他们催人泪下的英雄故事，他们有的牺牲在抗日前线，有的牺牲在敌人的屠刀下，为民族解放和国家独立付出了宝贵生命，如被曾生司令员称赞为"英雄母亲"的李淑桓，是香港一名私塾老师，生有6子1女。从1938年到1941年，李淑桓把6个儿子和1个女儿先后送到延安和东江纵队参加革命。1940年底，李淑桓的丈夫病故后，她回到东莞大岭山大塘小学，以教书为名作掩护，从事交通情报工作。1941年9月，国民党反动派进攻大岭山抗日根据地时，李淑桓不幸被捕，后来遭到敌人疯狂毒打，并在大岭山金桔岭被残忍杀害，时年47岁。据资料统计，在抗战期间，东江纵队共有2500多名指战员牺牲在抗日前线或敌人的屠刀下。他们的英雄事迹，不仅闪耀着爱国主义和革命英雄主义的光芒，他们还展示了"共产党人的崇高理想信念、高尚道德情操、为民牺牲的大无畏精神"的"雨花英烈精神"③。

---

① 习近平：《在纪念红军长征胜利80周年大会上的讲话》（2016年10月21日）。

② 习近平：《继承和发扬党的优良革命传统和作风　弘扬延安精神》，《求是》2022年第24期。

③ 郑晋鸣等：《弘扬雨花英烈精神　用好用活党史资源——"雨花英烈精神"研讨会发言摘编》，《光明日报》2015年11月15日，第007版。

四、东纵精神是深圳精神的历史源头

新中国成立后，东江纵队广大官兵积极投身社会主义革命和建设事业，在各条战线上为党和国家继续奉献他们的热血和力量。深圳经济特区建立后，有一批曾经是东江纵队的官兵，继续奋战在南粤大地的各条战线上，有的还担任了深圳经济特区各级政府的领导干部，为我国经济特区的创建和发展做出了积极的贡献。

曾生，曾任东江纵队司令员，在1978年担任交通部副部长兼任香港招商局董事长期间，力排众议，支持蛇口工业区的创办，成为创建经济特区的最早推动者之一。袁庚，曾任东江纵队联络处主任、驻香港办事处主任、炮兵团团长等职，1978年被任命为招商局集团常务副董事长，1979年7月创办了中国第一个外向型的工业园区——蛇口工业区，打响了中国改革开放的"第一炮"，提出"时间就是金钱，效率就是生命"口号，在全国率先推行了企业的管理体制、分配体制、干部人事制度、住房制度、金融改革等一系列改革试验，创下24项全国"第一"，打造了改革开放初期的"蛇口模式"，把一个荒凉落后、人烟稀少和仅有2.14平方公里的海滩，建成了一个初具规模、环境优美、交通便利、基础设施齐全的海港工业区，屹立在深圳湾畔，成为中国改革开放的缩影。

此外，还有陈仁（东江纵队民运员，粤湘桂边纵队第一支队司令部干事，1979年担任深圳市委常委）、刘波（东纵连队指导员，1981—1990年先后任深圳市委常委、纪委书记、深圳政协副主席等职）、林江（粤桂湘边纵队战士，1981—1994年任深圳市委常委、深圳人大常委会副主任），等等。他们既是"东纵精神"的缔造者和传承者，又是深圳精神的奠基者和实践者，他们以身作则，敢于担当，与深圳经济特区广大人民群众一道，百折不挠，开拓进取，努力拼搏，不仅创造了让世界惊叹的"深圳奇迹"，而且还塑造了改革开放时期的深圳精神。他们身上的"红色基因"在深圳经济特区建立后得到了进一步传承和发扬，"敢闯""敢创""敢干"成为深圳的精神特质和成功密码。

第二节 开荒牛精神

1978年12月，党的十一届三中全会召开，党的工作重点转移到社会主义现代化建设上，提出了对外实行开放和对内搞活经济的方针，开启了我国改革开

深圳文化述论

放的新时期。1979年1月,国务院批准了广东省和交通部在深圳的西部海岸创办蛇口工业区的方案,并同意将宝安县改为深圳市。同年4月召开的中央工作会议,正式明确广东的深圳、珠海、汕头试办出口特区。1980年8月26日,第五届全国人大常委会第十五次会议审议并批准在广东省的深圳、珠海、汕头和福建省的厦门设立经济特区的建议,同时还批准《广东省经济特区条例》,有着毗邻港澳、华侨众多和港口优势的深圳,与珠海、汕头、厦门等市成为我国首批经济特区之一,从此肩负起我国改革开放"排头兵"和"试验场"的历史重任。在深圳经济特区建立初期,广大干部群众以吃苦耐劳、开拓进取、敢闯敢拼的精神,不仅创造了中国城市发展史上的"深圳速度",还塑造了"开荒牛精神",奠定了深圳精神的基本底色。

一、开荒牛精神最早源于基建工程兵的拓荒精神

建市初期的深圳,可谓是名副其实的一片荒凉之地,因长期的人口外流而造成了东部的荒山、西部的荒地和南部滨海的荒滩,自然环境恶劣,当时民间俗语就有"深圳只有三件宝,蚊子苍蝇沙井蚝,十室九空人离去,村里只剩老和少"和"三只蚊子一盘菜,三个老鼠一布袋,三条蚂蟥一条裤腰带"之说,即便是原宝安县城所在的罗湖一带,也是一个人口仅有2.3万、面积约3平方公里的小城,其狭窄的街道、低矮的房子、简陋的设施和陈旧的市容,显得萧条落后,根本无法满足经济特区发展的需要。其周边地区要么是光秃的山坡,要么是无人耕种的荒地,要么是积水的坑或黄泥塘。因此,在深圳经济特区建立初期,"开荒"成为城市建设的首要任务。在这样的条件下,深圳市委、市政府开始实施"铺摊子、打基础"的大规模市政工程建设,要为投资者提供良好的经营环境。

为解深圳急需建设队伍之急,国务院、中央军委决定调派中国人民解放军基建工程兵到深圳参加城市建设。1979年10月,首批基建工程兵队伍约2000人进驻深圳,率先承担起治理臭水沟、修道路、排洪水、建大楼的基建工作。1982年11月初开始,第二批约2万多名基建工程兵连同家属4000多人,先后从上海、天津、唐山、沈阳、西安、郑州等10地开赴深圳,[①]参加以"七通一平"[②]为重点的基础工程建设。1983年9月,根据上级指示,在深的2万多名

[①] 中共深圳市委党史研究室、深圳市史志办公室编:《深圳大事记(1978—2020)》,深圳报业集团出版社2021年版,第47页。

[②] 即道路、供水、供电、电信、排污、排洪、供气和平整土地等工程。

基建工程兵集体转业改编为市属建筑施工企业的职工，划归深圳经济特区建设公司管理，成为最早扎根深圳经济特区的建设者之一。其间，他们住在简陋的工棚，冒着风吹日晒，发扬了人民军队"一不怕苦，二不怕死"的革命精神和"特别能吃苦、特别能战斗、特别能奉献"的斗志，夜以继日，顽强拼搏，劈山开路，移土填海，平整土地，建设高楼。深圳早期重大基建工程项目如市政府办公大楼、国贸大厦、电大大厦、深圳大剧院等，都留下了基建工程兵的身影。据统计，从1979年底基建工程兵第一批部队来到深圳，到1983年集体转业的3年多时间里，共承接各种大小工程160多项，竣工面积7万多平方米，完成建设投资4500多万元，[1]不仅为顺利完成"七通一平"的城市基建工程做出了巨大贡献，而且还为深圳经济特区的社会经济发展打下了坚实的基础。他们身上所表现出来的"吃苦耐劳""披荆斩棘""开拓进取"精神，又被称为"拓荒牛精神"。

为了弘扬基建工程兵艰苦奋斗、勇于开拓的精神，2017年7月20日，深圳市有关部门和社会组织响应习近平总书记提出"要把艰苦奋斗的精神一代一代传承下去"的号召，制作了一座"基建工程兵之歌"的雕塑，竖立于笔架山公园内。该塑像由著名雕塑家戴耘教授创作，塑像高3.35米、长宽各2.25米，不仅生动再现了基建工程兵一手拿枪、一手拿镐的生活和劳动场面，而且还充分展示了基建工程兵身上的拓荒精神和英雄气概。同时，也让深圳人民以及我们的子孙后代永远记住基建工程兵为深圳经济特区奠基时期所做出的历史贡献，铭记深圳艰苦创业的历史，不忘初心，继续前进。

二、开荒牛精神是深圳经济特区初创时期精神文明建设的重要成果

在抓好城市建设和经济发展的同时，深圳市委、市政府大力加强社会主义精神文明建设的工作，提出了"有所引进，有所抵制""排污不排外"的方针和"把特区人民逐步培养成为有理想、有道德、有文化、有纪律的一代新人"的目标，着手培育深圳经济特区的城市精神。

1981年8月，中共深圳市委扩大会议召开，时任市委书记、市长在《统一认识，坚定信心，办好深圳经济特区》的报告中指出，办特区是一件新事物，必然会遇到大量复杂的新情况、新问题，碰到许许多多的困难，这就需要我们

---

[1] 深圳市史志办公室编：《中国经济特区的建立与发展（深圳卷）》，中共党史出版社1997年版，第92页。

深圳文化述论

有一种争当创业者、甘作"开荒牛"的精神。接着，在总结会上，要求党员和干部要吃苦在前，享受在后，甘当特区建设的"开荒牛"。[①] 这是目前找到的文献中，最早提出"开荒牛精神"的政府文件，直到"特区精神"提出之前，在深圳政府部门召开的会议或发布的各种文件、公告中，基本上是用"开荒牛精神"来表述。此后，"开荒牛精神"成为深圳政府部门举行的各种会议或重大活动的一个重要主题。1982年1月25日，深圳又在北京举办了"深圳市摄影作品展"，其主题就是反映"特区人"建设深圳经济特区"开荒牛"的形象，展示特区大规模经济建设蓬勃发展的风貌。1985年3月9日，在市委召开的局以上干部会议上，时任市委书记、市长做了以"发扬开荒牛精神，务必使特区工作更上一层楼"为题的报告，同年9月10日，时任市委书记在深圳举行庆祝首届教师节大会上，号召特区教师发扬"开荒牛精神"，为特区建设培养人才。[②] 1986年1月5日，在深圳召开的全国经济特区工作会议上，国务委员谷牧同志在会上指出，经济特区"要像开荒牛那样，辛勤耕耘，埋头苦干，扎扎实实地做好工作，逐步把特区建设成为具有发达的物质文明和高度社会主义文明的特区"[③]。8月6日，时任市委书记在全市局以上干部会议所做的《认清形势、统一思想、振奋精神、继续前进》报告中，提出要"上下一致、同心协力、积极进取、继续发扬开荒牛精神"。后来，在1990年12月23日召开的深圳市第一届人民代表大会第一次会议上，时任深圳市市长在所做《政府工作报告》中指出，从1980年到1985年，特区的建设者和领导者们，以勇于探索的气魄和"开荒牛"精神，拉开了特区建设的帷幕，打开了局面，并为后来的发展奠定了基础，[④] 对深圳经济特区早期"开荒者"给予了高度评价。

为了塑造和展示深圳的城市形象和城市精神，鼓舞广大干部群众积极投身特区建设，在深圳经济特区建立不久，深圳市领导决定在政府大院内建一座雕塑，邀请著名雕塑家潘鹤设计。经过3年多时间，一座初名为《开荒牛——献

[①] 中共深圳市委办公厅编：《深圳特区发展的道路》，光明日报出版社1984年版，第18—19页。

[②] 中共深圳市委党史研究室、深圳市史志办公室编：《深圳大事记（1978—2020）》，深圳报业集团出版社2021年版，第87页。

[③] 陶一桃主编：《深圳经济特区年谱（1978—2007）》，中国经济出版社2008年版，第70页。

[④] 深圳市第一届人民代表大会第一次会议关于《政府工作报告》的决议（一九九〇年十二月二十九日），第43页。

给深圳特区》的雕塑完成设计工作。后经过市领导班子讨论后，将名称改为《孺子牛》，并于1984年4月27日在市委大楼前竖起，它生动地表现了一头壮实的牛"奋力拓荒"的形象，标志着深圳经济特区成立初期的城市精神正式树立起来，从此"开荒牛精神"又有了"孺子牛精神"之称。1999年，应广大市民的要求，深圳市常委会会议决定，将《孺子牛》搬至市委大院大门口外的花坛上，方便群众、游客参观，[①]市民也形象地称之为"拓荒牛"。从文化层面上看，"《孺子牛》放置地点的变迁，反映的正是公共艺术的民主化，是社会对市民文化权利日益彰显的时代趋势"[②]。至此，这座凝聚着特区人开拓进取精神的铜雕终于走到了社会大众中间，实现了从"开荒牛"到"孺子牛"，再到"拓荒牛"的转变，成为深圳最具有代表性的城市雕塑、文化坐标、精神符号和城市记忆。

这座造型鲜明的"孺子牛"，生动地体现出埋头苦干、积极进取、奋力向前的开拓精神，形象地反映了特区建设者的开拓精神。1984年，老一辈革命家、第六届全国政协主席邓颖超在深圳视察期间，专门到《孺子牛》前留影，并称赞它是"特区精神，是共产党员的精神"。

三、开荒牛精神是创造"深圳速度"的精神动力之一

自深圳经济特区建立以来，在党中央、国务院的正确领导下，深圳经济特区广大干部群众以"杀出一条血路"的勇气，发扬"敢闯敢试、敢为人先、埋头苦干"的特区精神，勇于开拓，甘于奉献，争当特区建设的"开荒牛"，不仅取得了令世人赞叹的建设成就，而且还创造了让世界震惊的"深圳奇迹"和"深圳速度"。

在"开荒牛精神"的激励下，深圳城市建设速度之快、成就之大，引起全国人民的关注。深圳经济特区建立初期，其城市建设目标是建成一个具有较高的社会生产力水平、出口贸易繁荣、科学教育发达、环境优美、社会风气良好的社会主义现代化城市。1983年12月31日，新华社在报道深圳经济特区建设成就时指出，"深圳经济特区建设速度罕见，现代化城市雏形已经形成，从罗湖区到上步区24平方千米的新城区出现在人们面前"[③]。1984年1月24—26日，

[①] 吴春燕：《改革开放的象征——雕塑家潘鹤谈雕塑〈孺子牛〉创作背后的故事》，《光明日报》2014年9月10日，第005版。

[②] 孙振华：《深圳城市雕塑向公共艺术的转型：从〈开荒牛〉到〈深圳人的一天〉》，《公共艺术》2021年第6期，第53页。

[③] 中共深圳市委党史研究室、深圳市史志办公室编：《深圳大事记（1978—2020）》，深圳报业集团出版社2021年版，第62页。

深圳文化述论

我国改革开放总设计师邓小平同志首次视察深圳，他登上了20层高的国际商业大厦，访问了渔民村、蛇口工业区等地，充分肯定和高度赞扬了深圳经济特区的建设所取得社会成就，并为深圳题词"深圳的发展和经验证明，我们建立经济特区的政策是正确的"。2月24日，邓小平同志回京后，与多位中央负责同志谈话时说，"这次我到深圳一看，给我的印象是一片兴旺发达。深圳的建设速度相当快，盖房子几天就是一层，一幢大楼没有多少天就盖起来了"。3月15日，新华社报道了深圳国贸大厦施工单位创造了3天建成一层楼的中国建筑史上的新纪录。从此"三天一层楼"成为享誉中外的"深圳速度"的象征。[①]

在短短5年的时间内，深圳的城市建设成就惊人，社会面貌变化巨大，成为我国建设经济特区的一个典型城市。到1985年，深圳人口从不到3万人的边陲小镇发展到有40多万人口的中等城市，建成800万平方米的建筑物，市区道路63条，兴建了深圳大学、图书馆、体育馆、博物馆、科学宫、大戏院、电视台等8大文化设施，新建了30所中小学以及20余处工业、商业、旅游和住宅等多功能小区，初具现代化城市的规模。同年12月4日，时任深圳市市长在接受《开拓者》杂志记者采访时表示，"深圳特区5年多的探索卓有成效，成果喜人。它的意义不仅局限于建设一座城市，开发了一片土地，更深远的还在于它从全国的角度上作为建设具有中国特色的社会主义试验场，几年来，深圳特区为我国对外开放与经济体制改革提供了新鲜经验"。12日，《人民日报》刊发了《举世公认的成绩——再访深圳经济特区》的文章，用"2000多幢高楼大厦、8000多家工商企业""特区经济大发展，宝安农村收益多""勇敢尝试贸、工、农，第三产业放异彩"等描绘了深圳经济特区人民5年来所走过的艰苦、曲折而光辉的历程和巨大的建设成就。[②]

在对外开放上，深圳经济特区也取得可喜的成绩。1987年6月18日，新华社在报道中这样描述深圳：外向型经济的开拓发展进一步加快了"深圳速度"。经过6年多的建设，深圳已初步形成建设资金以吸引外资为主，特区产品以外销为主，经济活动以市场调节为主的经济模式，外向型工业得到迅速发展，到去年底，全市已投产的"三资"企业273家，多数达到70年代末、80年代初水

[①] 陶一桃主编：《深圳经济特区年谱（1978—2007）》，中国经济出版社2008年版，第37-39页。

[②] 深圳市档案馆编：《深圳市十年大事记》，海天出版社1991年版，第174-176页。

平，产品外销比例60%以上，"三资"企业占全市工业总产值63%，居主导地位，出口产品达400多种。[①]

与此同时，在深圳科技、文化、教育等各条战线上，涌现出一批以梁湘、袁庚为代表的一批"拓荒牛"。梁湘，在深圳经济特区建立后不久，出任深圳市委第一书记、市长。从1981年2月至1986年5月，在他的领导下，在荒芜的土地上建起了近千栋大楼，率先实行了基建工程招标制度、劳动用工合同制、干部招聘任命制、以有偿转让和使用为核心的土地管理制度，实施了开放粮油市场价格的新举措，推动兴建了深圳大学等"八大文化设施"，创办了《深圳特区报》、深圳电视台等媒体，迅速打开了深圳经济、文化、教育、科技、卫生和体育等事业发展的新局面，成为深圳经济特区的开荒者，城市精神的倡导者和塑造者，以及特区发展的奉献者。

无论是"开荒牛精神"，还是"孺子牛精神"，或者"拓荒牛精神"，其核心内涵都是表达了"开拓"的精神内涵，体现了深圳经济特区从"无"到"有"、从"小"到"大"的奋斗历程，充分显示出特区拓荒者的胆量和气魄，奠定了深圳精神的基本底色。"开拓"一词成为"历久弥新、与时俱进"的深圳精神的基本要义之一，并始终排在第一位。如今，这座体现了"开拓进取""敢闯敢试"的改革开放精神内涵的"开荒牛"，成为深圳的精神之魂、立市之基，成为深圳经济特区的城市文化符号和精神标识。

第三节　特区精神

经过5年多的建设和发展，到1985年初，深圳已建成一座初具规模的现代化新城市，初步形成了以工业为主，兼营商业、农业和旅游业等综合性的经济特区，初步发挥了"四个窗口"和"两个扇面"的作用。从1985年开始，深圳经济特区从"铺摊子、打基础"奠基时期转向"抓生产、上水平、求效益"的开拓时期。1985年12月底到1986年1月初，第二次全国特区工作会议在深圳召开。会后，深圳市委、市政府根据中央的要求，制定新的特区发展战略，围绕发展以工业为主的外向型经济这个中心，提出了"建立既不同于香港又不同于内地的社会主义计划指导下的、以市场调节为主的商品经济体制"的目标。3

[①] 深圳市档案馆编：《深圳市十年大事记》，海天出版社1991年版，第265页。

深圳文化述论

月9日，在市委召开的局以上干部会议上，提出了"依靠内地，服务四化，面向港澳，通往世界，把深圳建设成为外向型、多功能、产业结构合理、科学技术先进、具有高度文明的综合性经济特区"的发展方针，[①]并作为深圳"七五"规划的总目标，力争到1990年，把深圳的经济建设提到一个新的水平，使之成为一个文明昌盛、经济发达、技术先进、管理科学和环境优美的社会主义经济特区。为适应特区发展的需要，深圳率先提出了培育"特区精神"，以进一步加强和促进深圳经济特区的精神文明建设。

一、深圳是最早提出"特区精神"的经济特区

为了全面总结特区精神文明建设，1985年11月，深圳市召开"四有"教育经验交流会，制订颁布了《深圳经济特区社会主义精神文明建设大纲》（试行草案），提出要把特区人民逐步培养成为有理想、有道德、有文化、有纪律的一代新人，培养和发扬具有特区特点和时代特色的"特区精神"，以不断提高特区人的思想道德素质，使深圳经济特区精神文明建设提高到一个新水平。

深圳市委在1987年8月5日举行的市委思想政治工作会议上，认为深圳经济特区处在改革开放的最前沿，面临复杂的形势和肩负着特殊的使命，迫切需要用共同的思想来统一行为、规范行为、凝聚人心和鼓舞斗志。尽管"开荒牛"等提法形象生动，并在一定程度上反映了特区人民的精神风貌，但概括还不够准确。为此，会议分两个阶段进行：第一段，市委提出《坚持党的十一届三中全会以来路线的两个基本点，加强和改善思想政治工作》征求意见稿，交与会代表讨论、修改。经过代表们的讨论后，提出了用"开拓、创新、献身"6个字来概括"特区精神"，得到了市委常委的赞成；第二段，根据大家意见，形成了《中共深圳市委思想政治工作会议纪要》，在纪要中对"特区精神"的概念和内涵做了进一步说明，即"特区精神"是在特区发展过程中，在继承和发扬革命精神和传统的基础上，形成的特区人民的精神风貌，它是开荒牛精神的发展，其精髓是开拓、创新、献身。[②]

[①] 中共深圳市委党史研究室、深圳市史志办公室编：《深圳大事记（1978—2020）》，深圳报业集团出版社2021年版，第82页。

[②]《1987年8月5日中共深圳市委思想政治工作会议纪要》，引自吴松营、段亚兵主编：《深圳精神文明建设（文件汇编）》，海天出版社1996年版，第213页。

具体来说,"开拓",就是胸怀"振兴中华、建设特区"的理想和抱负,面向世界,面向未来,为贯彻党的十一届三中全会以来路线的两个基本点,为完成党中央赋予经济特区的战略任务而勇于开拓、奋力拼搏,敢于对外开展竞争,百折不挠,锲而不舍,坚持以压倒一切困难的精神去夺取胜利;"创新",就是要大胆改革,积极试验,敢于走前人没有走过的路,敢于借鉴国外有益的经验和做法,为建设中国特色的社会主义探索新路子;"献身",就是坚持党和人民的利益高于一切,全心全意为人民服务,不为名,不图利,大公无私,先人后己,艰苦奋斗,廉洁奉公,敢于坚持原则,同坏人坏事做斗争,为特区建设、为祖国四化建设多做贡献。[①] 在提倡、培养、发扬"特区精神"的同时,还强调要注意克服和纠正一些错误的思想倾向,一是提倡开拓精神,就要反对那种胸无大志、无所作为、逃避困难、干劲不足、斗志不旺、缺乏竞争和进取精神的懦夫懒汉思想;二是提倡创新精神,就要反对那种因循守旧、墨守成规、畏首畏尾、裹足不前的保守思想;三是提倡献身精神,就要反对那种图安逸、讲享受、争名争利、以权谋私、讲排场、摆阔气、铺张浪费等不良风气。

"特区精神"的提出,丰富发展了"开荒牛精神"的内涵,它是在"开拓"的基础上,融入了"创新"和"献身"的精神,意味着这一时期的深圳经济特区开始从"杀出一条血路"向"走出一条新路"转变,"创新"成为未来深圳经济特区发展的必由之路,既要有"摸着石头过河"的勇气,更需要"胆子要大一些"的气魄。而"创新",是一种前无古人的实践,不可避免会遇到各种风险,甚至付出生命的代价,更需要有一种"献身"的精神,体现了深圳人民所要追求和应当具备的优秀品质和高尚境界。

深圳是首批经济特区中最早提出"特区精神"的城市。"特区精神"的提出,对后来中国特区精神的形成奠定了基本内涵。2005 年以后,其他 4 个经济特区也陆续提出了各自的特区精神。深圳是首批经济特区中最早提出"特区精神"的城市。深圳"特区精神"的提出,不仅奠定特区精神的基本内涵,也为我国其他经济特区树立了一个标杆。之后,珠海提出了"敢为天下先的创新精神,顽强拼搏、只争朝夕的创业精神,崇尚科学、奖掖科技的科学精神,面向

---

① 秦文俊:《关于加强思想政治工作的几个问题——在市委思想政治工作会议上的发言(1987 年 8 月 5 日)》。引自吴松营、段亚兵主编:《深圳精神文明建设(文件汇编)》,海天出版社 1996 年版,第 226 页。

世界的开放精神"[①],厦门提出了"艰苦奋斗、拼搏创新"[②],汕头提出了"敢闯敢试敢为天下先"[③],海南提出了"开拓进取、求实创新、和谐发展"[④]。这些有着各自城市特色的特区精神,进一步丰富了特区精神的基本内涵。2018年4月,在海口举行的庆祝海南建省办经济特区30周年大会上,习近平总书记在讲话中对特区精神进行了全面总结和精辟概括,将"敢闯敢试、敢为人先、埋头苦干"归纳为特区精神的基本内涵。它不仅体现了我国经济特区的普遍性,而且也成为中国共产党人的精神谱系之重要组成部分。

二、创新是"特区精神"的核心内涵

深圳"特区精神"提出后,在广大干部和群众中引起强烈的反响,受到热烈的拥护,产生了巨大的号召力和影响力,成为凝聚特区人民群众的强大精神力量,促进了深圳经济特区各项事业的改革发展,开创了中国改革开放事业的许多先河。

（一）行政体制改革创新迈出新步伐

为了实现深圳"七五"规划的总目标,深圳加快行政管理体制改革,为深圳经济特区创新发展提供有力的政策支持。1988年10月,经国务院批准,深圳市在国家计划中实行单列（包括财政计划）,并被赋予相当于省一级的经济管理权限。1989年4月,第七届全国人大第二次会议表决通过《第七届全国人民代表大会第二次会议关于国务院提请审议授权深圳市制定深圳经济特区法规和规章的议案的决定（草案）》,授权深圳市人民代表大会及其常务委员会和深圳市人民政府分别制定深圳经济特区法规和规章。其间,深圳政府部门在行政管理体制方面推出了一系列的措施。1987年5月9日,深圳监察局宣布成立,这是中国地方政府成立的首家行政监察机构。同年9月9日,深圳市委颁发了《深圳市党政机关事业单位干部任免暂行规定》等5个暂行规定。1988年3月8日,深圳市经济罪案举报中心成立,这是全国第一家成立的举报中心。1989年6月,

---

① 陈俊钊:《特区精神与珠海发展》,《特区经济》2005年第9期,第18页。
② 王刚:《"厦门精神"的科学内涵与弘扬路径》,《厦门特区党校学报》2009年第2期,第25页。
③ 陈健、杜丽玲:《大力弘扬特区精神 肩负新的历史使命》,《汕头日报》2006年11月14日,第001版。
④ 张旭新:《海南特区精神》,《新东方》2007年第11期,第25页。

经广东省司法厅批准,中国第一家个体性质的律师事务所——深圳市李全禄律师事务所正式成立,从此打破了以往清一色"国家法律工作者"的体制,初步形成了有国家、合作制和个体律师事务所并存,多形式、多层次的律师管理体制格局。此外,深圳还相继建立了市政务咨询筹备委员会、"财务"和"劳动用工""房屋建设、分配、管理""监察工作""城市管理""工商物价"等10多个专门咨询监督机构,为全市人民参政议政和行使民主监督权利提供了更多的渠道。这一系列的制度改革,使得深圳经济特区体制管理朝着民主化、制度化、规范化、科学化的轨道迈出新的一步。

(二)市场化改革创新成就显著

作为我国改革开放的"排头兵""试验田"的经济特区,其重要经济功能就是建立市场经济,在土地、劳动力、资本、技术等生产要素的使用和分配上进行市场化,为建立中国特色社会主义市场经济体制进行积极探索。1985年1月底,中共中央政治局委员、国务院副总理万里视察深圳指出,深圳实行的是市场经济,发扬创新精神,创新不要怕风险,要善于从经验教训中找出科学规律。1988年8月10日,深圳市委召开全市干部大会,提出深圳经济特区要率先建立商品经济新秩序的目标,充分发挥市场机制的作用,积极创造一个和谐的市场环境和良好的投资环境。为此,深圳加快了经济市场化改革创新步伐,取得了显著的成效。

1.率先实行土地拍卖制度,创立了土地资源配置的新制度

长期以来,我国实行土地公有制度,规定土地归国家所有,不得出租或转让,土地使用由国家统一划拨,可以无偿无期限使用。为打破了过去依靠行政手段的土地使用制度,建立一种适应市场化配置的新制度,1987年9月8日,深圳市政府率先试行土地使用有偿出让,以协商议标方式出让了一块5000多平方米土地的使用权,限期50年,揭开了国有土地使用制度从无偿、无期限、无流动变为有偿、有期限、有流动改革的序幕。同年12月1日,深圳市政府以公开拍卖的方式,敲响了具有时代标志性意义的"中国土地第一拍"。其间,有44家企业举牌竞买,仅用时17分钟,最后深圳经济特区房地产公司以525万元的最高价牌,获得了一块面积8588平方米土地的50年使用权。这场拍卖,将土地的所有权与使用权分离,是对传统国土管理体制的重大突破,由此开启了有偿转让国有土地使用权的新制度,有力促进了我国土地使用制度的根本性变革。1988年4月《中华人民共和国宪法》修改时,增加了"土地使用权可以依

照法律的规定转让"的内容，从法律上肯定国有土地使用权出让由此合法化，推动了土地市场化的发展，有利于促进房地产行业的形成和发展。

2. 资本市场化改革创新走在全国前列，实现从无到有的新跨越

建立和发展资本市场是我国改革开放和建立中国特色社会主义市场经济体制的重大战略决策。为此，深圳在资本市场化改革方面进行了一系列的实践探索。1987年4月8日，内地第一家由企业创办的银行——招商银行在深圳蛇口开业，由此开启了资本市场化改革的第一步。7月29日，全国第一家由国家、企业、私人三方合股的区域性、股份制商业银行——深圳发展银行开业。1988年3月28日，深圳发展银行经批准在该行营业部发行外汇优先股票。发行这类股票在中国尚属首次。4月7日，深圳发展银行发行的股票正式挂牌上市，该行成为中国第一家股票上市的银行。1988年5月27日，深圳成立了改革开放后全国第一家由企业与专业金融机构合力的保险公司——平安保险公司。1989年8月16日，新中国首家证券登记专业机构——深圳证券登记有限公司正式组建成立。这是新中国首家实行股份制的证券登记专业机构。该公司的成立，为深圳证券交易所的设立与经营奠定了登记基础。1986—1990年，可以说是深圳资本市场的萌芽时期。其间，先后有深发展（现为"平安银行"）、深万科、深金田、深宝安和深原野（现为"世纪星源"）等5家公司实现了股份制改造并上市发行股票，不仅初步构成了中国证券市场的雏形，而且还逐步构建以市场为主导的创新机制，推动建立现代企业制度的建立和发展。

3. 稳妥推进企业股份制改革，初步构建了企业的社会与内部监督结合的新机制

深圳是我国进行以公有制为主体的股份制配套改革试点最早的地区，推行股份制是深圳经济特区深化国营企业改革的主要方向。1986年10月，深圳市政府颁布《深圳特区国营企业股份化试点暂行规定》，标志着深圳经济特区企业股份制改革正式拉开了帷幕。在实行企业股份制改革过程中，一方面，将部分经济效益好、发展前景大的国营企业、内联企业、合资企业改造成股份制公司，面向社会公开发行股票上市；另一方面，积极实行由企业法人持股和企业职工参股的内部股份制改革。1987年5月9日，蛇口工业区改组为招商局蛇口工业区有限公司，实行董事会领导下的总经理负责制。同年11月24日，深圳市政府发出任命书，委派6名董事长到市属国营企业任职，实行在董事会领导下的经理负责制。这是深圳市深化企业体制改革进行的一项新的尝试。1988年3月

1日，深圳市政府决定，市属赛格集团、城市建设开发集团、物资总公司、石化总公司等6家大型国有企业实行股份化，这些企业将设国家股、企业股、社会股、职工私人股等。12月28日，经市政府批准，深圳万科企业股份有限公司开始向国内外公开发行股票2800万股，每股人民币1元，这是广东省工商企业按"国际规范"发行股票的第一家企业。到1989年底，深圳市积极稳妥地推进企业股份制改革，发展股份制企业77家，累计发行股票2.86亿元，成效初见，对增强企业经营的活力、凝聚力和生产力起到了积极的作用。

4. 鼓励兴办科技企业，推动科技产业的新发展

面对深圳经济特区建立初期科技基础十分薄弱和落后的状况，深圳采取了一系列具有开创国内先例的措施，有力推动了深圳科技企业的创办和发展。1985年12月，深圳开发科技股份有限公司第一次实行"技术入股"，成为中国首家"引智入股"高科技企业。1987年2月4日，深圳市政府颁布《关于鼓励科技人员兴办民间科技企业的暂行规定》，鼓励科技人员以现金、实物、个人专利、专有技术商标权作为资本投资入股，入股者可取得应得的股息和红利。这是全国首部鼓励创办民营科技企业的政府规章，由此吸引了一批科技人才在深圳创办民间科技企业，当中包括华为的创始人任正非。1987年6月10日，深圳市政府颁布《深圳市科学技术进步奖暂行办法》，奖励在推动深圳市科学技术进步活动中做出突出贡献的自然人、组织，以调动广大科技工作者和经营管理者的积极性和创造性。7月27日，广东国际信托投资公司参股深圳科技工业园开发高新技术产业，实行科技、工业、金融三位一体的试验，在中国尚属首次。为加强对全市民间科技企业的管理，并为之提供相应的服务，深圳市于1989年4月20日成立科技创业服务中心并正式开展工作。至同年6月初，深圳有54家获得批准的私营企业。其中，14家是科技型私营企业，行业分布为电子、机械、轻工、服装等。

5. 打破了"大锅饭"的用工制度，开创劳动力商品化之先河

特区成立初期，在劳动力使用上仍然沿用传统计划经济时期的劳动用工模式，企业用工统一由劳动管理部门统一调配，实行固定工制度，执行国家等级工资制，也就是所谓只进不出的"铁饭碗"劳动制度和"大锅饭"的工资制度。为了适应市场经济发展的需要，深圳率先打破固定工制度，采用劳动合同制，并让企业享有用工自主权和工资分配自主权。在此基础上，深圳市政府率先在大学毕业生分配制度上实施改革，于1987年4月8日颁布《关于深圳大学学生

求职就业的试行办法》，明确规定深圳大学毕业生不统一分配，打破"统包统配"的"铁饭碗"就业制度，实行企业和劳动者"双向选择"，逐步建立市场化用工机制。同年8月23日，深圳举办了为期8天的首届"深圳市劳务交流会"，参加交流人数达1万多人次，其中应招的待业人员2200多人，应聘技工1300多人。与此同时，为了加大科技人才的引进力度，1988年10月21日，深圳率全国之先颁布了《关于鼓励出国留学生来深圳工作的暂行规定》，给予留学人员享受再次出国来去自由、市内自由流动、评职称不限指标、优先申请科技发展基金等10多项特别待遇。这些具有开创劳动力商品化之先河的举措，在很大程度上吸引了大量劳动力涌入，特别是各种高素质人才的到来，有助于深圳劳动力市场和人才市场的形成和发展。

此外，深圳在社会公共服务方面也推出了诸多创新之举。1988年9月28日，深圳市政府以竞投的方式出售140个小汽车营运牌照，把营运牌照作为特殊商品进行拍卖，这是我国城市公共交通运输改革的尝试，尚属首次。同年12月8日，《深圳商报》试刊号面世，这是一家由"企业筹办、政府扶持"的经济类报纸。《深圳商报》不仅在深圳与内地发行，还在港澳发行。1989年9月20日，青少年服务热线电话在深圳团市香权益部正式开通，首批19名义工组成内地第一支义工队伍。1990年4月9日，"深圳青少年义务社会工作者联合会"在民政局注册成立，成为国内第一个义工社团法人。

第四节 深圳精神

20世纪90年代初的深圳，已经建成了一座广厦林立、环境优美、交通发达、设施配套的现代化新城。人口数量接近200万，人民的物质文化生活水平大大提高，开始步入小康生活水平。由于受当时国内外政治形势的影响，中国特色社会主义道路面临着重大考验。作为改革开放前沿阵地的经济特区，其重要性显得更加突出。1990年2月4—8日，全国经济特区工作会议在深圳举行，中心议题就是认真抓好治理整顿和深化改革。6月21—23日，江泽民同志视察深圳，强调深圳是社会主义中国的前哨，要注重精神文明建设，要对我们的干部、青少年进行爱国主义教育、社会主义教育，要做好思想政治工作。11月26日，江泽民出席深圳经济特区建立10周年招待会并发表重要讲话，强调"经济特区在抓物质文明建设的同时，重视抓社会主义精神文明建设，坚持四项基本原则，也为我们在对外开放条件下保持正确的政治方向，提高人的政治、业务和文化素质，积累了可贵的经验"①。

一、"深圳精神"的正式形成

为了适应了建设现代化国际性城市的需要，1990年12月15日，中国共产党深圳市第一次党代会召开，会上提出了"用15年或者更长一点时间进行第二次创业，把深圳建设成为富裕、文明、民主的社会主义现代化的国际性城市"的发展目标，标志着深圳从"社会主义现代化城市"开始迈向"社会主义现代化的国际性城市"的转变，"深圳速度"开始向"深圳效益"的转变，重塑特区精神成为完成二次创业使命的关键所在。为此，在会前起草报告时，根据形势需要，对"特区精神"进行了两点修改和补充，一是增加了"团结"，二是将"献身"改为"奉献"，即"开拓、创新、团结、奉献"。经市委常委会会议讨论后，同意了这修改意见，并向当时正在深圳视察的江泽民进行了汇报，得到江泽民的肯定和赞扬。随后，时任市委书记在会上所做《继续办好深圳经济特区　努力探索有中国特色的社会主义路子》的报告中，对修改和完善后的"特区精神"的含义做了新的说明，指出"特区精神，是人们在特区建设的实践中形成的体现时代特点、反映深圳人价值取向并能增强特区凝聚力和向心力的强大精神力量。开拓，就是要当好建设有中国特色社会主义的'排头兵'，坚持党的基本路线，面向世界，面向未来，奋力进取，拓展特区建设新领域，攀登新高峰；创新，就是坚持马克思主义基本原理，解放思想，更新观念，锐意改革，勇于试验，敢于走前人没有走过的路，善于借鉴国内外先进的经验和做法；团结，就是发扬社会主义的协作精神，顾全大局，求大同、存小异，宽以待人，严于律己，互相理解、互相帮助，坚持搞五湖四海；奉献，就是正确处理国家、集体、个人三者利益关系，坚持党和人民的利益高于一切，全心全意为人民服务，艰苦奋斗，廉洁奉公，为特区建设和祖国现代化建设多做贡献"②。报告还

---

①江泽民：《在庆祝深圳经济特区建立十周年招待会上的讲话（1990年11月26日）》，《中华人民共和国国务院公报》1990年第27期，第982页。

②李灏：《继续办好深圳经济特区　努力探索有中国特色的社会主义路子——在中国共产党深圳市第一次代表大会上的报告（1990年12月15日）》，《特区实践与理论》1991年第1期，第13页。

深圳文化述论

号召全市党员干部要以自己的模范行动带动和影响群众,成为发扬"特区精神"的表率,各单位应结合自身业务和行业特点,把特区精神具体化、形象化,使精神的力量转化为物质的力量,以增强深圳人的自励自豪感和使命感、责任感。

就在"特区精神"提炼和完善后不久,1991年9月21日举行了中共深圳市委一届二次全体(扩大)会议,会上把"特区精神"改为"深圳精神"的表述,并在通过的关于《深圳市社会主义精神文明建设"八五"规划》决议中,正式使用"深圳精神"作为文件的表述。[①]1996年8月21日,深圳市委举行市直机关处级以上干部大会,时任市委书记在所做的《努力弘扬深圳精神 积极投身二次创业》报告中进行了补充论述,认为"开拓,就是开历史之先河,走前人没有走过的路;创新,就是解放思想,推陈出新,创造社会主义市场经济新体制和新机制;团结,就是万众一心、众志成城、拼搏奋斗;奉献,就是先公后私,先人后己,将国家、人民的利益放在首位,为人民、为国家、为集体奉献个人的一切"。"深圳精神"的内涵就是敢闯、敢试、敢探索的创造精神和全心全意为人民服务的奉献精神,这是深圳人进行第一次创业的思想保证和宝贵精神财富。[②]

二、"深圳精神"的与时俱进

进入21世纪后,深圳由一个边陲小镇建设成为初具规模的现代化城市,经济总量实现翻番,综合经济实力居全国大中城市前列,率先初步建立社会主义市场经济体制和初步实现教育、文化、卫生、体育等各项社会事业全面进步,人民生活达到宽裕的小康水平。在经济特区迎来成立20周年之际,深圳等经济特区再次被赋予新的历史使命。2000年5月21—25日,在中国共产党深圳第三次党代会上,提出了新世纪深圳的发展目标,力争到2005年率先实现现代化,2010年左右达到中等发达国家水平,2030年左右达到世界发达国家水平。11月14日,时任中共中央总书记江泽民同志在深圳经济特区建立20周年庆祝

[①] 中共深圳市委一届二次全体(扩大)会议上通过的关于《深圳市社会主义精神文明建设"八五"规划》的决议。引自吴松营、段亚兵主编:《深圳精神文明建设(文件汇编)》,海天出版社1996年版,第407页。

[②] 白天、李小甘、璺亚兵编:《深圳精神文明建设(文件集)》,海天出版社1999年版,第53-54页。

大会上强调"经济特区要继续当好改革开放和现代化建设的排头兵，继续争当建设有中国特色社会主义的示范地区"[①]。

为贯彻落实江泽民重要讲话精神，2001年3月，深圳市人大三届二次会议审议批准了《深圳市国民经济和社会发展第十个五年计划纲要》，提出了"努力建设区域性经济中心城市、高科技城市、园林式花园式的现代化国际性城市、社会主义法治城市和现代文明城市"的目标，力争到2010年基本实现社会主义现代化。12月，中国正式加入世界贸易组织，为深圳等经济特区发展带来了新的机遇。

新形势呼唤新精神，新精神激励新力量。2001年3月25日，政协委员文焕提出的"重新提炼深圳精神"被深圳市政协三届二次会议列为"一号提案"，[②]2002年2月7日，时任广东省委副书记、深圳市委书记在深圳精神文明建设总结表彰大会上明确指出："作为在一定历史条件下诞生的深圳精神，也有一个与时俱进的问题。应根据实践发展、时代要求，赋予它更丰富、更深刻的内容，使它更好地体现深圳人的精神风貌。"由此引起了一场"深圳精神如何与时俱进"大讨论。此后，关于深圳精神的大讨论在全市各条战线上广泛开展。同年11月25日，市委常委会将收到的数以千计的建议，经过讨论后，决定将深圳精神重新概括为："开拓创新、诚信守法、务实高效、团结奉献。"[③]至此，"特区精神"完成了向"深圳精神"的转变，其思想内涵也得到了进一步丰富和发展。2003年1月，深圳市精神文明建设委员会公布了新的深圳精神，其内涵是：

"开拓创新"，就是着眼于世界经济和科学文化发展趋势，积极应对新形势、新变化、新要求，面向现代化、面向世界、面向未来，始终保持经济特区创业时期的"拓荒牛"本色，以特别超前的眼光、特别务实的思路、特别振奋的精神、特别出色的工作，坚持解放思想，顺应时代潮流，增强紧迫感和忧患意识，保持与时俱进的精神状态。

[①] 江泽民：《在深圳经济特区建立二十周年庆祝大会上的讲话（2000年11月14日）》，《新华每日电讯》2000年11月15日，第001版。

[②] 秦志勇：《委员呼吁重新提炼"深圳精神"》，《人民政协报》2001年3月30日，第001版。

[③] 张斌、刘键：《与时俱进风鹏正举——"深圳精神如何与时俱进"大讨论回顾和思考》，《深圳特区报》2005年5月8日。

深圳文化述论

"诚信守法",就是坚持依法治市与以德治市相结合,以诚实守信建设为基点,培育良好的社会道德风尚,努力建立与社会主义市场经济相适应、与中国特色社会主义法律体系相协调、与中华民族传统美德相承接的社会主义思想道德体系,大力倡导依法行政、依法办事、依法经营、遵纪守法的法治精神,营造一流的文明法治环境。

"务实高效",就是坚持实事求是和效率优先原则,大力弘扬科学理性精神,一切从实际出发,求真务实,脚踏实地,讲实话、办实事、求实效,聚精会神搞建设,一心一意谋发展,创造新的深圳速度、深圳效率,着力培育和创造良好的政务环境和干事创业环境。

"团结奉献",就是坚持以为人民服务为核心,弘扬爱国主义、集体主义、社会主义精神,培育社会主义义利观、价值观、道德观,坚持以人为本,倡导同心同德、和衷共济、互助友善、公道宽容的人文精神,牢固树立大局意识、全局意识,为建设中国特色社会主义示范地区共同奋斗。[1]

精神源于观念,观念的变革和积淀促进了精神的形成。深圳经济特区建立30周年之际,2010年5月23日,中共深圳市第五次代表大会召开,时任广东省委常委、深圳市委书记在所做报告中,对深圳精神进行了新的拓展和深化,将其归纳为7个方面:敢闯敢试、敢为天下先的改革精神;海纳百川、兼容并蓄的开放精神;追求卓越、崇尚成功、宽容失败的创新精神;"时间就是金钱、效率就是生命""空谈误国、实干兴邦"的创业精神;不畏艰险、敢于牺牲的拼搏精神;团结互助、扶贫济困的关爱精神;顾全大局、对国家和人民高度负责的奉献精神。[2]接着,同年的8—11月,深圳举办了"深圳最有影响力十大观念"评选活动。经过数十万市民投票和专家评选,选出了"时间就是金钱,效率就是生命""空谈误国,实干兴邦"等入选"深圳最有影响力十大观念"。2014年5月4日,在深圳提出了未来发展的"十大愿景"中,"让深圳观念成为时代精神的领航者"成为"十大愿景"之首。"十大观念"的提出,可以说是深圳精神在新的历史背景下又一次提升和最新诠释,进一步丰富和发展了深圳精神的思想内涵,"改革"和"创新"深圳扎根于深圳精神之中,成为深圳的根和魂。

---

[1] 深圳市经济特区研究会、深圳市史志办公室编著:《深圳经济特区三十年(1980—2010)》,海天出版社2011年版,第158-159页。

[2] 王荣:《努力当好科学发展排头兵加快建设现代化国际化先进城市——在中国共产党深圳市第五次代表大会上的报告(2010年5月23日)》。

三、"深圳精神"是深圳人民的精神标识

"深圳精神"的提出，不仅确立了深圳的城市精神，而且从此成为深圳人的精神标识。1991年7月13日，深圳市文明办向市委提交的《关于在全市开展社会公德活动的请示》中，将"深圳精神"列入社会公德的基本内容之一。接着，1992年6月22日，中共深圳市委、市政府印发了《深圳市文明市民评选和奖励办法》，其中的文明市民标准就是"弘扬深圳精神，勤奋学习，努力工作，有高度的劳动热情和忘我的奉献精神，工作勇于创新，在本职岗位上做出突出贡献"。1994年3—8月，深圳市文明办、《深圳商报》和《深圳晚报》等单位共同发起了一场名为"怎样做个深圳人"的群众性大讨论，从社会公德、职业道德、热爱特区、伦理道德、价值观和人生观等5个专题进行探讨。时任市委书记接受记者采访，谈到深圳人应该具有什么样的素质时，认为深圳人首先必须具有"开拓、创新、团结、奉献"的深圳精神。这次大讨论活动的重要成果就是促成《深圳市民行为道德规范》的出台。1995年6月26日，规范正式公布，其基本准则是"热爱祖国，建设深圳，开拓创新，团结奉献，敬业尽职，服务公众，遵纪守法，公平竞争，文明礼貌，爱护环境"[1]，可以看出，在言简意赅的40个字表述中，"深圳精神"被定义为深圳人首要的基本行为之一。与此同时，深圳市委、市政府还把"深圳精神"作为创建全国文明城市活动的重要内容，在1996年9月3日印发的《关于进一步开展创建文明城市活动的意见》中，把"开拓、创新、团结、奉献"作为重点宣传内容，[2]进一步提升深圳的城市形象和精神风貌。

从"特区精神"到"深圳精神"的提炼和丰富，时间跨度长达20年。在这个过程中，深圳的物质文明和精神文明建设都取得了巨大成就，得到了党和国家的高度赞扬。1992年1月，邓小平再次视察深圳时，肯定了深圳在改革开放和建设中所取得的成绩，强调"改革开放的胆子要大一些，敢于试验，看准了就要大胆试，大胆地闯"。自此之后，深圳在改革开放事业中，不断创新发展。1990年以来，成立了新中国首家证券登记机构，率先实行法院"立审分享"制度，率先实行最低工资制度、"房地合一"的产权主制度，率先提出"文

---

[1] 深圳市史志办公室编：《中国经济特区的精神文明建设（深圳卷）》，中共党史出版社2003年版，第295页。

[2] 白天、李小甘、璺亚兵编：《深圳精神文明建设（文件集）》，海天出版社1999年版，第66页。

化立市"战略,等等,不仅有力促进了深圳的文化、科技创新发展,而且也使得深圳社会建设发展迅猛,各种荣誉不断。1991年6月22日,由中国发现的第2425号小行星被国际行星组织命名为"深圳星",成为中国第7个以城市命名的小行星。2004年9月8日,深圳成为第一个"广东省教育强市"。2005年,深圳获评首届"全国文明城市"称号,后于2009年、2013年、2015年、2017年、2020年连续6次获得该称号。2008年,被国家发改委批准为全国第一个创建国家创新型试点城市,同年被联合国教科文组织全球创意城市网络认定为"设计之都",成为中国首个获此殊荣的城市。2009年1月8日,《珠江三角洲地区改革发展规划纲要(2008—2020年)》在北京正式公布,深圳的功能定位是:全国经济中心城市、国家创新型城市、中国特色社会主义示范市和国际化城市。确定深圳为国家综合配套改革试验区。11月5日,"世界知识城市峰会"授予深圳"杰出的发展中的知识城市"称号;2012年4月25日,深圳获颁首个"国家知识产权示范城市"。2013年8月31日,质检总局授予深圳"全国质量强市示范城市"称号。10月21日,联合国教科文组织授予深圳"全球全民阅读典范城市"称号。

这一系列国际荣誉,彰显了这座城市的市民文明素质、城市文明程度、城市文化品位和群众生活质量较高的现代化城市风貌。与此同时,在深圳各行各业还涌现出一批先进人物。袁庚、王石获评"影响中国经济30人"荣誉,侯为贵、马蔚华、麦伯良、王传福、王仁茂、法兰克·纽曼等获行业"十大领军人物"或"创新人物"荣誉。此外,还有以贺方军、臧金贵、丛飞、李传梅、丛民、孙影和陈如豪、吴清琴夫妇为代表的一批彰显深圳精神的先进模范人物。

第五节 新时代深圳精神

2017年,党的十九大召开,习近平同志在党的十九大报告中做出重大判断,中国特色社会主义进入了新时代。党中央、国务院再次赋予深圳"朝着建设中国特色社会主义先行示范区的方向前行,努力创建社会主义现代化强国的城市范例"的新使命,为新时代深圳发展明确了战略定位,注入了强大动力,提供了根本遵循。2019年2月,中共中央、国务院印发了《粤港澳大湾区发展规划纲要》，提出深圳要"发挥作为经济特区、全国性经济中心城市和国家创新型城市的引领作用，加快建成现代化国际化城市，努力成为具有世界影响力的创新创意之都"。同年8月，中共中央、国务院颁布了《关于支持深圳建设中国特色社会主义先行示范区的意见》，确定深圳的战略定位是"高质量发展高地、法治城市示范、城市文明典范、民生幸福标杆、可持续发展先锋"，提出了"五个率先"的战略路径和主要任务。[①]我国进入中国特色社会主义新时期，深圳也迎来了"双区驱动"的重大历史机遇，开启了中国特色社会主义伟大实践的新征程。

一、新时代的深圳经济特区呼唤新的深圳精神

2020年，深圳经济特区建立40周年，深圳市委以此为契机，于10月初启动了新一轮深圳精神提炼的活动。比之以往的3次提炼，这次深圳精神的新提炼有4个特点。

一是思想内涵丰富。本次提炼概括以习近平总书记在庆祝海南建省办特区30周年大会上强调的"敢闯敢试、敢为人先、埋头苦干的特区精神"为指引，以社会主义核心价值观为引领，以《中共中央 国务院关于支持深圳建设中国特色社会主义先行示范区的意见》提出的"开放多元、兼容并蓄的城市文化"为基础，以"深圳十大观念"为参照，力求提炼出的"新时代深圳精神"既与中央有关精神保持高度一致，又能反映深圳鲜明的城市特色，具有鲜明的新时代特征。

二是组织周密严谨。本次提炼活动历经酝酿研讨、论证完善、征求意见、集中提炼和审定发布等5个阶段。其间，组织召开了多次工作专题会和专家组研讨会，形成10个版本的候选词句。

三是市民参与度广。参加本次讨论的有人大代表、政协委员、企业界代表、市民代表、社科理论界等代表，并向全市99家单位发放征求意见函，拜访有关领导和文化名人，还书面征求部分曾经在深工作的老领导意见等，经过近一年全市的充分讨论、集思广益，最终形成"新时代深圳精神"备选版本。在2020年3月16日和30日，经深圳市委常委会会议两次审议研究，原则同意将"新

---

① 即"率先营造彰显公平正义的民主法治环境，率先塑造展现社会主义文化繁荣兴盛的现代城市文明，率先形成共建共治、共享、共同富裕的民生发展格局，率先打造人与自然和谐共生的美丽中国典范"。

时代深圳精神"提炼概括为"敢闯敢试、开放包容、务实尚法、追求卓越"[①]。10月9日,在深圳市委六届十五次全会上正式发布,"新时代深圳精神"正式向社会公布。

四是表述内容全面。"新时代深圳精神"是对以往深圳精神内涵的一次时代升华,其内容反映了深圳40年来物质文明和精神文明建设的成就,体现深圳人民在各条战线上的精神风貌,被誉为深圳过去40年的"全景画像",[②]"开放包容"彰显了"深圳与世界没有距离"的开放视野、"来了就是深圳人"的宽广胸襟和"鼓励创新、宽容失败"的恢宏气度;"务实尚法"是深圳人埋头苦干、务实高效、崇尚法治、遵从规则的集体群像;"追求卓越"体现了新时代深圳走在前列、勇当尖兵的创新实践,也体现了"先行示范区"的战略定位和"全球标杆城市"的远大追求。

"新时代深圳精神"出炉后,市有关部门把深入开展推广践行工作作为一项重要工作,通过弘扬"新时代深圳精神",进一步增强城市的凝聚力和影响力,动员和激励特区干部群众继续不忘初心、牢记使命、砥砺前行、干事创业,为深圳朝着建设中国特色社会主义先行示范区的方向前行,努力创建社会主义现代化强国的城市范例,提供坚强的思想保证和强大的精神动力。

二、新时代深圳精神开启深圳经济特区的新征程

2020年10月11日,中共中央办公厅、国务院办公厅印发了《深圳建设中国特色社会主义先行示范区综合改革试点实施方案(2020—2025年)》,支持深圳在更高起点、更高层次、更高目标上推进改革开放。10月14日,习近平总书记出席深圳经济特区建立40周年庆祝大会并发表重要讲话,对深圳改革开放、创新发展寄予厚望,赋予"深圳要建设好中国特色社会主义先行示范区,创建社会主义现代化强国的城市范例,提高贯彻落实新发展理念能力和水平,形成全面深化改革、全面扩大开放新格局,推进粤港澳大湾区建设,丰富'一国两制'事业发展新实践,率先实现社会主义现代化"的历史使命。2021年6月,《深圳市国民经济和社会发展第十四个五年规划和二〇三五年远景目标纲要》发

[①] 广东省深圳市社会科学院现代城市文明研究中心课题组:《弘扬"新时代深圳精神"建设先行示范区》,《学习时报》2021年1月15日,第08版。

[②] 韩文嘉:《"新时代深圳精神"发布叩响时代强音》,《深圳特区报》2020年10月12日,第A1版。

布，提出要抢抓建设粤港澳大湾区、深圳先行示范区和实施综合改革试点重大历史机遇，统筹发展和安全，建设好中国特色社会主义先行示范区，创建社会主义现代化强国的城市范例，到 2025 年，建成现代化国际化创新型城市，基本实现社会主义现代化。到 2030 年，建成引领可持续发展的全球创新城市，社会主义现代化建设跃上新台阶。到 2035 年，建成具有全球影响力的创新创业创意之都，成为我国全面建成社会主义现代化强国的城市范例，率先实现社会主义现代化。到 21 世纪中叶，以更加昂扬的姿态屹立于世界先进城市之林，成为竞争力、创新力、影响力卓著的全球标杆城市。

三、新时代深圳精神为深圳经济特区发展注入新动力

自 2020 年 1 月以来，国家和深圳的有关部门先后出台了《加强"从 0 到 1"基础研究工作方案》、被誉为"深圳一号改革工程"任务的《深圳市 2020 年优化营商环境改革重点任务清单》和"破冰之举"的《深圳经济特区个人破产条例》等文件，进一步推动了深圳各项改革开放事业的深入发展。近 3 年来，深圳广大干部群众在党中央的正确领导下，以新的精神、新的面貌，积极投入先行示范区建设，成绩突出，具体表现在 10 个方面：一是数字政府和智慧城市建设的实绩频频，掌上政府、指尖服务等全面推广，网上政务服务能力蝉联全国第一；二是经济高质量发展迈上新台阶，规模以上工业总产值连续 3 年居全国城市首位，创业板改革并试点注册制顺利实施，深市主板与中小板合并落地；三是完善"基础研究＋技术攻关＋成果产业化＋科技金融＋人才支撑"全过程创新生态链，大湾区综合性国家科学中心、鹏城实验室等战略科技力量相继落地，深圳湾实验室、人工智能与数字经济省实验室建设扎实推进，深圳光明科学城建设如火如荼；四是自然人破产制度率先推出，区域性国资国企综合改革试验率先开展，土地管理制度等改革扎实有序推进；五是法治城市建设走在全国前列，在首次开展的全国性法治政府建设示范创建工作评估认定中，荣获"全国法治政府建设示范市"称号；六是天蓝、水清、地绿的生态文明建设成效显著，深圳成为全国唯一荣获"国家生态文明建设示范市"称号的副省级城市；七是入选国家交通强国首批建设试点，"幸福通勤"多项指标领跑；八是"新时代十大文化设施"的开工建设和"十大特色文化街区"改造提升取得阶段性进展，文化软实力显增；九是扎实推进"学有优教"等"民生七优"的建设，市

深圳文化述论

民群众的获得感成色更足、幸福感更可持续、安全感更有保障；十是入选"第六届全国文明城市"，实现全国双拥模范城"七连冠"，获评全国十大美好生活城市，城市知名度、美誉度进一步提高。

与时俱进是马克思主义的理论品质，也是深圳精神的内在要求。历久弥新的深圳精神在塑造深圳人的精神气质的同时，也在塑造深圳的城市风貌。作为深圳经济特区精神文明建设重要成果的深圳精神，具有时代性、先进性、创新性的特点，不仅保证了经济特区的社会主义道路发展方向，而且大大推动了深圳经济特区的政治文明、物质文明、精神文明、社会文明和生态文明的建设。

综上所述，深圳精神源于新民主主义革命时期，形成于改革开放时期，升华于中国特色社会主义新时代。它是"伟大建党精神""改革开放精神""特区精神"等中国共产党人的精神谱系的实践结晶，集中体现了社会主义核心价值观的思想内涵，"承载着深圳人民的政治认同、思想认同、文化认同和情感认同"[1]，成为深圳经济特区广大人民群众不断开拓进取、团结拼搏和创造奇迹的精神力量。新时代的深圳经济特区再次被赋予了新的历史使命和责任担当，担负起粤港澳大湾区建设和中国特色社会主义先行示范区建设的引领者和示范者的使命，迈上中国特色社会主义伟大实践的新征程。我们既要大力传承"伟大建党精神""改革开放精神"和"特区精神"，发扬"开荒牛精神"，弘扬"新时代深圳精神"，时刻牢记习近平总书记的嘱托，在新的时代征程上，坚定不移按照党中央的伟大决策和英明部署，永葆"闯"的精神、"创"的劲头、"干"的作风，努力创建社会主义现代化强国的城市范例和创造更大的、让世界刮目相看的"深圳奇迹"！

---

[1] 陈雷刚：《新时代深圳精神的重要特征与当代价值》，《深圳特区报》2020年11月3日，第B02版。

第五章　深圳文化的生态价值观

　　人是自然界的产物，其生存与发展都离不开自然界。在长期与自然界打交道过程中，人们逐渐形成了对自然生态环境认知的经验、知识、情感、思想和观念，并融入生活方式、生产方式、行为规范、价值观念、宗教信仰和风俗习惯之中，由此而创造出一种以"人与自然和谐共生"为核心内容的生态文化，这是人类文明发展的新成果，是一种先进文化。从内容上看，生态文化包括生态观念文化、生态物质文化、生态精神文化、生态行为文化和生态制度文化等方面；从本质上看，生态文化是一种强调人与自然界的协调、和谐与可持续发展的价值观念，即生态价值观念，体现在人类对自然生态环境的地位、作用和价值等方面的基本看法和根本观点，主要包括生态世界观、生态财富观、生态伦理观、生态审美观等方面，其目的是促进人类更好地适应环境、改造环境和利用环境，最终实现人类社会与自然界的和谐相处。以生态价值观念为准则的生态文化体系是生态文明体系的重要组成部分。习近平指出，"中华民族向来尊重自然、热爱自然，绵延5000多年的中华文明孕育着丰富的生态文化"，强调"要加快建立健全以生态价值观念为准则的生态文化体系"，把生态文明建设放在突出地位，融入经济建设、政治建设、文化建设、社会建设各方面和全过程"。深圳有着悠久的历史文化，在传统特色的疍家文化、广府文化和客家文化中，同样蕴含着丰富多样的生态文化和内涵深刻的生态价值观，是构建深圳特色的生态文化体系和生态文明建设的重要内容和价值基础。

第一节　生态和谐观

　　天人合一是中国哲学思想和中国传统文化的一个重要命题，长期以来一直居于主导地位,被认为是"中国古代文化最古老最有贡献的一种主张"[1]。所谓的天是指人类赖以生存的大自然,人是指人类自身,天人合一则意指人在与自然界相处过程中,要做到实现两者的共生共存以及和谐统一。人与自然关系是人类社会最基本的关系,大自然作为"万物之祖"和"生命之母",为人类提供了重要的栖息场所和丰富的生活资料,而人类也通过劳动方式不断改造大自然。在这一历史过程中,中华民族逐渐形成了崇尚自然、尊重自然、顺应自然和保护自然的观念,追求天人合一的理念也成为中国人的一种理想境界。正如习近平指出:"中华文明历来崇尚天人合一、道法自然,追求人与自然和谐共生。"[2]与西方国家的征服自然观念相比,天人合一有着更加合乎自然变化和人类社会发展的规律,具有较强的科学性和进步性,由此而成为中国哲学的基本问题和基本精神,[3]成为中国人的一种思维模式,[4]成为中国传统文化的"东方道德基本原则",[5]其影响遍及中国传统社会生活的方方面面,涵盖生命、生活、生产和生态等领域,蕴含着丰富的生态智慧,为解决人与自然关系问题提供了基本的遵循原则。

秦汉以降,中原汉人不断南迁进入深圳地区,逐渐构成了深圳地区居民的主体,他们不仅继承了中华优秀传统文化中天人合一的生态价值观念,而且还结合深圳的自然环境和资源状况,形成了既有传统基因,又有地域特色的生态和谐观。

一、深圳客家围屋的天人合一

民居是人类适应自然环境的产物,是人类文明和智慧的结晶。作为人们长期生活的重要场所,我国民间有"择吉处而营之"的传统,因而在选择居住地时十分注重自然环境的选择,也就是传统文化上所说的"风水"。"风水",古时称堪舆,即"堪天道,舆地道",是人们在选择居住环境时,对建筑地点及其

---

[1] 钱穆:《中国文化对人类未来可有的贡献》,《中国文化》1991年第1期,第93页。

[2] 习近平:《共同构建人与自然生命共同体——在"领导人气候峰会"上的讲话(2021年4月22日)》,《环境科学与管理》2021年第5期,第2页。

[3] 蒙培元:《中国的天人合一 哲学与可持续发展》,《中国哲学史》1998年第3期,第5页。

[4] 汤一介:《论"天人合一"》,《中国哲学史》2005年第2期,第5页。

[5] 季羡林:《"天人合一"方能拯救人类》,《哲学动态》1994年第2期,第36页。

附近的气候状况、地质地貌、植物景观、给水排水等环境因素进行评判后做出的一种生态选择。从文字上看,"风"是指流动的空气,"水"则是指地上流动的水,两者均为万物生长之源,因而有风、有水的地方才能适宜人类生活与万物生长;从内容上看,"风水"的核心就是在遵循"天地之道"(自然规律)的基础上,寻找一个更为适合人们生存和发展的自然环境;从本质上看,"风水"是天人合一在传统民居建筑上的实践运用,通过这一理念来寻找天人之间的和谐,追求人与自然的和谐,追求个人与社会和谐,[1]也就是通过自然环境和人类社会的互动,最终实现人与自然、人与社会、人与人之间的和谐共生。因此,"因地制宜""背山临水""负阴抱阳""通风透气"等成为民居建设的基本原则。纵观北方的四合院、南方的客家围屋、西南的"一颗印"或江南的"四水归堂",其建筑理念均秉承了天人合一的传统文化理念。

深圳作为我国客家人的聚居地之一,客家围屋成为深圳传统民居的重要组成部分,其分布范围广、数量多,在龙岗、宝安、龙华、盐田、坪山、大鹏等地至今仍然保留有100余座客家围屋,其中具有代表性的有鹤湖新居、大万世居、茂盛世居、新乔世居、龙田世居等。这些围屋是客家人来到深圳地区后结合深圳地区的自然环境和社会环境而修建的一种民居建筑,它既有中原汉族文化遗风又有客家传统文化特色,还融入了南方海洋文化特征,是深圳滨海客家文化的载体之一。无论是位置选址、建筑布局,还是居住环境都体现出天人合一的生态和谐观。

首先,从位置选择来看,深圳客家围屋大多选择在背山临水的地方。在古代中国,人们把背山临水作为传统民居选择位置最基本也是最为重要的生态标准之一,并且一直影响到当代。山为万物生长之基,水为万物生命之源。人类生存与发展最基本的问题就是首先解决食物和水源问题,有山有水的地方才是适合人类居住的地方,因而在长期生活过程中得出了"山环水抱必有气"的实践经验。在深圳的客家围屋中,大多数也是根据这一标准来选择位置。龙岗区龙城街道的鹤湖新居地处龙岗河冲积平原,其所处位置三面环山,周边有一湖,其水质清澈而甘甜,并且长年不竭,由此而吸引了一群群白鹤在此栖息和繁衍,因而得名为"鹤湖山"。良好的生态环境也吸引了从广东梅州兴宁墩上迁居当地的鹤湖罗氏开基祖罗瑞凤的目光,他在经商致富后,于清代乾隆年间(1736—1795年)在这里开始修建围屋,取名鹤湖新居。此外,坪山区坪山街道的大万

---

[1] 刘道超、许先炳:《周易与中国民俗》,中国文史出版社2005年版,第88页。

世居，其北面为由西南流向东北的坪山河，东面有一条南向北流的坪山河支流并建有沙墩陂，南面是一座山，而西面则是一片开阔的平原。优越的自然环境，不仅为大万世居提供了充足的水源，而且还利于其族人开垦良田，发展农业生产和繁衍生息。据传，1763年，曾氏先祖传公专门请来"风水"先生对此地进行评判后，认为是一块风水宝地，从而决定在此建筑世居。坪山区是保留客家围屋较多的地方，根据深圳市第三次文物普查数据显示，该区共有114处不可移动文物，当中有102处是客家围屋。这些围屋大多依水而建，其中坑梓街道的黄氏宗族，拥有新乔世居、龙湾世居、龙田世居等18座客家围屋，全部集中在"阿婆叫沥"与"大沥"两条河流流域。[①] 在坑梓繁衍生息了300余年的黄氏宗族，鼎盛时人口约占整个坑梓的80%。这种背山临水的择址方式，一方面可以从自然界获得人们日常生活的各种所需，另一方面还可以通过劳动手段改造自然界，让土地变得更加肥沃，植被更加茂盛，从而实现人与自然界的共生共融。

其次，从建筑布局来看，深圳客家围屋主要以"九厅十八井"为形式。"九厅十八井"是客家人来到南方后，以中原传统建筑为蓝本，按照三堂两横的建筑形式和厅、井有机结合的方式进行修建，在经过长期的完善和衍变后而逐渐形成的一种特色民居建筑，具有中国传统建筑"前堂后室""中轴对称""左右布局"的特点。"厅"是指厅堂，包括客厅和祠堂；"井"则指天井，是围屋中房与房之间所围成的露天空地。"九"或"十八"之数是客家人崇尚吉祥、喜庆、富贵的数字。一般说来，九厅是指门楼、下、中、上、楼上、楼下、楼背厅和左花厅、右花厅等9个正向大厅。十八井包括五进厅的五井、横屋两直各五井、楼背厅三井。[②] 但从现代民俗学意义上说，"九"和"十八"并不代表准确的厅井数，而是泛指多的意思，即多厅多井，因而"九厅十八井"成为客家人对围屋的一种尊称，在民俗层面上两者可以互指互代。这种"九厅十八井"的建筑结构在深圳的客家围屋得到了普遍运用。鹤湖新居是一座典型的三堂两横围屋。三堂是指由前堂、中堂和后堂组成的祠堂。前堂又称门厅，由前厅、天井和牌楼三部分组成，主要用于悬挂牌匾和展示功名；中堂是家庭主要的活动场所，用于敬祖祭祀、婚丧嫁娶、宗族议事、会客接待等活动；后堂为祖堂所在地，

---

① 张妍、刘育銮:《留住深圳根脉 托起未来之城③：围屋延续文脉，古榕留住乡愁》，《读创》，2021年12月1日。

② 黄禹康:《神奇的客家"九厅十八井"》，《建筑》2007年第1期，第76页。

堂内设有神座，上面安放祖宗神主牌，下面供奉土地神。两横是指位于祠堂左右的两排横屋，供家族成员居住。围屋正面有3个大门，以中间大门为中轴线起点，沿轴线向南依次为前厅、牌楼、下天街、祠前厅、前天井、祠中厅、后天井、祠后厅（祖堂）、上天街、内围望楼、后天街、外围望楼（龙厅），两排横屋和过廊则按中轴线对称分列于左右两侧。这种由厅堂、天井、排屋、廊道构成的客家围屋，不仅有利于围屋的采光、通风和排水，以适应自然环境，而且很大程度上便于家族的日常生活和生产管理，强化与协调各种人际关系，促进和谐社会的形成。

再次，从居住环境来看，深圳客家围屋内形成一套完整的生态系统。客家围屋是一种集生活、生产和防御功能于一体的建筑，日常居住人数少则几十人，多则上千人，人们的吃、喝、拉、撒等问题成为头等大事，因此客家人在传统的"风水"理念影响下，一般都在建造围屋时修建有与此相关的生活设施，如水井、月池、禾坪、果园、菜地和牲畜房等，做到足不出户就可实现自给自足。鹤湖新居是深圳目前保存下来的面积最大的客家围屋，也是全国占地面积最大的客家民居建筑之一，占地约2.48万平方米。围内有300多间居室，人口高峰时有千余人在此居住。正如深圳会唱的客家山歌《客家围屋》所描述：

　　一条包篱绕一圈，百户人家紧紧连。

　　叫喊一声千人出，守望扶牵几百年。[①]

为了解决族人的生活问题，在围屋内外都修建了相关设施。在围屋外，大门的正面是禾坪，用于晾晒、乘凉和其他聚集活动。禾坪前面有一个半月形的月池，客家人称为"风水塘"，宽度与禾坪相当，其功能主要有三：一是蓄水，汇集围屋内排出的生活用水；二是消防，便于遇到火灾时灭火之用；三是养鱼，解决日常生活所需。此外，月池还可以起到浇灌、洗涤的作用，可以说是天然的肥料仓库和自然污水净化池。在深圳的客家围屋中，其功能和鹤湖新居大同小异，但值得一提的是坑梓街道的龙田世居直接将月池扩大为护城河。在围屋内，修建有完善的给水排水系统和优化环境的生态系统。给水排水系主要包括水井、天井和纵横交错且弯弯曲曲的明沟与地下暗沟，水井是人们主要水源来源，而日常生活产生的各种废水以及雨水则经过天井汇集后，通过地上明沟和地下暗沟，最后排入到围前的月池。用于优化环境的生态系统主要在围屋内

[①] "百年观澜文化丛书"编委会编：《观澜山歌》，深圳报业集团出版社2014年版，第60页。

的后山种植各种绿色植物，又称"风水林"，一般种植当地的经济林木或木本花卉。林果可以供人食用，花卉则可以供观赏，既起到美化环境形成优美的村落景观，又可以调节气候，营造适宜的居住环境。同时，绿色植物释放出来的新鲜氧气，还有利于居民的身心健康。屋内的"风水林"与屋外禾坪前的"风水塘"融合了中国传统文化中的生态和谐思想，两者一前一后，不仅形成了良好的生态循环系统，具有强大的生态功能，而且还营造了人与自然和谐相处的良好氛围。

客家围屋是客家人基于中原文化的原则上，结合当地的地理环境、气候特征、生活习惯以及风俗文化等要素而创造并不断完善的功能性空间，不仅突出反映了中国传统文化中天人合一的哲学思想，更大程度上体现了客家人追求人与环境和谐相处的空间环境，从而创造出一种富有文化内涵的人文环境。

二、深圳大盘菜的天人合一

饮食是人类最基本的活动，是人类的生理活动、心理活动和社会活动的重要物质基础。在《黄帝内经·太素》中就有"谷不入半日，则气衰，若一日则气少"之说，而谭景升所撰写的《代书》中也有"一日不食则惫，二日不食则病，三日不食则死，民事之急无甚于食"之论，说明了饮食的重要性。在以农为主的古代中国，饮食还被视为立国之本，上升到治国之道，成为"八政"[①]之首，得到历代统治者的重视。在漫长的历史过程中，聪明勤劳的中华民族在神州大地上创造了内涵丰富的饮食文化，不仅形成了"以食为天""饮食自然""饮食养生""天人相应"等诸多饮食理念，而且还制作出以鲁菜、川菜、粤菜、苏菜为代表的诸多菜式，成为中华优秀传统文化的重要组成部分，在人类文明史上占有极为重要的地位，影响巨大而深远。正如孙中山在《建国方略》书中所言："我中国近代文明之进化，事事皆落人之后，惟饮食一道之进步，至今尚为文明各国所不及。中国所发明之食物，固大盛于欧美，而中国烹调法之精良，又非欧美所可并驾。"[②]

秦汉之后，中原汉族移民陆续进入深圳地区，他们在长期的生活和生产过程中，结合深圳的自然环境、气候条件、资源特产和生活习惯，因地制宜独创

[①] "八政"，见于《尚书·洪范》，即一曰食，二曰货（商务），三曰祀（祭典），四曰司空（民政），五曰司徒（教育），六曰司寇（司法），七曰宾（外交），八曰师（军备），以食为首。

[②]《孙中山全集》（第6卷），中华书局1985年版，第161页。

第五章 深圳文化的生态价值观

出具有地域特色的饮食文化,其中时间最长、知名度最高的就是大盘菜,被视为"深圳菜"的代表之作,至今已有800多年,普遍流行于深港地区。因深圳地区在明清时为新安县,故大盘菜又称新安盘菜,民间则俗称为"吃盆",成为当地人在节庆、嫁娶、祝寿、添丁、乔迁、醮会、酬神、祭祖、拜山或其他庆典活动时不可或缺的菜式。

大盘菜之所以传承下来,与其历史由来和文化内涵分不开的,理由有二。

其一,大盘菜的由来有着深刻的历史背景。大盘菜出现的历史,在深圳民间有两种不同的说法。一种说法流传于南头、蛇口和香港新界一带。据说南宋末年,元军南下攻占南宋都城,南宋最后两个小皇帝赵昰和赵昺等部分皇室成员和军队一路南逃至香港九龙土瓜湾的一个小渔村。村民们知悉后,仓促将各家的菜肴集中装在一个个大盆里,招待此时已是饥肠辘辘的宋室人员。后来小皇帝赵昰病死,其弟赵昺继位。崖门一役,宋军大败,吏部侍郎陆秀夫背着赵昺跳海而死。当地村民深感哀恸,便以制作盘菜方式来哀悼皇帝惨死和宋朝灭亡,后来沿袭成俗并流传下来。第二种说法流传于福田下沙村一带。说的是清代时期,乾隆皇帝游江南,在乡间吃到一种大杂烩,大加称赞,特赐名"百鸟归巢",便由此流传开。[①] 尽管两者说法不一,但其共同点都与历史上的大事件有关,并融入了相关的民间传说,特别前者说法,更加与中国传统文化的忠义精神和爱国精神契合,使得大盘菜富有历史感染力,从而让人产生怀念之感。

其二,大盘菜的制作有着丰富的饮食理念。大盘菜的制作过程和食材选择,在深圳不同的区域也略有差异,但从整体上看,一般都符合以下饮食理念和制作流程。

一种理念,即天人合一的理念。天人合一的核心精髓就是追求"和合",以此达到"天地与我并生,万物与我合一"的至高境界。大盘菜将所需食材汇集一起做成一盘菜,充分体现出"和合"之意,并通过这种方式做到色、形、香、味、质俱全。做好之后,一家人,或一村人,或一族人,大家共吃一盘菜,表达了对天人合一和谐的追求。

两种食材,即动物、植物皆有。动物、植物是人类食材的来源,两者相融,动静结合,荤素相配,阴阳互补,是中华饮食养生理论的反映。

三维一体,既有天上"飞"的鸡、鸭,也有地上"走"的猪、狗,还有水里"游"的鱼、虾等,这些都是人们日常生活中主要的肉食动物,内含丰富的

[①] 深圳市地方志编纂委员会编:《深圳市志·社会风俗卷》,方志出版社2014年版,第271-272页。

蛋白质和氨基酸，是人体补充能量的主要来源。

四日制作，也就是大盘菜的制作需要4天的时间才能做成。第一天上山砍柴，第二天购买食材，第三天烧炖肉类，第四天正式制作，这样能够有充足时间，确保肉类食物煮熟煮透，新鲜美味。

五味调和，即大盘菜所用的调味品主要有食盐、南乳、豉油、蚝油、头抽等来烹制，不添加味精之类的添加剂。五味调和被认为是中国传统饮食生产的最高原则，尽管五味在不同的地方有着不同的组合，但深圳大盘菜所使用的五味，能够使其咸而不减，淡而不薄，肥而不腻，口感宜人。

六道工序，即大盘菜制作要经过烧、焖、煮、炸、煎、卤等工序。比之其他中国诸多菜式，这种烹饪方法可以说是最为复杂的一种，这样做出的食物可以做到熟而不烂，老少皆宜。

七种主菜。通常来说，大盘菜的主菜以肉类为主，其中的猪肉、鸡、鸭、鳝鱼、鱿鱼、鲜虾、蚝等7种是不可缺少的，是一种"海陆空"组合方式，特别是猪、鸡、鸭更为突出，也放在最上层。

八种副菜。大盘菜的副菜由素菜组成，多为油豆腐、支竹（腐竹）、牙菇、云耳、冬菇、芹菜、萝卜、发菜等8种。这些副菜就地取材并有着深刻寓意，如腐竹寓意富贵，芹菜有勤劳之意，发菜有发财之意。

最后的程序也是最为重要的程序，就是装盘。装盘时采用分层的方式，一般最易吸收汁液的放在底层，最贵重的放上层。至于层数，既有6层，象征着"六六大顺"，也有9层的，寓意"长长久久"，如果再加一层，就变成"十全十美"。这种装盘方式并不是几种的简单叠加，而是有机地融合而自成一体。吃的时候，一层层地往下吃，汁液交融，味道香浓，其乐融融。正如《舌尖上的中国2》对深圳大盘菜的评价："盆菜，众多食物分而烹饪，再汇聚一盆，味道相互渗透，传递着你中有我、我中有你的族群宗亲理念。"

传统的民居文化和饮食文化，是人与自然相互协调的物化成果，是中国农耕文化与生态文化结合的载体，是传统生态和谐观的表现形式。深圳地区的客家围屋和大盘菜，无论是理念上还是实践上，都充分表达了天人合一的和谐观念。

第二节　生态财富观

人是自然界的产物，其生存和发展都必须依赖于自然界提供的各种资源。

第五章　深圳文化的生态价值观

马克思把人类可利用的自然对象称作自然财富，认为"自然界同劳动一样也是使用价值（而物质财富就是由使用价值构成的）的源泉"[①]。恩格斯则强调"劳动和自然界一起，它才是一切财富的源泉，自然界为劳动提供材料，劳动把材料转变为财富"[②]。根据马克思、恩格斯的说法，能够为人类生存提供有使用价值，能够满足人的生产需要以及消费需要的自然对象、自然条件，称为自然财富或生态财富。[③]在人类社会进入生态文明的新时代之际，习近平在继承马克思、恩格斯自然财富观的基础上，提出了"绿水青山就是金山银山"，强调了绿水青山既是自然财富、生态财富，又是社会财富、经济财富，成为新时代的生态财富观。生态财富观源于人类长期的劳动生活，是人们在认识自然和改造自然过程中的经验总结和智慧结晶。在深圳民间广为流传的谚语中，就有不少关于生态财富的认识。

一、"有穷人，冇穷山"

"有穷人，冇穷山"[④]，意为人可以穷，但山不会穷，只要人们付出劳动，山可以创造出各种财富。深圳全境依山临海，陆地面积1997.47平方千米，地势为东南高西北低，地面形态大部分为低山、平缓台地和阶地丘陵，土地结构为六分山丘、三分田地和一分滩涂水域。[⑤]境内山峰较多，属广东莲花山山脉，由梧桐山系、七娘山系、羊台山系、鸡公山系构成，海拔500米以上的山峰有29座，[⑥]较多集中在东部地区，有梧桐山、七娘山、梅沙尖、大笔架山、排牙山、田心山、鹅公髻等，其中梧桐山主峰海拔943米，为深圳市第一高峰；西部地区有羊台山、凤凰山、塘朗山、大南山、莲花山、小笔架山等。与之相应的是

[①] 中共中央马克思恩格斯列宁斯大林著作编译局编译：《马克思恩格斯文集》（第3卷），人民出版社2009年版，第428页。

[②] 中共中央马克思恩格斯列宁斯大林著作编译局编译：《马克思恩格斯选集》（第4卷），人民出版社2012版，第998页。

[③] 赵正全：《论确立生态价值观与生态财富观》，《岭南学刊》2008年第4期，第90页。

[④] 廖虹雷：《深圳民间俗语》，深圳报业集团出版社2013年版，第72页。

[⑤] 深圳经济特区年鉴编辑委员会编：《深圳经济特区年鉴1985》，香港经济导报社1985年版，第448页。

[⑥] 深圳市地名志编纂委员会编：《深圳市地名志》，科学普及出版社广州分社1987年版，第2-3页。

深圳文化述论

深圳地处北回归线以南,具有亚热带海洋性气候特点,日照时间长,雨量充沛,气候温和,使得各种动植物生活其中,为人类生存和发展提供了较多的食物来源。在《嘉庆新安县志·山水略》中就有"宣气以散生万物者也"之说。① 从7000年前至秦汉时期,深圳地区一直是百越民族的栖息之地。秦汉以降,"自晋永嘉之际,中州人士,避地岭表,多留兹土"②,深圳地区也成为中原汉族移民南方较多的地区之一,人口不断增多,各种土地资源得到一定程度的开发,社会经济逐渐发展。

此外,深圳的部分山上还有一定数量的矿产资源,主要有钨、钼、铁、铅、锌、锡、铋等金属矿藏和石灰石、大理石、白云岩、钾长石等非金属矿藏。民国时期,在大鹏的岭凹、布吉的旗头山和甘坑山、宝安县三区新下埔更头岭等地发现钨矿并进行开采。③ 值得一提的是,据文献记载,深圳市前身为宝安县,其名由来还与当地有一座称为宝山(今属于东莞市樟木头镇)有关。宋代《舆地纪胜》云:"山有宝,置场煮银,名石瓮场。"明东莞《卫邑武防记》曰:"得其宝者安,凡以康民也。"明代天顺《东莞旧志》记载:"宝山,在归城里,山顶有潭,下有二石瓮,石壁湍流,下注瓮中,奔响如雷。邑中祈雨必应。旧以为山有宝,置场煎银。"清代《新安县志》则有"其上有潭,潭下有石瓮二,飞瀑注之,奔响如雷,水撞之,散出如芙蓉"和邑地"山辉泽媚,珍宝之气萃焉,故旧郡名以宝安"。④ 由此说明,银矿被当地人视为宝物,并得宝而安。

改革开放前,这些丰富的山林资源在很大程度上解决了深圳当地人的各种生活所需,成为他们收入的主要来源,因而在民间就有"有穷人,冇穷山"之说,由此也从生态学角度异曲同工地反映出"劳动是财富之父,土地是财富之母"⑤的财富观念。

---

① "宝安文史丛书"编纂委员会编:《嘉庆新安县志校注》,中国大百科全书出版社2006年版,第253页。
② "宝安文史丛书"编纂委员会编:《康熙新安县志校注》,中国大百科全书出版社2006年版,第108页。
③ 宝安县地方志编纂委员会编:《宝安县志》,广东人民出版社1997年版,第276页。
④ 宝安县地方志编纂委员会编:《宝安县志》,广东人民出版社1997年版,第79页。
⑤ 中共中央马克思恩格斯列宁斯大林著作编译局编译:《马克思恩格斯文集》(第5卷),人民出版社2009年版,第56页。

二、"有闲钱，无闲田"

"有闲钱，无闲田"①，这句谚语的含义为钱财可以闲放，但农田不能闲置，更不丢荒，可以通过轮番耕作创造更多的财富。在农业时代，农田成为农民的命根子，是农民获得各种生存物质的主要来源，正如唐代诗人李绅的《悯农》所言，"春种一粒粟，秋收万颗子。四海无闲田，农夫犹饿死"，说明在以农为主的地方，农田成为极其重要的生态资源。

深圳是一个山多田少的地方，特区建立之前，宜耕田地面积不到陆地总面积的1/3，除部分位于西部的滨海平原外，主要分布在东部的低山、平缓台地和阶地丘陵地带，耕作面积狭小，土壤肥力贫瘠，作物产量低下，无法满足人们的日常生活需要。为了解决这个问题，明清时期以来，深圳当地农民不得不在从事农耕的同时，一方面开展一些商业活动；另一方面，对田地进行精耕细作，因地制宜实行轮耕制，除种植双季连作稻外，还利用冬闲种植冬番薯、红花豌豆、蔬菜等。据清康熙《新安县志·风俗》记载，"民多重农桑而后商贾"，"农人种田，一年两收。六月收早禾，为小造，收讫再插秧，故此时农忙。立秋前五日、后五日，朝种而暮青"。②在长期劳动实践中，逐渐形成一些有特色的农业生产经验，如谚语所云，"田土翻得深，瘦土出黄金""深耕田有肉，浅播禾有谷""水利唔修，有田也丢"。这些农业生产经验，提高了田地的生产效益，增加了农民的经济收入，一直沿用到深圳经济特区建立前。深圳的一些地方成为重要的粮食产区，西部的新安镇成为"鱼米之乡"，福永镇则被称为"宝安粮仓"。

三、"堆金不如积谷"

"堆金不如积谷"③，意指囤积金银钱财，不如贮存粮食，体现了粮食作物的重要生态价值。"谷"一般五谷，包括稻、黍、稷、麦、豆等粮食作物。清嘉庆《新安县志》有云："邑中宜稻，名类最多"，"合黍、稷、稻、麦而总名之曰

---

① 廖虹雷：《深圳民间俗语》，深圳报业集团出版社2013年版，第78页。
② "宝安文史丛书"编纂委员会编：《康熙新安县志校注》，中国大百科全书出版社2006年版，第107页。
③ 廖虹雷：《深圳民间俗语》，深圳报业集团出版社2013年版，第78页。

深圳文化述论

'谷',此五谷之大凡也"。[1]五谷作为人们日常生活中不可缺少的食物,在中国的传统农业中具有相当重要的地位,不仅有着悠久的种植历史,而且种类数量多、种植范围广,并且得到历代统治者的重视。汉代大臣晁错给汉文帝的奏疏《论贵粟疏》一文指出,"夫珠玉金银,饥不可食,寒不可衣",强调了粮食生产的重要性。

历史上,深圳是以传统农业为主的地区,粮食作物主要以水稻为主,但由于受到农业生产力落后、山区土质肥力低和滨海盐碱土壤等因素影响,粮食产量较低。加上深圳地处东南沿海地区,水灾、旱灾、台风等自然灾害时有发生,并且自宋代以来的深圳地区,饱受战争和匪患,严重地影响了农业生产。清代初期发生"迁海""复界"事件后,迁入深圳地区的外来人口陆续增多,到清嘉庆二十三年,深圳人口由清初康熙元年的2172人迅速增长到225979人,人口增长数量近百倍,粮食生产无法满足人们的生活需要。为此,政府采取鼓励垦荒的政策,开发各种荒地或闲地,扩大粮食种植面积。在民间,人们在山间田头种植番薯、芋头等薯类作物和各种瓜果蔬菜,以补充粮食之不足。1949年以前,深圳普通人家的一日三餐难以为继,往往以大米掺杂红薯为饭或稀饭,俗称"番薯饭""番薯粥"。遇上歉年或青黄不接时,以杂粮、野菜充饥,因而在深圳就有"蔬菜、薯芋半边粮""半年薯芋半年粮"[2]的民谚。中华人民共和国成立后,深圳的粮食作物一直以水稻为主,其他粮食作物有番薯、小麦、旱粮(高粱、玉米、禾粟、杂豆)等。1979年,全市农作物总播种面积95.33万亩,其中粮食作物播种面积75.81万亩,占79.52%;水稻年种植面积68.37万亩,水稻单产187千克/亩。[3]随着深圳经济特区的城市建设和工商业发展,农业生产在经济结构中已不占重要地位,大部分农民"洗脚上田",但"堆金不如积谷"的生态财富价值观念仍然是值得肯定的。

---

[1] "宝安文史丛书"编纂委员会编:《嘉庆新安县志校注》,中国大百科全书出版社2006年版,第232页。

[2] 深圳市地方志编纂委员会编:《深圳市志·社会风俗卷》,方志出版社2014年版,第269页。

[3] 深圳市地方志编纂委员会编:《深圳市志·第一二产业卷》,方志出版社2004年版,第22页。

四、"一担塘泥四两谷"

"一担塘泥四两谷"[①],喻指塘泥用于施肥可以增加粮食作物的产量。塘泥是指池塘中的淤泥,由鱼类等多种动物粪便、植物残枝和泥土经过长期腐化、发酵后而形成,富含氮、磷、钾等各种元素,是一种肥力较高、取材方便、来源丰富的有机肥料。据研究,一般每100斤塘泥中,约含氮0.33斤、磷0.39斤、钾0.34斤、有机质3斤。由于塘泥肥效缓慢,施一次肥可延续3—5年或更长一些。塘泥还可以改变土壤的物理性,使重黏土变为黏性较小、水分容易渗入的土壤,易于耕作,同时也可以使沙质土变为黏性较大,具有较好的保水、保肥性土壤。[②]在传统农业时代,塘泥被较多地运用于粮食生产的施肥,是一种重要的农家肥料,民间就有"一季塘泥两季肥""挖塘泥、挑河泥,防旱防涝又积肥"之说。

塘泥是一种形成于自然的有机肥料,为农作物生长发育提供各种营养元素,通过合理的施用可以提高农产品的产量。20世纪80年代之前的深圳农村,一般家庭除了种田之外,还会饲养鱼类、禽类、牲畜作为家庭副业,一方面可以补充日常生活所需,另一方面还可以增加家庭经济收入,为此,会在自家住宅周边或一些空闲土地,开挖出大小面积不一的鱼塘。塘基上种桑树、香蕉、甘蔗或其他果树,而塘中放养多种鱼类,形成桑基鱼塘、蔗基鱼塘或果基鱼塘等特色农业。树叶子可以喂鱼,鱼粪可以肥塘,而塘泥则可以用作肥料。农村还有割草喂鱼的做法,将割来的杂草与积集下来的禽畜粪便一起投到塘中喂食,不仅丰富鱼类的食物,还增加了塘泥的肥力。这种塘基互养的方式,可以形成良好的生态循环,因此在深圳民间还有"庄稼一枝花,全靠肥当家""人养猪,猪养人,人养田""耕田不使计,猪屎共塘泥""以粪肥田,地力常新"的谚语,由此反映出深圳民间把塘泥视为一种具有重要生态价值的自然物。

五、"家有百棵树,不愁吃穿住"

"家有百棵树,不愁吃穿住"[③],寓意为一个家庭只要多种树木,就不用担心吃、穿、住等问题,说明了种树的重要性。深圳属于亚热带季风性气候,热量

---

① 廖虹雷:《深圳民间俗语》,深圳报业集团出版社2013年版,第79页。
② 谭世珍:《塘泥》,《中国农业科学》1957年第7期,第459页。
③ 深圳市宝安区志编纂委员会编:《深圳市宝安区志》(下册),方志出版社2012年版,第1241页。

丰富，雨量充沛，林木资源较多，盛产亚热带水果，一直以来都是广东的水果主产区之一。中华人民共和国成立前，深圳当地人都非常重视种植各种经济林木，在屋前屋后、田头田尾或丘陵台地都种植一些果树，原因有三：一是果实可以供自家食用，补充营养成分；二是砍伐下来的木材，既可以作为柴火之用，又可以用于修建房屋和各种家具；三是可以投放市场售卖，增加经济收入，这一点也是最为重要的原因。

据清康熙《新安县志》记载，深圳地区种植的果木品种主要有桃、李、柰、杏、栗、枣、梨、柿、柑、橘、柚、橘、榄、莲、锥、荔枝、圆眼、青梅、杨梅、杨桃、石榴、甘蔗、葡萄、黄皮、犀瓜、香瓜、红梅、金桔，其中以荔枝为主要品种，不仅种植历史悠久，而且种植遍布深圳全境，有"东边龙眼西边荔"之说。明代天顺《东莞旧志》云："荔枝，色如渥丹，其种不一，盖岭南之佳品也。"[1]明代诗人今释亦有诗一首《食荔枝》："别却丰湖下宝安，水晶应日浮水盘。已知俭岁敢嫌少，欲解真馋不惮酸。舌与荔枝作一片，照水飞霞光岁艳。美食难教中饱人，独有此公饱不厌……"[2]清嘉庆《新安县志》中也有较为详细的记载，"荔枝，树高丈余，或三四丈。绿叶蓬蓬，青花朱实，实大如卵肉白如肪，甘而多汁，乃果之最珍者……其种不一，曰大荔、曰黑叶、曰小华山、曰状元红，俱于仲夏成熟"[3]。在每年夏至当天，深圳人还把荔枝和狗肉一起烹食，并成为习俗。清康熙《新安县志》记载："夏至，屠狗，食荔枝，解疟。"[4]

1949年，宝安县的荔枝种植面积4705亩，主要分布在南头、附城、西乡，其次分布在公明、观澜、沙井、龙岗、坪山、大鹏等地，主要品种为黑叶、淮枝，其次为桂味、糯米糍等，其中以南头荔枝最负盛名。到1978年，全县荔枝种植面积已发展到22290亩，总产17708吨。1978—1982年，全县办起16个县、区、乡联办的万棵以上荔枝场，至今南山、西乡等地仍保留着100年的老树。

鉴于荔枝在深圳地区的历史地位和现实价值，深圳市政府于1987年将荔枝定为深圳市"市树"，并从1988年开始，将每年6月8日定为"荔枝节"。到

---

[1] 张一兵校点：《深圳旧志三种》，海天出版社2006年版，第36页。
[2] 《宝安人文风物》，北方文艺出版社2001年版，第460页。
[3] "宝安文史丛书"编纂委员会编：《嘉庆新安县志校注》，中国大百科全书出版社2006年版，第235页。
[4] "宝安文史丛书"编纂委员会编：《康熙新安县志校注》，中国大百科全书出版社2006年版，第108页。

第五章 深圳文化的生态价值观

2000年末，全市荔枝种植总面积有15.28万亩。[①]与此同时，为了保护这些荔枝枝种，在一些荔枝树种植面积较大的地方，建设了以荔枝命名的生态公园，如荔枝公园、荔香公园、荔林公园等。荔枝公园位于福田区红岭中路（市政府旁），创建于1982年，占地面积28.8公顷，是在原有的589棵老荔枝林和一片低洼稻田的基础上，挖湖、筑亭、造桥、铺路构筑成园而得名。园内建有端庄典雅的"荔香阁"，每逢荔枝成熟季节，是市民登高观赏荔枝的地方。荔林公园位于大南山北麓，园内有百年古荔枝树群，是一个体现自然生态为主的城市休闲公园。

随着这些果木种植数量和面积的扩大，逐渐形成了一些专业性果树群落，如南山甜桃、龙华方柿、坪山金龟橘、石岩沙梨、黄田黄皮、燕川西瓜，等等，闻名遐迩。宝安区的石岩镇素有"水果之乡"的美称，水果品种主要有沙梨、黄梅、方柿等，其中沙梨最出名，清嘉庆《新安县志·舆地略》物产条载："沙梨，叶如柿叶大，二、三月开花，七、八月当熟，其大如瓶，其小如杯，肉白无渣，其甜如蜜，可疗热症，有青梨、黄梨、蜜梨三种，产乌石岩者佳。"位于公明镇的楼村也有"全国荔枝第一村"之称，荔枝面积多达2.56万亩，最高产量高达8000吨。[②]由于深圳的自然条件优越，所产的荔枝、龙眼等果品质优、口感好，深受各地市场欢迎，除了供应本地市场外，还销售到北京、上海和港澳地区市场，甚至远销至欧美和东南亚地区的10多个国家，创造了可观的经济收益。

谚语源于人类长期的社会生活实践，是人们认识自然、改造自然的经验总结和智慧结晶，能够真实地反映一个国家或地区的民俗风情、文化传统和社会价值取向。习近平指出"绿色生态是最大财富、最大优势、最大品牌""生态是资源和财富，是我们的宝藏"等一系列新的生态财富理念，不仅强调了绿水青山既是自然财富、生态财富，又是社会财富、经济财富，还为新时代生态财富观的构建提供了根本遵循与基本指导。在深圳流传下来的这些民间谚语，不仅表达了他们对土地和各种自然资源的经验总结及价值判断，而且还表达了生产方式和生态环境对劳动创造财富的重要性，充分展示了深圳人民聪明的生态智

[①] 深圳市地方志编纂委员会编：《深圳市志·第一二产业卷》，方志出版社2004年版，第33页。

[②] 深圳市宝安区志编纂委员会编：《深圳市宝安区志》（下册），方志出版社2012年版，第303页。

慧，对于当前深圳经济特区的社会经济发展和中国特色社会主义先行示范区建设都具有积极的现实意义。

第三节　生态伦理观

人与自然相互依存，和谐共生。马克思指出，"社会是人与自然的完整统一体"。恩格斯也指出，"我们对自然界的整个统治，是在于我们能够认识和正确运用自然规律"，[①]强调了人类的一切社会活动必须要以保护自然为大前提，要按照自然发展本身固有的规律去处理人与自然的关系。随着人口数量的增多和社会生产力的提高，特别是近代工业文明出现后，人类对自然界的过度开发，造成自然生态系统失衡和环境污染严重等一系列的生态危机问题，不断威胁着人类的社会生活和自然环境，引起了人们的密切关注和高度重视。在这一背景下，人们从价值观的角度反思人类与自然的道德伦理关系，逐渐形成一种正确处理人类自身与自然生态系统的道德准则和行为规范，即生态伦理观念。人类进入生态文明时代后，习近平提出了绿色发展的新理念，指出"绿色发展是要解决好人与自然和谐共生的问题。人类发展活动必须尊重自然、顺应自然、保护自然"[②]，强调了要构建人、自然、社会三者协调发展的重要性，明确了尊重自然、顺应自然、保护自然是新时代生态伦理观的核心内容。

一、尊重自然

人类自诞生之始，恶劣的自然环境给他们的生存带来了严重的威胁，而低下的生产力水平无法解除这种自然状态，他们开始对大自然产生了畏惧心理，出现了对自然物、自然现象和自然力的神化和崇拜，形成了对自然神崇拜的神灵观念。对自然神灵的崇拜，一方面表达了人们对自然的敬畏之心，另一方面则反映了人们自古以来有着崇尚自然、爱护自然的生态文化传统，蕴含着丰富的生态伦理文化内涵。

[①] 中共中央著作编译局译：《马克思恩格斯选集》（第3卷），人民出版社2012年版，第998页。

[②] 中共中央文献研究室：《习近平关于社会主义生态文明建设论述摘编》，中央文献出版社2017年版，第32页。

（一）敬祀海神

地处海边的深圳地区，早在7000年前就有百越先民生活在这里，他们的生活生产与大海有着密切的关系。据考古研究表明，早在5000年前咸头岭文化遗址的百越先民对大海产生敬畏之心，以水波纹的象征形式在器物上体现出来，有了最早的原始自然崇拜，[1]说明在很早以前的深圳地区就出现了对大海的崇拜。秦汉以后，在当地人民的渔业生产过程中，形成了对海神祭拜的传统。深圳地区的渔民出海常受台风、暴雨和海浪威胁，故出海前都要到附近的神庙祭拜海神后，才起航出海。同时，每艘渔船都要放置海神牌位，若遇风险便点烛、烧香、祈祷。在深圳渔民敬祀的海神中，最受崇拜的就是妈祖，又称"天后娘娘"。据调查，中华人民共和国成立前，深圳从南澳、大鹏、盐田、沙头角至南头、西乡、沙井等沿海村镇，建有23座天后庙，天后信徒众多。千百年来，以赤湾天后宫所供奉的天后娘娘香火最为鼎盛。1992年赤湾天后庙重修后对外开放，民间祭祀天后活动逐渐恢复。每年从农历三月三日开始，人们便着手筹办天后诞盛大而隆重的祭祀大事。东莞、惠阳、港澳等地的信众纷纷前来奉香贺诞，参加贺诞的人数多达数万人。在农历三月二十三日天后诞当天，当地渔民都要到天后庙举行隆重的拜祭仪式，而且还敬请天后神像供于船内，上供品香火。每逢出海，必先焚香叩拜，祈求天后保佑平安，渔获丰收；每次出海归来，也要焚香叩拜，答谢神恩。[2]

（二）祭拜土地神

土地是人类赖以生存的基础，对土地崇拜一直以来是中华民族最为重要的自然崇拜，大到天地海山、日月星辰，小至一棵树或一块岩石等都可以成为人们崇拜的对象。在特区建立前的深圳，大多村落周边的田地或山坡上都设有各种神坛，其中最多、最普遍的就是对土地神的祭拜。

土地神俗称伯公神或土地伯公，是民间村落的保护神。伯公神多数立在山坳顶、村头建造小型的神龛或石刻神坛，每年农历二月初二，村民以鸡、猪、鱼、果品、素菜等祭品拜祭，表达人们崇敬大地的养育之恩。[3]此外，还有天

---

[1]《大鹏人文博物馆》，2017年，第14-16页。
[2] 深圳市地方志编纂委员会编:《深圳市志·社会风俗卷》，方志出版社2014年版，第260页。
[3] 深圳市史志办公室:《深圳市坪山新区自然历史人文普查文稿（终审稿）》，2017年，第29页。

神、井神、门神等各种自然神灵，也是深圳地区重视的祭祀活动。井神，食水井井神，掌管生命水源，告诫子孙后代敬畏自然，不得肆意破坏吃水源头。①

（三）崇拜动植物

深圳地区传统经济以农耕为主，历史上对各种动植物的崇拜也兴盛，其中以牛崇拜为最重要。

在农业生产落后的年代，牛作为农业生产的工具和主力，不仅家家户户都有养牛的传统，而且还有对牛崇拜的习俗。据清嘉庆《新安县志》记载，清代时期的深圳地区每年都要举行一个名为"鞭牛节"的祭祀习俗，以祈求老天保佑风调雨顺，五谷丰登。清嘉庆《新安县志》卷二《舆地图·风俗》："立春前一日，有司以土牛、芒神，迎于南山下，次早鞭春。民间以是日有事于祠。"每年由知县在立春前一天带领各官，穿着常服，将土牛、芒神迎请至县城门外。土牛面向南方，芒神两座，东西向。至立春黎明时分，由执事人员在土牛芒神前摆设香案，陈设香烛、酒果、三牲。县长带领吏员行一跪三叩首礼致祭。礼毕，敲锣打鼓，由专人抬着土牛、芒神前行，直至城东郊，将土牛、芒神放下，各吏员手执彩杖，环立土牛周围，鼓手击鼓，吏员轮流用彩杖鞭牛3次，然后礼毕退出，众百姓则围观土牛、芒神，跟着跪拜，占卜一年丰歉。这一习俗核心活动是祭祀芒神和鞭打春牛，并伴有民间文艺游行、骑牛背、唱春牛歌等。②尽管此项活动随清王朝覆灭而废弃，但在民俗层面上反映出人们对牛的崇拜观念。

在深圳的一些地方还建有"牛王爷庙"，庙内供奉牛王爷，每逢春节等传统节日，举行盛大的祭祀仪式，祈求家庭成员身体健康，风调雨顺。③每年的农历十月初一被定为"牛神节"，民间相传是牛神诞生的日子，故又称"牛神诞"。有耕牛的农户，要包汤圆，汤圆煮熟后，裹在青草里给牛吃，以表爱护感激之情。④对树崇拜往往与对自然神、祖先神等各种神灵崇拜结合起来，在这些神庙

---

① 深圳市地方志编纂委员会编：《深圳市志·社会风俗卷》，方志出版社2014年版，第294页。

② 深圳市地方志编纂委员会编：《深圳市志·社会风俗卷》，方志出版社2014年版，第256页。

③ 深圳市史志办公室：《深圳市坪山新区自然历史人文普查文稿（终审稿）》，2017年，第331页。

④ 深圳市福田区地方志编纂委员会编：《深圳市福田区志（1979—2003）》（下册），方志出版社2012年版，第1234页。

周边的树木也成为祭拜的对象,这些树木也被称为"风水树",具有"灵魂",人们把它们当"神树"一样敬拜。

二、顺应自然

顺应自然就是要按照自然规律办事,在自然允许的限度内,适度地利用和改造自然,顺势而为,趋利避害。我国是一个传统的农业社会,向来重视天时、地利的耕作之道。

"不违农时",按照节令有序组织春耕生产。在缺乏先进气象测报的过去,深圳地区的农民依靠长期的生产实践,总结出一些基本符合当地气象变化的气象谚语,并代代相传。在清嘉庆《新安县志》中也有相关的记述,如:

干冬湿年,禾谷满田。

立春晴一日,农夫耕田不用力;立春前一日有雨,则一春皆雨。

雨打惊蛰节,二月雨不歇;三月干耙田,四月禾生节。

清明须用晴,谷雨须用雨

小满池塘满,不满天大旱。

(五月)早禾望白撞,翻橘望偷淋(夜雨)。

六月初六晴,禾无虫,早稻有收成。

(七月)立秋小雨吉,大雨伤禾;天下若逢处暑雨,纵然结实也难收。

八月初一日风雨,谷贵,人民灾。

九月霜降值金,一晴一阴。寒露风、谷不实;霜降雨,米多碎。

十月朔晴,一冬暖。风雨主旱,麻子贵。

十一月冬至晴,百物成。

十二月小寒晴,早禾熟;大寒晴,晚禾熟。[①]

"完田节"是深圳地区农业生产的一个习俗,它是根据农业生产的季节性和周期性特点而形成的节俗。"完田节"每年有3次,第一次是农历四月初八日。早稻中耕结束,农事告一段落,农民有一短暂的休闲时间,可以稍微放松一下,农民多于当日割肉杀鸡庆贺。第二次是农历七月十四日。早稻已收获,晚稻栽插也已完毕,农民便将正午之前定为"完田节",晚上定为"盂兰盆节"。第三次是农历十月初一(又称"牛神诞")。秋收及秋耕全部结束,开始进入冬闲阶

[①] "宝安文史丛书"编纂委员会编:《嘉庆新安县志校注》,中国大百科全书出版社2006年版,第175页。

段。村民们点燃香火，燃放鞭炮，陈列三牲，虔诚酬谢神恩。[①]"完田节"是伴随着农业生产而形成的节祭文化，是深圳地区农业文明的重要表现。

重视"地利"因素。农作物的生长好与差，与土地的肥瘦有很大关系，因此在生产过程中注重积肥和施肥。肥料来源有三：一是人畜粪便的积累，二是燃烧后的草木灰，三是被称为"绿肥"的一些植物。在深圳的民间谚语中就有许多关于农业生产的谚语，如"积肥如积粮，肥多谷满仓""冬天比粪堆，秋后比粮堆""浅脚田，草皮泥，争产一大围""养猪积肥两合算，又食肉来又肥田""绿肥种三年，坏田变好田"[②]"打掌仔，打哇哇，捡猪屎，培黄瓜，黄瓜黄，摘来尝，黄瓜大，摘来卖，卖到多少钱？卖得上百元"[③]，等等，这些谚语说明，深圳人民在农业生产过程中，将种植业、畜牧养殖业、沤制业紧密结合起来，将作物秸秆、人畜粪尿、有机垃圾等经堆积腐熟还入田中，实现"来之于土，归之于土"的自然循环的客观规律。

人畜粪便和草木灰是传统农业生产中使用最多的两种农家肥料。中华人民共和国成立前的深圳东部地区的农村，每家每户都建有粪池和灰屋来积蓄肥料。农民多在院内偏僻处搭建草屋，屋内挖一深穴，以灰沙涂抹作粪池，既供自家大便，也可将平时捡拾的牲畜粪便投入池中沤存，以便给庄稼施肥。草木灰因为受雨水淋漓会流失肥效，所以农家专门建造存放小屋，俗称"灰屋"。此外，石灰也是一种很好的肥料。石灰具有杀灭农作物敌害生物、调节水质、改良山坑田泥土质、增加土壤肥力的特殊效能，因此，20世纪六七十年代的深圳地区，村村建有灰窑，年年组织烧石灰的大型劳作。烧制石灰既可肥田，亦可卖出作建筑材料，故成为当时农村一大生产习俗。[④]

兴修各种水利设施也是顺应自然的一个重要举措。深圳市地处低纬度地区，面朝南海，降雨量大，但降雨量在时间和空间分布不均匀，造成旱、洪、涝以及水土流失等自然灾害。当地人民群众为了生存，世世代代同各种自然灾害做

[①] 深圳市福田区地方志编纂委员会编：《深圳市福田区志（1979—2003）》（下），方志出版社2012年版，第1115页。

[②] 廖虹雷：《深圳民间俗语》，深圳报业集团出版社2013年版，第80、82、83、84、86页。

[③] 宝安县地方志编纂委员会编：《宝安县志》，广东人民出版社1997年版，第708页。

[④] 深圳市龙岗区志编纂委员会编：《深圳市龙岗区志》（下册），方志出版社2012年版，第915-916页。

英勇顽强的斗争。清朝时期（1636—1911年）引水工程，主要以陂堰工程为主。主要陂堰：军陂（梧桐山布吉笋岗等处，堰以灌田），莲塘陂（五都水蕉村侧），大陂头陂（马田之右），三湾陂（罗带红水诸山流下，堰以襰田），罗卜山陂、黄壳陂（黄贝岭侧），河上乡陂（锦田径水），太平陂（龙岗仔）鲤鱼陂（在上下梅林），下陂头（合水口村侧），鹅公陂（梅林运芒栋坑诸山流下）。

民国时期（1912—1949年）引水工程，主要以陂堰工程为主。主要坡堰：大陂头水陂（布吉草莆），下环陂（布吉下李朗），垅狗坑（甘坑），莆芦陂（龙岗芦围），禾苗陂（坪地白石塘），石卢陂（龙岗四盛乡），企坑陂（龙岗约场乡碗窑），子山水陂（坪山汤坑），石陂头水陂（大鹏王母），大陂水陂（大鹏山仔）。沙坝工程，西乡、南头、石岩一带农民在春耕时节，利用畜力或人力在西乡河、大沙河上用河沙压上树枝做成沙坝，拦截河水，抬高水位以引水灌田。洪水来时，沙坝即被冲掉，遇天旱不雨，又重做沙坝引水。① 清末及民国时期修建的陂堰水利工程，建立了良好的灌溉条件，提高抗旱能力。

新中国成立后，人民群众在共产党和人民政府的领导和组织下，兴建了一批批水利工程，从根本上改变了农田灌溉条件，极大地提高了抗旱能力。全市有效灌溉面积从新中国成立初的8.07万亩增加到89.59万亩。西乡、福永、沙井和松岗沿海一带的海滨沙田，以前缺水仅种单造，有了水利灌溉条件，单造改成双造，低产变高产，该地区70年代期间成为宝安县商品粮重要生产基地。东片丘陵地区，也由于改善了灌溉条件，水稻亩产从原来100公斤左右提高到300—850公斤。② 正是我们的先人顺应了自然，才成功地解决了当时的水患问题，不仅如此，还巧妙地运用自然的力量，富养了一方百姓，这是深圳人民顺应自然的伟大杰作。

三、保护自然

保护自然，是尽力按照自然规律去观照自然，保护自然生态系统的统一性、整体性，要使人类向自然的索取在自然再生能力范围内，对自然的改变在自然的自我修复能力范围内，在保护的前提下开发、利用与改造自然，如林业的封山、海洋的休渔，给自然留下更多的修复空间。③ 随着社会的发展，人们进一步

---

① 王若兵主编：《深圳水利志》，广东科技出版社1990年版，第49-51页。
② 王若兵主编：《深圳水利志》，广东科技出版社1990年版，第9页。
③ 韩松：《尊重自然顺应自然保护自然》，《新长征》2014年第6期，第7页。

深圳文化述论

认识到了保护山林等自然生态资源的重要性，自然地形成了一些对自然生态资源的保护，以及对破坏生态环境、伤害动物的行为予以惩罚的传统习惯法，主要是各种形式的乡规民约、碑刻和文书等。

族规或乡规民约，被称为"第二法律"，在维护社会秩序上起到一定的约束作用。通过制定乡规民约等进行约束，对违规砍伐、破坏林木的进行惩罚。这些乡规民约充分体现了适度发展的思想，对保护自然环境起到了有效的作用。在坪山区横塘村的高氏宗祠内保存有一块族规家训碑，竖碑时间是清宣统二年（1910年），碑文大意为要求族人爱护祠堂卫生，保护好祠堂周围的树木，切勿乱砍滥伐。[①] 在龙华区民治、观澜一带的村落中，就有保护自然环境的乡规民约。一是不砍河边树。按照当地的乡规民约，山林特别是"鹤林"、封山林、风水林、河旁林是不能砍伐的。民治河的两岸一直以来都栽种着水榕、梓榕、细叶榕、荔枝等各种各样的树木，俗称风水树。"不砍河边树"的乡规民约，既保护树木，防止了水土流失，又美化了环境。二是不打三春鸟。民治村的乡规约定，平时不准随便抓鸟，每年只能在全族人同意和族长（或房头）的主持下，由村里人出钱投标的中标者才可在中标的山上抓鸟、打鸟，其他人一律不准打，即使是中标人抓鸟、打鸟也有数量上的限制，并规定要在小鸟出生成长后方可进行。[②] 民治村的乡规民约，不仅充分表现了民治人朴素的保护自然环境和生态平衡的意识，而且也使得民治村生态环境优美，成为鹭鸟及其他各种鸟类栖息的好地方。

民间信仰的一些禁忌对自然产生了一定的保护作用。福田区沙嘴村位于海边，村民以海为生，在村西边建有"洪圣宫"，其月门上层对联是"月门见海口，台阁起云浮"，下层对联为"尊海而南歌广利，普天之下庆安澜"，而沙嘴围门上的对联则是"门对牛潭草木苍苍皆秀色，户环鱼沼波涛涌涌是祥光"，[③] 表达出对大海的尊重和保护，也表达了人们对人与自然生态和谐发展的追求。

在深圳原有的传统村落中间或村门口往往都有一株上百年的大榕树龙眼树、

[①] 深圳市史志办公室编：《深圳村落概览（第二辑）》，华南理工大学出版社2020年版，第258页。

[②] 中共民治村支部、民治村民委员会编：《民治村史》，中国档案出版社2004年版，第157–158页。

[③] 胡敬东主编：《沙头之根》，深圳市福田区沙头街道办事处2014年版，第135–136页。

榕树等，被视为"镇村之树"，在神庙的周边，也有一些"神村"，这些树是不能随意用刀砍伐的，不能攀登，更不能拴牛，不得在此随地小便。在坪山三栋村一直流传着，如果有小孩在此随地小便的就会惊动了伯公，晚上睡觉会不安稳，需由家中长辈带着小孩，准备好素菜、果品到伯公庙前祭拜，小孩晚上才能安然入睡，这样既保护了自然，也起到了教育的作用。[1]由于这些树木得到保护，多数能保留到今天成为了古树，如福田区新洲村有棵"古榕树王"，至今超过600年的历史，与南山区南园村的两棵一起被称为"深圳第一树"，[2]这些图腾崇拜和保护意识，客观上起到了保护自然，促进人们适度利用自然资源的效果。

深圳经济特区建立后，随着人口不断增加、城市规模逐渐扩大和社会经济日益发展，土地资源开发过度，自然生态环境恶化，在这种情况下，深圳政府部门高度重视生态环境的保护。一方面，加强对自然环境保护的立法工作。为了保护和改善生活环境、生态环境，保障环境安全，促进经济社会和环境全面协调可持续发展，深圳于1994年9月出台了《深圳经济特区环境保护条例》。2020年5月深圳制定了《深圳经济特区全面禁止食用野生动物条例》，率先以最严立法禁食野生动物。为了保护和改善生态环境，推进生态文明建设，打造人与自然和谐共生的美丽中国典范，2021年6月颁布了《深圳经济特区生态环境保护条例》，对生态环境实行最严格的保护。2022年5月，深圳一方面推出了生物多样性保护行动计划，作为统筹推进、系统开展深圳生物多样性保护工作的纲领性文件；另一方面，着手构建自然保护地体系，打造"千园之城"。目前深圳拥有各类自然保护地27个，其中国家级6个，包括处于城市腹地的广东内伶仃岛—福田国家级自然保护区和广东深圳华侨城国家湿地公园。截至2021年底，全市公园总数达到1238个，深圳成为建在"公园里的城市"。与此同时，深圳还取得了诸多荣誉，先后获得了国际花园城市、环境保护全球500佳、联合国"人居荣誉奖"、"全国绿化模范城市"、"国家节水型城市"、"国家园林城市"、"国家环保模范城市"、"国家森林城市"等荣誉称号。

随着多年污染防治攻坚战带来的环境质量提升，一些曾经"消失"的野生动植物重新回归。2022年12月，在加拿大蒙特利尔举行的联合国《生物多样性公约》第十五次缔约方大会（COP15）第二阶段会议上，深圳荣获"生物多样性

---

[1] 深圳市史志办公室：《深圳市坪山新区自然历史人文普查文稿（终审稿）》，2017年，第352-353页。

[2] 胡敬东主编：《沙头之根》，2014年，第215页。

魅力城市"称号，并入选"自然城市行动平台"，[1]以表彰深圳市保护生物多样性做出的杰出贡献。这是国际社会对深圳市生物多样性保护成就的高度认可，对推进国际城市生物多样性保护具有实践和理论参考价值，将为全球生物多样性保护工作贡献"深圳力量"，提供"中国经验"。

人与自然是生命共同体，人类必须尊重自然、顺应自然、保护自然。新时代的深圳经济特区再次被赋予了新的历史使命和责任担当，不仅率先成为中国特色社会主义先行示范区，而且还成为国家生态文明建设示范市，因此以"尊重自然、顺应自然、保护自然"为核心内容的生态伦理观对深圳的生态文明建设具有非常重要的现实意义。

第四节 生态审美观

劳动是人类生存和发展的最基本的活动。人类通过劳动创造了财富，也创造了美。马克思在《1844年经济学哲学手稿》中提出了"劳动创造了美""人也按照美的规律来建造"[2]的观点。可以说人与生俱来就有追求美的天性，"审美、创造美和利用美是人类和其他生物的特性，或者可以说是生命的本能"[3]。自然界作为人类劳动的对象，人在认识自然、改造自然过程中，逐渐形成了一种对自然界的生态审美观念。有学者指出，"生态审美观是以生态的价值取向而形成的审美意识，它体现了人对自然的依存和人与自然的生命的关联，是审美主体的心灵与审美对象生命价值的融合"[4]。从广义上看，它是指建立人与自然生态的审美关系延伸到人与自然、人与人之间的审美关系。从狭义上来说，它是指人与自然的审美关系，人和自然要达到亲和、和谐。[5]从中国传统文化层面上看，生态审美观是以自然万物为对象，以"万物与我为一"为理念，以"道法自然"

---

[1] 窦延文：《再获两项国际殊荣！深圳荣获"生物多样性魅力城市"称号并入选"自然城市行动平台"》，《深圳特区报》2022年12月14日。
[2] 马克思：《1844年经济学哲学手稿》，人民出版社2000年版，第46、58页。
[3] 鲁枢元：《生态批评的空间》，华东师范大学出版社2006年版，第211页。
[4] 徐恒醇：《生态美学》，陕西人民教育出版社2000年版，第136页。
[5] 曾繁仁：《生态文明时代的美学探索与对话》，山东大学出版社2013年版，第97页。

第五章 深圳文化的生态价值观

为准则,以"人与天地参"为标准,以"天人合一"为最高目标和境界,旨在人、自然、社会之间形成一种和谐共适的生态关系,三者互相依存又互相影响,相辅相成。

人的生存离不开自然环境,不同的自然环境又孕育着不同的生态审美观。地处南海之滨的深圳,山海相连,山川、河流、湖泊众多,景色秀丽的自然环境赋予了深圳人民一种有地域特色的生态审美观,在传统民居、服饰、民间工艺、民间文化等方面表现出丰富的生态美学内涵。其中,凉帽是深圳最有代表性的民间工艺品,也是深圳客家文化的重要载体和象征符号。它是融人文思想与自然生态于一体的产物,极富历史美、自然美、社会美和艺术美。

一、深圳客家凉帽的历史美

凉帽,又称凉笠、斗笠或笠嫲,主要流传于福建的闽西和广东梅州、深圳、惠州以及香港等地,是客家妇女喜爱戴的一种帽子。清代黄钊著《石窟一征》卷四记载:"妇女冬日戴帕,帕皆青布为之;暑天田功樵采,则戴凉笠,以竹为之,笠檐缀以青绢或青布,可以障目。"[①]关于凉帽的历史由来有3种不同的说法。

第一,南逃公主说。相传几百年前的北方,由于多年战乱,百姓南下逃难,难民中有位皇亲贵族公主。她来到南方地区的一个客家小山村。不久,敌方追兵过来,眼看公主难逃劫难,这时村里几位正在织篾的篾匠突然灵机一动,将编织的竹帽半成品戴到公主头上,旁边的一位客家妇女将一块黑布头巾往竹帽上一盖,遮住了公主的脸庞,并将公主带到田里劳作,由此躲过一劫。此后,竹帽加上黑布,便成为客家凉帽的前身。

第二,东坡发明说。相传宋代苏东坡被贬惠州时,一日携爱妾王朝云莳花园圃,为使爱妾不受风吹日晒,特制了一顶"中开一空(孔)"的竹笠供其使用。"中开一空(孔)"是让王朝云头上的发髻能够向上通过而不受阻碍,并且还可以遮住强烈的阳光,帽帘轻摆招来习习凉风,倍感凉爽。清人梁绍壬《两般秋雨庵随笔》有云:"东坡谪惠州,携朝云随侍,暇辄令其艺圃荷花,故制此笠,惠州、嘉应妇女群相效之。"后来,当地妇女纷纷效仿,《潮州志·丛谈志·物部》载:"客俗妇女,晴夏皆戴凉帽,制用竹织。其式为圆箔,中开一空以容顶髻,周围缀以绸帛,或以五纱、罗布分五幅,折而下垂。既可周遮头面,

---

[①] 黄钊:《石窟一征》,台湾学生书局1970年版,第175页。

而长夏操作，可以迎风障目，名曰凉帽，又曰苏公笠。"

第三，客家习俗说。相传宋代末期，客家人的祖先从中原辗转南迁闽粤赣交界山区。为了山区生存需要，客家妇女不仅抛弃裹脚传统，还走出深闺和男子一样，上山打柴，下田耕作，赴圩贸易。但客家妇女这种抛头露面的行为有失"妇德""妇容"。为了"遮羞"，聪明的客家妇女便想出了一个两全其美的办法，就是头上戴上竹笠并罩上一块黑布遮面，布上开个小孔看东西。后来，在实际使用中感到这样很不方便，有人便把布剪短，并缝在帽檐的周围，沿袭下来便成为一种习俗。清代姚莹在《康酉纪行》卷十四记载："余初至广东，过大庾岭，见妇人担负者，首戴帽如草笠，空其顶以出髻，有帷四垂，深约四寸，轩其前，轻其后。嗣至闽中，妇人担负者亦然。"[①]

三种说法的真实性今天已无从考究，但可以说明的是，客家凉帽最迟在宋代出现，开始成为闽西、粤东等地客家妇女日常劳作所戴的一种帽饰，至今已有千年历史。同时，三种说法都演绎了一个美丽动人的传说，给人产生了一种历史神秘感，加上融入了中国传统的家国情怀和人文精神，赋予了凉帽文化内涵，从而让这顶跨越千年历史的凉帽拥有了一种历史美。

二、深圳客家凉帽的自然美

自然界为人类创造美、欣赏美和利用美提供了物质条件。人类审美意识源于在生产实践过程中对自然界的感知、体验和崇拜。自然界"美的事物经常是以其鲜明生动的形式——色彩、声音、形体等诉诸人们的情感感受。各种形式的美更以突出的合规律性的自然形式（例如均衡、比例、节奏、韵律）成为美的对象"[②]。在这个基础上，人类逐渐形成了一个深厚久远的自然审美传统，"自然审美是中国古代美学之核心，崇尚自然审美是中国美学最显著的特征"[③]，从这个层面上看，深圳客家凉帽在很大程度上体现了中国传统的自然审美观念。

首先，客家凉帽源于自然。凉帽是客家人在对其所处的自然环境状况认知

[①] 转引自深圳市文化局、深圳非物质文化遗产保护中心主编：《深圳市第一批市级非物质文化遗产名录》，海天出版社2008年版，第101页。

[②] 赵丽君：《生产力的发展促进了人类审美意识的完善》，《大理学院学报》2013年第7期，第62页。

[③] 薛富兴：《中国自然审美传统的当代意义》，《云南大学学报》（社会科学版）2003年第4期，第75页。

基础上所创造出来的产物。众所周知,客家人是中原汉族人民南迁到达闽粤赣交界山区后诞生的一支汉族民系,其生活的自然环境阳光强烈,气候炎热,雨水较多。为了适应自然环境的需要,客家妇女结合日常生活和生产劳作的特点,创造性地发明了这项用于遮阳、防雨的凉帽。明清以来,客家人大量移民深圳地区,相比客家人聚居的闽西、粤东和赣南等地,这里的纬度更低,阳光照射时间更长,日总辐射量更大,雨水更加充沛,气候更加炎热,因而使得客家凉帽更具适应性。后来,在经过一定程度的改进后,深圳客家凉帽变得既轻巧、舒适又美观、实用,不仅成为深圳客家妇女帽饰的重要组成部分,而且还成为深圳客家标志性的文化符号。

其次,客家凉帽取材自然。凉帽的制作材料主要是竹子,竹子具有竹身直、韧性强、易开裂等特点,因而广泛用于竹艺编织。深圳温暖湿润的气候条件适宜竹子的生长,竹子种植广、种类多。清康熙《新安县志》记载,竹类有籀竹、黄竹、紫竹、甜竹、单竹、大头竹、油竹、泥竹、球竹等20多种,其中"柑坑山(今改名甘坑山),在七都,周匝四十里,昔傜人居之,多产赤竹"[1]。赤竹,深圳本地人称其为青竹,为竹类中最高品质的竹子,它与单竹一样,筒身直,竹节长(有一米多长),竹质细腻,纹理清晰,纤维韧性特强,能劈裂出薄如蝉翼或细如发丝的竹篾,是编织凉帽的优质材料。在深圳生产的凉帽中,以甘坑凉帽为优,其织出的凉帽顶竹篾均匀轻巧、美观耐用,不仅客家妇女喜欢戴,靠近客家村落的广府妇女也都喜欢戴。在20世纪50年代,甘坑村成为广东省唯一的凉帽出口生产基地,每月生产凉帽4500多顶,其中一半出口到东南亚地区和欧美部分国家的唐人街。[2]

再次,客家凉帽色彩接近自然。凉帽主体保留了竹子原色,帽帘布料多以黑色或蓝色为主,分黑帽和蓝帽两种,基本保持了大自然最常见的颜色,尤其是黑、蓝两色较深,不仅耐脏、耐洗,而且还特别适合生产劳作,体现客家人崇尚自然、简朴、素雅的传统审美观念。受客家传统观念影响,深圳客家凉帽的色彩运用大部分保留了这种传统风格。有所不同的就是大鹏凉帽,帽顶为红色,帽帘为蓝色,为大鹏地区独有。据说,大鹏人多为明清时期大鹏"守御千

---

[1] "宝安文史丛书"编纂委员会编:《康熙新安县志校注》,中国大百科全书出版社2006年版,第114、85页。

[2] 深圳市地方志编纂委员会编:《深圳市志·社会风俗卷》,方志出版社2014年版,第266—267页。

户所"驻军的后裔,清兵所戴军帽顶部为红色,凉帽顶由此而漆成红色,而帽帘为蓝色,则有两种说法,一是清朝大鹏守军的军服颜色是蓝色,由此沿袭而来;二是大鹏人常年与大海打交道,以海蓝为美。尽管说法不同,但都合情合理。

源于自然的深圳客家凉帽,既有自然的质,也有自然的色,还有自然的香,细节之处体现出一种自然之美。特区建立前,凉帽为深圳本地妇女必备之物,有"凉帽遮颜客家女"之称,如一首客家山歌所唱,"客家阿妹走过来,圆圆的凉帽头上戴,一顶凉帽一朵花,把阿妹的芳容半遮盖"。不论是深圳本地妇女出现在山间田野,还是来到圩镇集市,都会成为当地一道亮丽的风景线。

三、深圳客家凉帽的社会美

人是自然属性和社会属性的统一,审美活动是人类社会特有的现象,由此决定人类在审美过程中必然融入其思想情感和价值观念,从而使得审美呈现出社会美的特征。社会美是指社会领域里的美,是人们按照社会发展规律和自身审美理想创造出来的社会事物的美,是构成社会主体的人的美,是在人与人、人与社会关系中反映出来的美。[①] 社会美是人类对美好社会生活的一种向往和追求,其目标就是促进和谐社会的形成与发展,最终实现"美美与共,天下大同"的理想。凉帽作为客家人的社会生活实践产物,在保留自然美的同时,又表现出社会美的特点。

一是,凉帽造型与福建闽西的客家土楼极为相似。客家土楼是客家人来到闽西地区后,根据中国传统"天人合一"理念和"天圆地方"的自然观,结合当地自然环境和社会环境修建而成的民居建筑。客家土楼的主要特点就是外圆内空,即外部构造呈圆形,内部保留大量的空地。土楼内聚族而居,如同一个"大家族,小社会",体现了客家人对平等、团结、互助、和谐的社会追求,很大程度上表现出社会美的内涵。深圳客家凉帽之所以沿袭闽西客家土楼的形状和特征,这与从闽西地区迁来的客家人有很大关系。据甘坑村张氏族谱记载,该村始祖张讳挥公,原居福建长汀府宁化县(今属三明市),其第152代张绅公约于明朝天启年间,迁徙到今天的深圳甘坑村开基建业,张氏第158代张锦超公从甘坑村老围搬出村旁两里地的山坑居住,见自己耕种的村子土地贫瘠,为

[①] 王晓萍、刘诗:《审美对象——自然美、社会美、艺术美(上)》,《师范教育》1987年第10期,第42页。

生计便想多学门手艺，便拜邻村的张太婆夫妇为师。张太婆从福建长汀府祖传下来一门织凉帽手艺，农闲时织点凉帽自用，但她的绝技不轻易教人。张太婆一次急病，唤人叫锦超公，谁知锦超公去了趟观澜，传话人做活偏偏忘了此事。当记起找锦超公时已是晚上10时多。锦超公闻讯马上赶去探望，深夜抓药，悉心照料，感动了她，她就教会了锦超公织凉帽。张太婆逝世后，锦超公利用这漫山遍野的竹林，以织凉帽为生，传下了6代，最终发展为深圳有名的凉帽村。[①] 如果说客家土楼是客家人认识自然、改造自然和适应自然的一项伟大杰作，那么深圳客家凉帽则可说是客家土楼的延伸版和再创造。

二是，帽帘花穗是辨识婚姻的一种重要标志。深圳客家凉帽的帽帘两侧有两条垂下的布条，叫穗带或花穗，长度约为20厘米。穗带的功能除了用于装饰之外，更重要的是通过不同的颜色可以识别女性的婚姻状况。普遍来说，中老年妇女多用青色、黑色或红绿黑杂色，已婚妇女用红色，而未婚女子用的则是白色，故年轻未婚女孩外出都是拿白色穗带的凉帽，绝不拿其他颜色的戴，以免让人产生误会。据说，曾有一位农村嫂子和未婚的小姑结伴赶圩，嫂子逛了一会儿圩市后碰上内急，她上茅厕时把戴着的凉帽摘下，交给小姑拿着。这时有几个农村青年趁赶圩时找对象，有位小伙相中这位漂亮的小姑，便暗中跟了几条街。转悠时跟丢了，当重新发现了她，青年鼓足勇气凑上前，欲借故搭讪，突然发现小姑手里拿着一顶红色花穗的凉帽，心里顿时凉了半截，大失所望，装着若无其事地擦肩而过。[②] 这一误会，让双方错过了一段姻缘，但也由此说明，深圳客家凉帽除了遮阳防雨的自然功能之外，还具有一定的社会功用，也就是通过帽帘穗带的花色可以辨识女性的婚姻身份，让人们在婚恋时避免出现误会或混乱，从而间接地促进人与人之间的和谐。

四、深圳客家凉帽的艺术美

深圳客家凉帽最初是为满足日常生活需要而制作的器物，后来随着工艺不断改进，不仅外观更美，实用性更强，而且还逐渐融入了客家人的审美观念，艺术化程度不断加深，从而成为深圳客家民间工艺品的代表之作，体现了民间工艺品特有的艺术美，突出表现在制作工艺和编织图案两方面。

[①] 转引自深圳市文化局、深圳非物质文化遗产保护中心主编：《深圳市第一批市级非物质文化遗产名录》，海天出版社2008年版，第101页。

[②] 廖虹雷：《百年客家凉帽》，《宝安日报》2020年11月12日，第A17版。

深圳文化述论

从制作工艺上看，工艺流程复杂，技术难度大。以甘坑凉帽为例，其制作过程经过竹织、扫桐油、弥帽和上帽等四大环节和33道工序。其中，竹织环节包括裁竹、刮竹青、破篾、削篾、撕咬篾青篾囊、削篾框条、晒篾片、织帽箔、裁心仔、织"头碌"、织花纹图案"帽笪"、剪帽箔内圈、做帽框、编"帽蛇"、缝帽蛇、弓帽、扎水藤等工序。扫桐油环节包括煮桐油、扫桐油和晒帽等工序。完成扫桐油环节，客家凉帽的主体部分基本完成，之后就是弥帽和上帽。先将白布成匹染黑，上浆、晒干，裁成布条，再将黑布条用水抹湿铺在木板上，用手指把布条一小行一小行捻成0.2厘米宽间隔的皱褶，缝上三行线，固定住180个皱褶，然后用细滑绸布做帽箔小圈内的"帽蛇"，包住竹编的帽蛇，用蜡线将布帘缝好。最后是钉上扣耳，装好穗带，一顶凉帽制作流程便完成了。整个流程不用任何机械，完全靠手工制作。当中技术性最强的就是用牙"撕篾"，也就是将竹片削平滑之后，用牙齿咬着竹片的一端，往外撕成一条条厚度不到0.01厘米[①]，宽度约0.5厘米的篾条，并且每条都要保持一样的宽度、厚度，编制时才能做到既紧密又平整，做出的凉帽才轻盈、实用。可以说，客家凉帽凝结了深圳客家人在工艺技术方面的智慧。

从编织图案上看，深圳客家凉帽的帽顶编织有一些用于装饰的花纹图案，更加富于艺术性。凉帽编织花纹图案的流程叫"帽笪"，常见的花纹有"满天星""娥眉花"两种，有的还编有"福禄满堂""风调雨顺"等字样。这些花纹图案的编织没有专门的手艺，完全是依靠祖辈传授下来的口诀来进行，如用"四皮囊一皮青"的口诀可织"满天星"，用"三皮囊一皮青"的口诀可织出"娥眉花"，可见其技术难度也是相当的大。有了这些花纹图案之后的凉帽，造型变得更加美观、大方，极富审美价值。

综上所述，如今的深圳客家凉帽已经不是一顶单纯的帽子，而是一件具有历史价值、文化价值和经济价值的艺术品，其所呈现出来的生态美学观念对当代深圳生态文明建设具有重要的现实价值。

[①] 深圳市文化局、深圳市非物质文化遗产保护中心主编：《深圳市第一批市级非物质文化遗产名录》，海天出版社2008年版，第102页。

第六章　深圳文化遗产和产业开发

人类创造文化既是一个历史过程，同时又是一个积淀过程。文化经过长期的历史积淀后逐渐转变为一种大多数人共享的文化遗产。文化遗产泛指人类创造出来的、具有文化属性的各种劳动成果，包括有形的物质文化遗产和无形的非物质文化遗产，是人类文明的瑰宝，是一个国家悠久历史文化的"根"与"魂"，因而得到世界各国的重视和保护。深圳有着久远的人居历史，文脉绵延不断，文化遗产众多，不仅拥有数千年的史前文化遗址、数量众多的历代文物古迹和近现代史上的革命遗址，而且还有多元丰富、具有地域特色的各种非物质文化遗产，它们是深圳历史变迁和社会发展的见证物，承载着深圳的历史记忆和文化基因，是深圳人民的宝贵财富。特别是改革开放后，随着深圳经济特区的建立和城市发展，各种类型的文化遗产得到活化，成为深圳文化产业发展的重要资源，展现了深圳文化的历史魅力和现代之美。

第一节　物质文化遗产

物质文化遗产是指具有历史、艺术和科学价值的文物，主要包括古文化遗址、古墓葬、古建筑、石窟寺、石刻、壁画、近代现代重要史迹和代表性建筑等不可移动文物，也包括历史上各时代重要实物、艺术品、文献、手稿、图书资料、代表性实物等可移动文物。深圳市的文物考古工作始于1956年，广东省文化局的考古工作队在南头九街西门外鹦哥山南坡等地发现了一批新石器时代到商周时期的遗址。深圳经济特区建立以后，先后于1984年、1999年和2006年进行3次全市范围的文物普查，共查出地上、地下文物1792处，公布各级文物保护单位150多处，形成国家、省、市、区、街道、社区6级文物保护单位格局。与此同时，深圳还建有61座博物馆，馆藏文物数量多而且类型丰富，有力促进了深圳市文博事业的发展。

一、历史悠久、积淀深厚的古文化遗址

深圳的古文化遗址数量较多而且类型丰富，时间跨度从新石器时代中晚期至明清时期，多处遗址在珠江三角洲乃至整个岭南地区都具有典型的代表性，有的还填补了岭南地区考古史的空白。

（一）新石器时代中晚期遗址

考古资料表明，早在距今7000年前的新石器时代中期，人类就已经在深圳这块土地上繁衍生息。深圳境内发现的古文化遗址111处，其中新石器时代中期遗址6处，新石器时代晚期遗址40多处，主要分布在海边沙丘和较大河流两旁的山岗上。中期遗址均为沙丘遗址，晚期有7处沙丘遗址，余者为山岗、台地等类型遗址。其中，咸头岭遗址是整个珠江三角洲新石器时代沙丘文化遗址的代表，月亮湾遗址则是目前深圳发现的时代较早、保存较完好的山岗遗址。

从1981—2006年，深圳曾先后6次对咸头岭遗址开展调查、发掘，出土大量新石器时代中期的陶器和石器、大量古越族先民的文化遗物，这是深圳迄今为止发现的时代最早的考古遗址，其时代之早和遗物之丰富，在珠江三角洲地区诸多遗址中是首屈一指的。尤其是第四次发掘的咸头岭器物中首次发现了新石器时代的红陶。这一考古结果表明，岭南人在这一时期不但将陶器作为生活用具，而且把它作为代表宗教观念的崇拜物。更重要的是，这次发现的近百件器物是咸头岭遗址中数量最多的一次，在一定时间和空间代表了当时文化的最高水平。珠江三角洲地区新石器时代考古学文化的典型，被命名为"咸头岭文化"。它对探索环珠江口地区古文化的源流问题意义十分重大，并入选2006年度全国十大考古发现之一。

随着深圳城市建设规模的不断扩大，尽管有些古文化遗址遭到了不同程度的破坏或消失，但发掘出来的诸多文物在一定程度上证实了深圳"7000年文化史"之说，而且还确认了深圳地区早在新石器时代中晚期就是珠江三角洲地区的文化中心区之一。（见表6-1、表6-2）

第六章 深圳文化遗产和产业开发

表6-1 新石器时代中期遗址

时间跨度	遗址名称	所在地	备注
7000—6300年	南山村月亮湾遗址	南山区南山村月亮湾荔枝园内	—
	咸头岭村遗址	大鹏新区大鹏街道咸头岭村	—
	大梅沙遗址1区	盐田区大梅沙海边沙堤上	—
6300—5600年	大黄沙遗址	大鹏新区葵涌街道	无存
	小梅沙遗址	盐田区小梅沙度假村东北面	无存
5600—5000年	下洞村遗址	大鹏新区葵冲街道下洞村前	无存

表6-2 新石器时代晚期遗址

辖区	遗址名称	所在地	备注
南山区	虎地山遗址	蛇口街道虎地山南坡	—
	鹤地山遗址赤湾村遗址	蛇口街道鹤地山东北的古沙洲	无存
	内伶仃岛南湾遗址	蛇口街道内伶仃岛南湾沙丘	无存
	鹦歌山遗址	南头古城北面的鹦歌山	无存
	白泥山遗址	南头街道白泥山	无丰
	白石岭遗址	沙河街道白石洲白石岭山	无存
	大马岭村遗址	西丽街道长源大马岭村	—
盐田区	蒙仔梯山遗址	蒙仔梯山	无存
	墨鱼坳山遗址	墨鱼坳山	无存
宝安区	更鼓岭村黄策捕鱼山遗址	新安街道更鼓岭村	铁岗水库淹没
	更鼓岭村钓鱼山遗址	新安街道更鼓岭村	—
	江雀薮村蚌地山遗址	新安街道江雀薮村	铁岗水库淹没
	江雀薮村金坑山遗址	新安街道江雀薮村	铁岗水库淹没
	黄麻布村大王黄田山遗址	西乡街道黄麻布村	—
	九围村高排凹山遗址	西乡街道九围村	—
	岗面山遗址	西乡街道西乡中学北面岗面山	无存

203

续表

辖 区	遗址名称	所在地	备 注
宝安区	灶下村遗址	福永街道灶下村	无存
	下角山遗址	福永街道西北下角山北坡	无存
	罗租村罗租果场遗址	石岩街道罗租村罗租果场内	—
	燕塘村禾窖口山遗址	松岗街道燕塘村罗田水库	—
	燕塘村大石寨山遗址	松岗街道燕塘村罗田水库	—
	燕塘村铁公坑山遗址	松岗街道燕塘村罗田水库	无存
	燕塘村锦擎山遗址	松岗街道燕塘村罗田水库	无存
	红星村威岗山东北遗址	公明街道红星村威岗山东北部	—
	红星村威岗山东南遗址	公明街道红星村威岗山东南部	—
	光明农场鹅颈山遗址	光明农场东周村鹅颈山	无存
龙华区	清湖村飞鹅岭遗址	龙华街道清湖村	无存
	清湖村鹅冠山遗址	龙华街道清湖村西北	无存
	清湖村早禾岭遗址	龙华街道清湖村东	无存
	瓦窑排村东埔山遗址	龙华街道青松瓦窑排村	无存
	瓦窑排村羊梅坑山遗址	龙华街道松村	无存
	松村后背山遗址	龙华街道松村	无存
	陂兰村斜岭山遗址	龙华街道陂兰村斜岭山西	无存
	弓村遗址	龙华街道三联弓村	无存
	东庵村乌背岭遗址	观澜街道东庵村东南面	无存
大鹏新区	上洞村东南遗址	葵涌街道土洋上洞村	无存
	庙角山遗址	葵冲街道东庙角山西坡	无存
	水沥村遗址	葵冲街道水沥村前	无存
	下沙村金沙湾遗址	大鹏街道下沙村	—
	西冲口遗址	南澳街道西冲口鱼塘附近	—
龙岗区	南联村遗址	龙岗街道南联村南部	—
坪山区	夹圳岭遗址	坪山街道沙湖村	—

（二）青铜器时代遗址

商时期是珠江三角洲地区由新石器时代进入青铜时代的过渡时期。这一时期，深圳发掘出来的青铜器时代遗址有60多处，目前保存完好的有9座。这些遗址以山岗遗址为多，沙丘遗址较少，而且分布广、面积大、分布密集，各区均有发现。

1983年秋，考古人员在观澜追树岭遗址中采集到青铜残短剑1件。1987年10月发掘的南头叠石山遗址，出土1件小型凹口青铜锸和1件青铜管形器，并出土4件铁链。1992年、1993年，深圳博物馆考古队对大梅沙古遗址进行两次发掘，清理了10座青铜器时代的墓葬，其中6座墓随葬青铜器，共出11件，计有短剑、矛、钺、篾刀等。这是深圳地区保存面积最大、出土文化遗物最多的遗址，并且具有明显的地方特色，对研究珠江三角洲地区青铜器时代文化面貌以及广东青铜器的来源和铸造技术等问题都具有重要意义。

2001年底到2002年2月，考古人员对南山西丽福光村屋背岭遗址进行发掘，清理出墓葬94座，出土各种珍贵文物多达300件，属于商时期，有陶罐、陶豆、陶钵、陶纺轮、玉矛等，在2座东周墓葬中还出土铜矛、铜斧、铜剑等。这批墓葬的发现在深圳尚属首次，屋背岭遗址成为2001年全国十大考古新发现之一。

春秋战国时期，我国开始进入铁器时代。这一时期的深圳地区人口增多，生产力和经济发展的水平比之前代有了很大的发展。属于这一时期的文化遗址有30多处，大部分保存较好，出土的文物有陶器、石器、青铜器和铁器等，其中以叠石山遗址为典型代表。该遗址位于南山区茶光村南面的叠石山。1987年发掘，发现干栏式建筑遗迹1处，出土遗物丰富，有陶片、石器、青铜器和铁器。其中，最为引人注目的是出土了4件铁斧，这在广东地区同类型文化遗址中不仅罕见而且还是首次发现，为研究广东地区早期铁器的使用和来源提供了珍贵的实物材料。（见表6-3、表6-4）

表6-3　商时期遗址

遗址名称	所在地	备　注
向南村遗址	南山区向南村沙堤	—
长源村麻坑窝遗址	南山区西丽长源村西面	—
上面光村东山遗址	南山区西丽上面光村东山	—

续表

遗址名称	所在地	备　注
福光村屋背岭遗址	南山区西丽福光村	—
福光村麦地巷西山遗址	南山区西丽福光村南侧	—
杨屋村后山遗址	南山区西丽杨屋村	—
大梅沙村遗址	盐田区大梅沙村北梅沙小学西侧	—
信宜村遗址	宝安区石岩镇信宜村西北石岩湖南侧	—
白花村碗窑水库遗址	宝安区光明农场白花村碗窑水库东北	—

表 6-4　春秋战国时期遗址

遗址名称	所在地	备　注
职业技术学院遗址	南山区西丽职业技术学院内	—
茶光村叠石山遗址	南山区西丽街道茶光村南面	—
九祥岭遗址	南山区西丽小学	—
东湖公园松亭山遗址	罗湖区东湖公园松亭山	—
大梅沙遗址2区	盐田区大梅沙海边沙堤上	—
白花村碗窑水库遗址	宝安区光明农场白花村碗窑水库东北	—
白花村诚光砖厂遗址	宝安区光明农场白花村诚光砖厂东南	—
更鼓岭村三角山遗址	宝安区西乡街道铁岗水库更鼓岭村西南	铁岗水库淹没
更鼓岭村槁察山遗址	宝安区西乡街道铁岗水库更鼓岭村东	铁岗水库淹没
黄麒麟山遗址	宝安区西乡街道铁岗水库三合水西北岸	铁岗水库淹没
江雀薮村死妹山遗址	宝安区西乡街道铁岗水库西面	铁岗水库淹没
南下山遗址	宝安区西乡街道铁岗水库西北	铁岗水库淹没
凤凰村林山遗址	宝安区福永街道凤凰村林山北部	—
黎光村遗址	宝安区石岩街道黎光村南羊台山下	—
麻布村木炭山遗址	宝安区石岩街道麻布村木炭山荔枝园内	—
径贝老村猪场遗址	宝安区石岩街道上屋径贝老村	—
径贝老村后山岗遗址	宝安区石岩街道上屋径贝老村荔枝林内	—
径贝老村麻布果场遗址	宝安区石岩街道上屋径贝老村麻布果场	—
石岩供水公司遗址	宝安区石岩街道石岩供水公司西北	—

续表

遗址名称	所在地	备注
黄麻埔村遗址	龙华区大浪街道黄麻埔村东边	—
东庵村追树岭遗址	龙华区观澜街道东庵村南	无存
福民村西山岗遗址	龙华区观澜街道福民村西	—
白花果场遗址	宝安区光明农场白花果厂内	—
鲤鱼塘村遗址	龙岗区布吉街道上李朗鲤鱼塘村东	—
甘坑果场场部东遗址	龙岗区平湖街道甘坑果场东边	—
甘坑果场场部北遗址	龙岗区平湖街道甘坑果场部北山	—
爱联村蒲芦陂遗址	龙岗区龙岗街道爱联村南部	—
新香村金鱼岭遗址	坪山区坪地街道六联村新香自然村东	—
冲街村遗址	大鹏新区南澳街道东涌冲街村海滩	—

（三）唐至明清时期遗址

秦汉以后，随着历史封建王朝在岭南地区设郡立县和中原汉族移民不断到来，以及中原文化和生产技术的传入，深圳地区得到相应的开发，促进了社会经济发展，也留下了较丰富的文化遗存。目前发掘的遗存中，唐代以前较少，主要集中在唐至明清时期，其中水贝村遗址时间跨度最长，从唐、宋时期延续至清代。该遗址位于大鹏新区大鹏街道水贝村东北的山前坡地上。东西长约100米、南北宽约80米，面积约8000平方米。文化层厚约40厘米，地表散落有泥质灰陶片、釉陶片、青瓷片、白瓷片等。可辨器形有青花瓷碗、釉陶壶、大口罐等。（见表6-5）

表6-5　唐至明清时期遗址

遗址名称	所在地	时间
罗租小学遗址	宝安区石岩街道罗租公园西	汉至唐
白花村遗址	宝安区光明农场白花村新围	唐宋至明清
水贝村遗址	大鹏新区大鹏街道水贝村东北	唐宋至清代
白石岗遗址	大鹏新区葵涌街道白石岗村东北	唐至清代
上李郎村遗址	龙岗区布吉街道上李朗村东部	宋代

207

续表

遗址名称	所在地	时间
牛始埔村西南岩岗遗址	龙岗区横岗街道牛始埔村西南	宋代
大万村遗址	坪山区坪山街道大万村西部	宋至清代
龙歧村遗址	大鹏新区大鹏街道龙歧村东南部	宋元
石龙仔新围遗址	宝安区石岩街道水田村石龙仔新围	明清
浪口村遗址	龙华区龙华街道浪口村东北	明清
牛眼岭村遗址	龙岗区坪地街道四方铺村牛眼岭西南	明清
西坑村遗址	坪山区坑梓街道老坑村西坑	明清
吓村遗址	大鹏新区南澳街道南农村吓村东	明清
新大村七娘山遗址	大鹏新区南澳街道新大村七娘山下	明清
水头沙村遗址	大鹏新区南澳街道水头沙村内	清代
高岭村遗址	大鹏新区南澳街道高岭村	清代
新村岭村遗址	大鹏新区葵涌街道新村岭村南	清代
较场尾村遗址	大鹏新区大鹏街道较场尾村西北	清代

二、秦汉至明清时期的古墓葬

古墓葬是指人类历史以来对逝者进行埋葬的遗迹，包括墓穴、葬具、随葬器物和墓地。具有一定的历史价值、文化价值和社会价值的古墓葬，为研究不同历史时期的社会状况提供了重要实物资料。

秦汉以前，深圳地区的居民为越族人，他们大多定居在靠海的沙丘或山冈上，留下的墓葬数量较少，发现新石器时代晚期墓葬2座，商周时期墓葬1座，春秋战国时期墓葬3座。其中，位于南山区西丽街道福光村屋背岭遗址商周时期墓葬中规模最大、时间最长、出土文物数量较多的1座。从规模上看，该墓葬的面积超过1400平方米，发掘清理出商时期墓葬有94座，出土大批石斧、陶罐、玉矛、铜矛等各种珍贵文物多达300件；从时间上看，该墓葬早期从新石器时代晚期至夏商之际，中期属于商代中期，晚期从商代晚期至西周初年；从价值上看，该墓葬群是继广东博罗横岭山先秦墓地后的又一重要发现，被评为"2001年中国考古十大新发现"。[①] 这是广东地区发现、发掘规模最大的商时

---

① 《中国十大考古新发现（2001年）》，《科技日报》2002年4月26日，第008版。

期墓葬群，对于广东商周考古研究而言，填补了珠江三角洲及港澳地区陶器编年的一段空白，树立起该阶段的年代标尺，刷新了对珠江三角洲及港澳地区的本地文化特色和文化交流的认识，改变了人们在珠江三角洲和珠江口地区对史前、先秦时期聚落特点的认识。

秦汉至明清时期，随着中原汉族移民增多、汉文化的传播、郡县建立和城市发展，留下的古墓葬数量较多。目前发现的历代古墓葬有500余座，主要集中在南头城附近及其西南的平原海边一带，如南头红花园、大王岭、西乡铁仔山、富足山、沙井大边山、云霖岗等地，这些不同时代、不同类型、不同形制、不同内涵的古墓葬，为研究深圳地区历史发展提供了重要实物资料。尤其是在汉代墓葬红花园墓葬中出土了乘法口诀墓砖1块，属于全国汉墓中首次发现，为研究汉代数学史提供了珍贵的实物资料。另外，在宝安区西乡街道铁仔山发掘出自东晋至明清时期的各类古墓葬185座，出土了东汉熹平四年（175年）纪年砖、东汉人头像砖、铜镜和东晋鸡首壶等一批重要文物。由于该墓群墓葬的历史延续时间长、出土文物数量多、叠压关系之清楚和墓葬形制多样，在广东省仅此一处，在全国也属罕见，被评为"2000年全国重要考古发现"之一，[①]对研究深圳地区自东晋至明清时期的历史变迁提供了宝贵的实证史料。（见表6-6）

表6-6　历代古墓葬

时期	遗址名称	朝代	所在地
新石器时代至战国时期墓葬	后海墓葬	新石器时代晚期	南山区蛇口后海大龙须沙丘遗址内
	咸头岭墓葬	新石器时代晚期	大鹏新区大鹏街道咸头岭遗址内
	屋背岭墓葬群	新石器时代晚期至商周	南山区西丽街道福光村
	大梅沙村墓葬	春秋时期	盐田区大梅沙村东北
	大梅沙遗址Ⅱ区墓葬	春秋时期	盐田区大梅沙海边沙滩
	大湖村墓葬	战国时期	南山区南头街道大湖村南

---

① 赵盼盼、张齐：《铁仔山古墓群宝安的编年史》，《宝安日报》2018年5月15日，第A20版。

续表

时　期	遗址名称	朝　代	所在地
汉代	红花园墓葬	东汉	南山区红花园
	岗面山墓葬	东汉	宝安区西乡街道西乡中学北侧山冈
	铁仔山墓葬	东汉	宝安区西乡街道铁仔山东坡
	咸头岭墓葬	东汉	大鹏新区大鹏街道咸头岭村东边沙丘
东晋、南朝	大王山墓葬	东晋	南山区南头古城南郊的大王山
	红花园墓葬	东晋	南山区南头古城红花园
	万丰村大边山墓葬	东晋	宝安区沙井镇万丰村大边山
	铁仔山东晋墓葬群	东晋	宝安区西乡街道铁仔山东坡
	铁仔山南朝墓葬群	南朝	宝安区西乡街道铁仔山东坡
	流塘墓葬群	南朝	宝安区西乡街道流塘村西北富足山脚
	大涌墓葬	南朝	南山区南头街道大涌村
	大王山墓葬	南朝	南山区南头古城南郊大王山和红花园
隋、唐、宋、元	大王山墓葬	隋朝	南山区南头古城南郊大王山
	南头古城墓葬	唐代	南山区南头古城南部、西部和西岗
	东埔排墓葬	宋代	南山区平山村东埔排
	咸头岭墓葬	宋代	大鹏区大鹏街道咸头岭遗址内
	铁仔山墓葬	宋代	宝安区西乡街道铁仔山
	黄默堂墓葬	南宋	福田区莲花山西北坡
	红花园墓葬	元代	南山区南头古城东南面红花园
	后海墓葬	元代	南山区后海
明清	红花园墓葬	明代	南山区南头古城东南面的红花园
	铁仔山墓葬	明代	宝安区西乡街道铁仔山
	后海、鹦歌山墓葬	清代	南山区后海及鹦歌山南坡
	万丰村邓氏祖墓	清代	宝安区沙井街道万丰村后山冈北坡
	村崖岭文应麟墓	清代	宝安区公明街道楼村崖岭东坡

此外，深圳还有不少历史人物墓，主要有历史上反抗外来侵略的英雄人物、乡绅名士、秀才举人、名门望族先辈墓等，计有赤湾村宋少帝墓、福永文中训

夫妇墓、沙井陈朝举墓、将石村清提督麦冠东墓、下村松树岭徐勋墓、王母围明武略将军刘钟与夫人杜氏合葬墓、鹏城村刘起龙将军墓、大鹏古城东校场刘太林夫人墓、王母圩村黄岐塘赖太母刘老夫人墓、卧龙山赖英扬将军墓、下沙村赖信扬"建威将军"墓、黄岐塘王母圩村赖恩爵将军墓、福合园陈夫人墓和硬柏树村义冢。

三、形式多样、多元并存的历史建筑

据文物部门调查统计，目前深圳发现的古建筑有1300多处，种类涉及古城寨、民居、宗祠、学校（书院）、寺庙、碉楼、水井、塔阁、牌坊、桥梁、会馆、商铺、医院、炮台、烟墩、历史名人故居、革命纪念建筑、帝国主义侵华建筑，以及当代改革开放历史建筑。建于南宋的龙津石塔和黄默堂墓塔是深圳发现最早的地面建筑。这些历史建筑物大多数得到有效保护，有的还成为深圳市各级文物保护单位。其中，国家级重点文物保护单位3处、省级文物保护单位15处、市级文物保护单位38处。

2005年，深圳举办了"深圳改革开放十大历史性建筑评选"活动，市委大院及孺子牛雕塑、莲花山广场邓小平雕像、国贸大厦、地王大厦、电子大厦、世界之窗的世界广场、上海宾馆、罗湖口岸联检大楼、深圳博物馆和深圳大学主体建筑等10座在特区改革开放和城市发展进程中具有重要影响的建筑当选"十大历史性建筑"。2010年，深圳在全国率先出台《关于进一步加强我市改革开放历史文物保护的意见》，首次将文化遗产保护范畴拓展至改革开放时期，莲花山山顶广场邓小平塑像和孺子牛雕塑等两处改革开放历史文物被正式确定为"深圳市文物保护单位"。（见表6-7）

表6-7 深圳市各级文物保护单位

级别	名称	所在区	类别	时间
国家级（3处）	大鹏所城	大鹏新区	古建筑	明清
	中英街界碑	盐田区	近现代重要史迹	1905年
	土洋村东江纵队司令部旧址	大鹏新区	近现代重要史迹	1943—1945年

续表

级　别	名　称	所在区	类　别	时　间
省级 (15处)	大万世居	坪山区	古建筑	清
	鹤湖新居	龙岗区	古建筑	清
	龙田世居	坪山区	古建筑	清
	茂盛世居	龙岗区	古建筑	清
	曾氏大宗祠	宝安区	古建筑	清
	南头古城垣	南山区	古城址	明
	元勋旧址	罗湖区	古建筑	明
	黄默堂墓	福田区	古墓葬	宋
	铁仔山古墓群	宝安区	古墓葬	战国—明清
	绮云书室	宝安区	古建筑	清
	龙津石塔	宝安区	古建筑	宋
	屋背岭遗址	南山区	古遗址	商周
	咸头岭遗址	大鹏新区	古遗址	新石器时代
	莲花山邓小平铜像	福田区	近现代重要史迹	2000年
	孺子牛雕塑	福田区	近现代重要史迹	1984年
市级 (38处)	刘起龙墓	大鹏新区	古墓葬	清
	赤湾左炮台	南山区	古建筑	清
	宋少帝陵	南山区	古墓葬	清
	大梅沙古遗址	盐田区	古遗址	史前
	东江游击队指挥部旧址	罗湖区	近现代重要史迹	抗日战争时期
	东山寺石牌坊	大鹏新区	近现代重要史迹	抗日战争时期
	振威将军赖恩爵墓	大鹏新区	古墓葬	清
	赖太母墓	大鹏新区	古墓葬	清
	大坑烟墩	大鹏新区	构筑物	清
	东江纵队《前进报社》旧址	坪山区	近现代重要史迹	抗日战争时期
	永兴桥	宝安区	古建筑	清
	凤凰塔	宝安区	古建筑	清
	文昌阁	宝安区	古建筑	清

续表

级别	名　称	所在区	类别	时间
市级 (38处)	信国公文氏祠	南山区	古建筑	清
	育婴堂	南山区	近现代重要史迹	清末
	沙头角中英街	盐田区	近现代重要史迹	清
	解放内伶仃纪念碑	南山区	当代文物	1950年
	陈郁故居	南山区	近现代重要史迹	当代
	东莞会馆	南山区	古建筑	清
	赤湾天后庙遗址	南山区	古建筑	清
	汪刘二公祠	南山区	古建筑	清
	沙栏吓天后宫	盐田区	古建筑	
	沙栏吓吴氏宗祠	盐田区	古建筑	清
	赤湾烟墩	南山区	古建筑	清
	省港大罢工委员会接待站旧址	罗湖区	近现代重要史迹	1927年
	深圳革命烈士纪念碑	福田区	当代文物	现代
	南头古城址	南山区	古建筑	明
	黄思铭公世祠	福田区	古建筑	清
	文武帝宫	坪山区	古建筑	清
	黄氏宗祠古建群	宝安区	古建筑	清
	王大中丞祠	宝安区	古建筑	清
	沙井智熙家塾	宝安区	古建筑	清
	锦庭书室	宝安区	古建筑	清
	麦氏大宗祠	光明区	古建筑	明清
	中共宝安县第一次党代会会址（素白陈公祠）	宝安区	近现代重要史迹及代表性建筑	清
	营救文化名人旧址（白石龙村天主堂）	龙华区	近现代重要史迹及代表性建筑	民国
	"时间就是金钱，效率就是生命"标语牌	南山区	近现代重要史迹及代表性建筑	1984年
	前海石	南山区	近现代重要史迹及代表性建筑	2010年

在表 6-7 的文物保护单位中，大鹏所城、盐田中英街、赤湾天后庙、南头古城、赤湾左炮台与大鹿湾海域界碑、南山大铲岛、鲨鱼涌古港、内伶仃岛、沙井江氏大宗祠蚝壳屋等，于 2013 年 11 月被评为"深圳十大海洋文化历史地标"。赤湾天后庙于 2017 年 1 月还入选了"广东十大海上丝绸之路文化地理坐标"。

四、彰显现代城市文化的"博物馆之城"建设

特区建立前的深圳，没有一间博物馆。深圳经济特区建立后，随着大规模的城市建设，埋藏在深圳地下的许多文物破土而出，急需抢救和保护。为此，深圳政府部门于 1981 年 10 月批准设立深圳经济特区博物馆，并作为 80 年代八大文化设施之一，担负起深圳市的文物管理、考古调查和博物馆的筹备建设工作。1988 年 11 月，深圳市博物馆建成开馆。2008 年初，改为深圳博物馆，成为集收藏、保护、展示、教育、研究于一体的大型博物馆。

经过 40 多年的发展，深圳博物馆事业也得到了极大发展。一是博物馆数量飞速增长。据广东省文化和旅游厅 2023 年 5 月发布的《广东省 2022 年度博物馆事业发展报告》，截至 2022 年末，深圳现有博物馆 61 家，居全省第二位，其中国家一级 1 家、二级 1 家、三级 8 家，跻身于广东省博物馆数量的前列。二是博物馆类型多样。新世纪以来，深圳先后建立大鹏古城博物馆、中英街历史博物馆、客家民俗博物馆等多家博物馆，构建了各具特色的博物馆群体，既有综合性的历史博物馆、地志性的历史博物馆，还有各种专题性的历史博物馆、革命纪念馆、民俗类博物馆、古生物博物馆、村史博物馆等，各具特色。三是办馆模式。不仅有公立、私营、民办，而且还有公私合办等，形成市、区、街道、社区的博物馆体系。在 61 家博物馆中，除了 19 家为国有博物馆外，余下的 42 家为非国有博物馆，占比近七成，约占广东省非国有博物馆数量的 1/3，排名广东省第一位。四是馆藏珍贵文物数量。文物藏品 6 万多件，其中三级以上文物 6000 多件。在 2022 年广东省馆藏珍贵文物数量排名前十的博物馆中，深圳博物馆以 5456 件/套居全省第三位。其中不乏精品，如东汉"九九乘法口诀"刻文砖，南北朝三区段式神人纹铜镜等，尤其是青铜器数量多达 400 件，居广东省文博界之前列。

如今，分布于深圳高楼大厦间的各类博物馆，既是历史的保存者和记录者，也是当代发展的见证者和参与者。习近平指出：博物馆是保护和传承人类文明的重要殿堂，是连接过去、现在、未来的桥梁，在促进世界文明交流互鉴方面具有特殊作用。根据《深圳市博物馆事业发展五年规划（2018—2023）暨2035远景目标》，到2023年，推动博物馆总数达到80座左右，深圳将被建设成国内知名的博物馆大市；到2035年，力争博物馆总数达到150座左右，各区建设至少一家区级博物馆。新时代的深圳，正在成为崛起的"博物馆之城"。

文物是人类创造物质文明的历史遗存，是人类文明的见证物，是历史留给人类的宝贵财富，是不可再生的珍贵文化资源，值得珍惜和保护。习近平指出，"文物承载灿烂文明，传承历史文化，维系民族精神，是老祖宗留给我们的宝贵遗产，是加强社会主义精神文明建设的深厚滋养。保护文物功在当代、利在千秋"。在保护和利用文物资源方面，习近平还指出，"考古遗迹和历史文物是历史的见证，必须保护好、利用好"。[1] 习近平的一系列讲话为确立新时代文物工作方针奠定了理论和实践基础。新时代的深圳经济特区肩负着社会主义先进文化的示范者和引领者的使命和责任，只有切实牢记习近平的指示和精神，不断开拓创新文物保护工作，才能让历史文物与现代化建筑交相辉映。

第二节　深圳非物质文化遗产

非物质文化遗产是人类文明的记忆载体、文化多样性的鲜活样本。根据《中华人民共和国非物质文化遗产法》（2011年2月25日）的定义，非物质文化遗产，是指各族人民世代相传并视为其文化遗产组成部分的各种传统文化表现形式，以及与传统文化表现形式相关的实物和场所。非物质文化遗产是文化遗产的重要组成部分，是我国历史的见证和中华文化的重要载体，蕴含着中华民族特有的精神价值、思维方式、想象力和文化意识，体现着中华民族的生命力和创造力。深圳经济特区建立以来，政府有关部门一直重视文化遗产的保护。2003年，深圳市提出"文化立市"战略，把非物质文化遗产的调查、研究、保护和挖掘工作作为一项重要任务。2005年，深圳市在全省率先开展了非物质文化遗产普查工作。2007年，建立健全非物质文化遗产保护机制，相继建立了非物质文化遗产保护中心、非物质文化遗产保护办公室（市文物管理办公室）和非物质文化遗产保护协会等机构和组织。2009年，制定了《深圳市非物质文化

---

[1] 习近平：《建设中国特色中国风格中国气派的考古学　更好认识源远流长博大精深的中华文明》，《中国文物科学研究》2020年第4期，第3页。

深圳文化述论

遗产名录项目申报评审管理暂行办法》《深圳市非物质文化遗产项目代表性传承人认定及保护暂行办法》，按照"保护为主、抢救第一、合理利用、传承发展"的方针，通过采取抢救性保护、整体性保护和生产性保护等措施，取得了显著成果。根据文化部门统计，至2008年，深圳先后公布了五批非物质文化遗产代表性项目共有222项，形成了国家级、省级、市级和区级的4级非遗保护体系，其中国家级8项、省级27项、市级63项。代表性传承人176人，其中国家级代表性传承人3人、省级24人、市级30人。项目涵盖民间文学、传统音乐、传统舞蹈、传统戏剧、传统美术、传统体育、传统技艺、传统医药和民俗等类别。同时，深圳还结合深圳移民城市特点，发挥文化创新和科技创新的优势，积极重视外来非物质文化遗产的保护与开发，不仅形成了"非地非遗"的创新性保护模式，还探索出一条"非遗＋文创"融合发展的路径，成为深圳非物质文化遗产的一大亮点。

一、中原文化传统的国家级非物质文化遗产

国家级非物质文化遗产是指体现中华优秀传统文化，具有重大历史、文学、艺术、科学价值的非物质文化遗产项目。2008年以来，深圳4次申报国家级非物质文化遗产项目，成效显著，先后有8个项目被认定为国家级非物质文化遗产项目，分别是沙头角鱼灯舞、平乐郭氏正骨法、下沙祭祖习俗、坂田永胜堂舞麒麟、大船坑舞麒麟、松岗七星狮舞、贾氏点穴疗法和上川黄连胜醒狮舞。这些项目中属于传统民俗的1项、传统舞蹈5项、传统医药2项，它们共同特征是中原汉族移民深圳地区后，将中原传统文化与地方特色文化融合而成的一种文化习俗，其中最具代表性的项目是沙头角鱼灯舞。

首先，沙头角鱼灯舞是源于中原地区传统的民间舞蹈。鱼灯舞是源于中原黄河流域的一种民间艺术，后来随着中原汉族移民深圳地区而传入。据沙栏吓村吴氏族谱记载，吴氏祖先源自中原地区，自3000多年前的商、周代之间，吴氏历代祖先由中原南迁福建、江西、元、明时期进入广东梅县、大埔等地，后有一支系迁往广东博罗县定居，而沙栏吓村开基祖则是清康熙年间从广东博罗县迁到沙头角。后来，吴氏族人根据当地民间的元宵习俗和自身的渔业劳作生活，结合各种鱼类形象创造了一种独特的民间舞蹈。因客家话中"鱼"与"吴"谐音，使得鱼灯舞成为了吴氏族人世代坚守与传承的文化习俗而流传至今。沙头角鱼灯舞的历史渊源，不仅对研究中原汉族南迁史、深圳移民史和客家文化

第六章　深圳文化遗产和产业开发

史都具有重要的史学价值，而且在更深、更广的层面上体现了深圳历史传统文化的一份"中原情结"。

其次，沙头角鱼灯舞融入了海洋文化因素。鱼灯舞吸收了海洋文化的因素，进一步与农耕文化结合，形成了具有地方特色的鱼灯。表演之前先到天后庙祭拜天后娘娘，之后在麒麟引导下，由族中长辈带领表演队伍来到吴氏宗祠祭祀祖先。随后，队伍来到表演场地，在锣鼓、唢呐、笛子、二胡等乐器的伴奏下，开始表演象征喜庆吉祥之意的麒麟舞。接着，鱼灯舞的表演正式开始。表演者手持鱼灯依次登台，采用民间武打的弓步或马步，巧妙地藏于鱼灯背后，模仿鱼跃虾跳的动作，表演追鱼、捕鱼、吃鱼的行动场面，时而盘旋起舞，时而腾挪跳跃，舞姿粗犷、优美而又精彩纷呈。

再次，沙头角鱼灯舞制作技艺高超。鱼灯的制作，是根据各种鱼类的体形特征、鱼类的颜色，按照正常比例用竹篾扎成鱼的形架，再糊上纱纸，涂上颜料和桐油。传统鱼灯舞的鱼灯有15种，即黄鳝角、红鲤、青鲤、黑鲤、火点、丁公、石斑、金鼓、虾、沙鸡、角鱼、石九公、黄衣、石鲷、三须公。这些鱼灯的腹宽一般在40—50厘米之间，腹围在130—170厘米之间。制作完成后的鱼灯，有着活灵活现的写实造型，返璞归真的装饰色彩，巧夺天工的纸扎工艺，规整有序的鱼灯系统，具有极高的工艺价值。

从内地到海洋，从农耕到渔农，沙头角鱼灯舞造就了丰富的文化内涵和独特的人文价值。2008年，深圳市沙头角鱼灯舞与浙江青田鱼灯舞、福建莆田九鲤灯舞共同入选第二批"国家级非物质文化遗产"，也是深圳最具特色的国家级非遗名录之一，不仅深受深港两地群众喜爱，而且还经常走出国门，成为深圳开展对外文化交流的使者。

另外，在深圳的国家级非物质文化遗产项目中，还有属于传统医药类的平乐郭氏正骨法和贾氏点穴疗法两项。它们均为改革开放后，从河南、山东等地来到深圳扎根，并在深圳申请非物质文化遗产资格、获得扶持保护的非物质文化遗产项目，属于深圳"非地非遗"创新保护模式的重要成果。平乐郭氏正骨法是一种治疗骨伤疾病的民间中医疗法，源于河南省洛阳市平乐村，已有200多年的历史。1985年，平乐郭氏正骨法第五代传人郭春园创办了深圳平乐骨伤科医院，以特色鲜明、内涵丰富、理论系统、疗效独特、技术领先的优势受到海内外医学界的广泛关注，并已成为国内公认的中医正骨法的主流学派，具有很高的医学价值和传统文化价值。2008年，平乐郭氏正骨疗法已入选第二批国家级非物质文化遗产名录。

二、岭南文化特征明显的省级非物质文化遗产

省级非物质文化遗产是由省、自治区、直辖市人民政府建立的地方性非物质文化遗产代表性项目名录，具有鲜明的区域文化特色。2008年以来，广东省先后公布了8批省级非物质文化遗产代表性项目名录，共有816项。目前，深圳市的省级非物质文化遗产代表性项目名录有27项，涉及民俗、民间文学、传统音乐、传统舞蹈、传统美术、传统技艺、传统医药等7个类别。（见表6-8）

表6-8 深圳市省级非物质文化遗产代表性项目名录

项目类别	项目名称
民俗	疍家人婚俗、南澳渔民娶亲礼俗、大鹏追念英烈习俗、大盆菜（下沙大盆菜）、"辞沙"祭妈祖大典、赛龙舟（赛龙舟）、疍民过年习俗
民间文学	望烟楼的传说、应人石的传说
传统音乐	客家山歌（石岩客家山歌）、大鹏山歌
传统舞蹈	龙舞（龙岗舞龙）、狮舞（福永醒狮）、龙城舞麒麟、黎围舞麒麟、观澜舞麒麟、麒麟舞（坪山麒麟舞）、龙舞（平湖纸龙舞）
传统美术	剪纸（田氏剪纸）、棉塑、剪纸（剪影）、灯彩（张氏传统灯笼制作技艺）
传统技艺	红釉彩瓷"满堂红"烧制技艺、客家凉帽制作技艺（甘坑客家凉帽制作技艺）、糕点制作技艺（深圳云片糕制作技艺）
传统医药	中医诊法（骆氏腹诊推拿术）、中医诊疗法（李氏筋伤点穴推拿术）

深圳市省级非物质文化遗产项目名录以突出岭南文化元素为主，除少数"非地非遗"项目外，多数涉及到深圳当地汉族三大民系文化，即广府文化、客家文化和疍家文化，其中的大鹏山歌则是汇集了多种文化要素，成为深圳较有代表性的省级非物质文化遗产项目。

大鹏山歌主要流传在大鹏、南澳等地，以大鹏所城为中心，传唱于周边的王母、鹏城、下沙、布新、水头、岭澳、水贝、叠福、大鹏等9个村落社区和南澳街道一带。大鹏山歌的出现和流传与大鹏所城的历史有着密切的关系。

大鹏所城始建于明洪武二十七年（1394年），是明代重要的海防军事要塞，

官兵来自中原以及闽粤赣等地。远离家乡的官兵们，常常不自觉地唱起原乡的山歌来表达那份思乡念亲之情，因而在平日的防务、劳作之余，也常用唱山歌来消遣自娱。从那时开始，山歌就在大鹏所城开唱。到了清代，为了进一步加强东南沿海地区的海防，清政府从各地抽调重兵布防，这些官兵多来自广东、福建两省。清朝初期，在"迁海"和"复界"事件后，受清政府移民垦荒政策的推动，从粤东地区一带迁到深圳的客家人数量不断增多，使得大鹏山歌的内容更加丰富，题材更加多样，其传唱范围也从大鹏所城向周边地区传播开来，到清中期最终形成了具有地方特色的大鹏山歌，清末民国时期在当地已经非常流行，成为大鹏人的文化生活传统，至今已经唱了600多年，它与石岩山歌、龙岗皆歌、盐田山歌一起并称为深圳客家山歌。与传统山歌相比，大鹏山歌有4个特色。

第一，"千音"同唱。传统的客家山歌，大都是用客家方言来传唱的。但大鹏山歌却不如此，它是使用一种在当地被称为"军话"的方言来演唱，俗称"千音"。"千音"是大鹏地区的一种独特方言。明清时期，从中原各地和闽粤地区到这里驻防的官兵及其家属共有1200多户，1000多个籍贯，说着1000多个口音。为了便于官兵之间的沟通，在军营逐渐形成了一种内部使用的语言，他们称之为"军话"。它是融合北方话、客家话、广府话、潮州话、疍家话等多种语言后逐渐形成的一种语言。据专家考证，全国曾有20多个像大鹏"军话"的"方言岛"，但随着历史的变迁和族群的流动，大部分已经失传，而大鹏"军话"却很好地保存了下来。除了因地理环境闭塞、族群稳定、生活传统等因素外，大鹏山歌的传唱，对"军话"的保存也起到了重要的作用。直至今天，大鹏山歌仍然沿袭大鹏"军话"传唱，在南方客家山歌系中，唯大鹏山歌所独有。

第二，戴着凉帽唱。一般来说，山歌的演唱较为自由，对着装没有过多的要求，大多都是当地百姓平时劳作和生活时所穿的服装，因此在不同的地方，着装就不同。大鹏地区的山歌在演唱时，戴着凉帽唱山歌无疑就是其最有特色的地方。凉帽是深圳客家妇女所戴的一种帽饰。每当山歌唱起，一群穿着蓝衣蓝裙、戴着凉帽的客家妇女就会来到现场，场面蔚为壮观而又热烈快乐。唱歌时还可以根据凉帽穗带的色彩来辨别女性的婚姻身份，唱出所要表达的内容和情感。每当山歌唱起，海风徐徐吹来，穗带随风飘动，歌声、涛声汇合成一支优美的山海交响曲，成为一种特有的人文景观，这在其他地区是少见的场景。

第三，大海边上唱。山歌，顾名思义就是在山间田野唱的民歌，但大鹏山歌却是在大海边上唱。大鹏地区的东、南、西3面被大鹏湾和大亚湾包围，大鹏人的日常生活和劳作多在海边或海上，因而演唱场所多在海边的村落或劳动场所进行，无须山歌演唱时那种声调高亢嘹亮的真声、假声结合唱法，发声较为真实、自然和平缓，不像传统山歌那样高腔亮丽。同时，在与当地疍家人的交往和交流过程中，大鹏山歌也吸收了疍家人的渔歌、咸水歌等音乐元素，唱法趋于委婉而平缓，声调更加优雅而动听，就像海平面一样宽广而平直，呈现出海洋文化的风格特征。

第四，题材类型多样。大鹏山歌演唱方式自由，曲调类型多样，内容通俗易懂，语言简练质朴。从曲调上看，有地名歌、问答歌、哭嫁歌、哭丧歌、仙歌5种；从内容上看，有劳动歌、爱情歌、掌牛歌和生活歌4种；从演唱形式上看，有独唱、男女对唱、群唱、"尾驳尾"唱和斗唱5种；从修辞和句式运用上看，有比喻、起兴、赋体、叠字和双关语5种；从句式结构上看，多以七言四句、五言二句和五言一句的散板为主。由于大鹏山歌的表演形式灵活，能即兴编词，即兴演唱。只要根据所看到的事，或物，或景，按照一定的格式，通过一些衬词组合起来，再配上曲调，就能即兴演唱出来。

以"地名歌"为例，它是大鹏所城的驻防官兵为了熟悉地方的需要而形成。歌中唱道："七娘山上起云头，打落杨梅坑下求，兄弟齐全鹿嘴角，马尿河前见日头，春白米头系大碓，写字唔成系碧洲，狗猎黄猄大岭下，朝朝霞雾半天云，爱饮甜茶鸡公笃，爱见洒莲（即靓女）荔枝山，上洞田唇夹下洞，土洋行出系溪涌，下沙地福王母洞，龙歧对面水头冲，行出布锦系水贝，行过窑坳系乌涌，松山隔离系田心，田心前面系大鹏。"①这首地名歌诙谐而有情趣，一首歌就能唱出大鹏十几个地名来，既亲切又明了，具有浓郁的地域特色。

大鹏山歌作为深圳本地的一种民间艺术，充分展示了大鹏地区深厚的历史、民俗、文化内涵，是中原文化与岭南文化融合、山区文化与海洋文化结合的杰作，有着深厚的语言价值、艺术价值、历史价值和社会价值，为研究深圳的历史变迁和社会文化提供了丰富的史料依据。

三、地方特色突出的市级非物质文化遗产

在重视申报国家级、省级非物质文化代表性项目的同时，深圳还积极建立市级非物质文化遗产保护体系，形成了一系列具有鲜明地方特色的市级非物质

---

① 廖虹雷：《生活歌：抒发日常感想的山歌》，《宝安日报》2023年10月9日。

文化遗产代表性项目名录。2007年以来，深圳先后公布了5批市级非物质文化遗产代表性项目名录，共计63项。这些市级非遗名录大部分为深圳所独有，体现出浓郁的地方文化色彩。（见表6-9）

表6-9 深圳市级非物质文化遗产代表性项目名录

项目类别	项目名称
民间文学	陈仙姑的故事
传统音乐	观澜客家山歌、龙岗皆歌、盐田山歌、东山渔歌、古琴艺术（岭南派·深圳）、古琴艺术（虞山琴派·深圳）
传统舞蹈	南山醒狮舞、安良舞麒麟、水田舞麒麟、凤凰舞麒麟、南山麒麟舞
传统戏剧	万丰粤剧、潮俗皮影戏
传统体育、游艺与杂技	咏春拳、肘捶、螳螂拳（华林）、洪佛拳、辛氏杂技、太极拳（陈式）、六步大架拳
传统美术	潮彩、贺氏剪纸、剪纸（范氏剪偶）、手指书画（深圳）、麦秆（麦金）画、面塑（王氏）、剪纸（袁氏）、面塑（张氏）、一帆内画
传统技艺	香云纱染整技艺、凉帽围裙带编织技艺、安琪广式月饼制作技艺、喜嫁礼饼（合成号）制作技艺、郑氏金银细工制作技艺、萃华金银制品（花丝镶嵌与錾刻）工艺、上川榕喾方粽制作技艺、粤式酥点制作技艺、红烧乳鸽（五谷芳）、红木家具（祥利）制作技艺、陈氏中山装制作技艺、杨氏旗袍制作技艺、葵涌客家茶果制作技艺、皮雕技艺（深圳）、南澳海胆粽制作技艺、金石传拓技艺（深圳）、传统奶茶（麦氏）制作技艺、工夫茶艺（深圳）、金包银制作技艺
传统医药	平乐郭氏正骨祖传秘方和配制秘方、不孕不育症中医疗法、道家龙门派（嗣广）点穴牵顿脊椎整复术、徐氏中医外科特色外治法、杜氏肛肠疗法、雷火针疗法、黄氏中医诊疗法、针灸（杨氏针灸疗法）
民俗	向南侯王诞祭典、天后宝诞祭典、沙井蚝民生产习俗、开丁节、西乡北帝三月三庙会、大万祭祖

从表6-9可以看出，深圳市级非物质文化遗产的类型更加多样，涵括了除曲艺之外的9种门类，体现出深圳非物质文化遗产的广泛性和丰富性。这些项目大多是源于深圳本地，且广为流传，有较高的知名度和较大的影响力，大多反映了当地历史面貌、风俗习惯和社会状况，具有一定的历史、文化和科学价值。

陈仙姑的故事是流传于深圳本地的真人真事。陈仙姑，原名陈端和，生于清代咸丰年间的公明水贝村，也就是现在的公明上村、下村。当时的大氹河（现在的现茅洲河），由于河神作怪，造成河水泛滥，致使瘟疫盛行，当地群众处于水深火热之中。陈端和年纪虽小，但看到当时惨况，不顾家人的反对，经常到广州、增城、东莞一带求医问药，治好了大批患者，因而深受乡亲们喜爱和敬佩。到了同治年间，陈端和过世，不久升天成为仙人，惩治了作恶河神，使当地乡亲摆脱了水灾之害和瘟疫之患，人们过上了安居乐业的日子。后来，为了颂扬她那种舍己为人、不畏艰难的崇高情操与无私奉献的品格，人们为她修建了陈仙姑祠，将她升天成仙的日子（农历正月二十三）定为"仙姑诞"。每逢初一、十五和逢年过节，都会有族人到陈仙姑祠祭拜，尤其是农历正月二十三的"仙姑诞"，更是热闹非凡。陈仙姑的故事2008年入选深圳市第一批非物质文化遗产名录，成为深圳市级非物质文化遗产最具代表性的项目，具有一定的历史价值、医学价值、文学价值和精神价值。

一是陈仙姑的故事是源于本地真人真事，在一定程度上反映了当时深圳地区的历史面貌和社会状况，有着一定的历史价值。同时，她搜集、整理了许多药方，包括男科、妇科、儿科、外科、眼科等，为村民医治了不少疾病。如今，遗留下来的300多条处方，仍然具有较高的医学价值。

二是陈仙姑的故事作为民间故事具备了较高的文学价值，在此基础上衍生出许多体裁不同的文学作品和艺术形式。其中，2012年，《陈仙姑的故事》被编成粤剧登上了舞台。由于具有浓郁的乡土风情，因而深受市民欢迎。

三是陈仙姑正直善良、舍己为人的崇高情操与无私奉献的精神品格，在今天已经转化为一种时代精神和美德，成为深圳人敬仰和崇拜的历史人物之一，其价值仍然为今天所弘扬，陈仙姑也被誉为"深圳的妈祖"。

总的说来，悠久的历史和深厚的文化底蕴，成就了深圳丰富多彩的非物质文化遗产，是深圳人民的智慧结晶和精华所在，是中华文化瑰宝的组成部分之一。2017年12月，习近平总书记在党中央农村工作会议上指出："要让活态的乡土文化传下去，深入挖掘民间艺术、戏曲曲艺、手工技艺、民族服饰、民俗活动等非物质文化遗产。要把保护传承和开发利用有机结合起来，把我国农耕文明优秀遗产和现代文明要素结合起来，赋予新的时代内涵，让中华优秀传统文化生生不息，让我国历史悠久的农耕文明在新时代展现其魅力和风采。"2022年12月，习近平总书记对非物质文化遗产保护工作做出的重要指示，强调要扎实做好非物质文化遗产的系统性保护,更好满足人民日益增长的精神文化需求,推进文化自信自强。新时代的今天,认真贯彻落实习近平总书记的重要指示,大力加强非物质文化遗产的保护与传承,不断推动非物质文化遗产的创造性转化和创新性发展,已经成为深圳建设中国特色社会主义先行示范区的一项重要任务。

第三节 深圳文化产业的空间集聚与主要形态

产业空间集聚是当代经济发展的一种经济现象和发展趋势,它是由一定数量的企业以及与其具有前后向关联关系企业,依据分工协作的原则,为了提高生产效率、节约交易成本以及获得外部经济效应而在一定的地理空间范围内不断汇集的现象。[1] 产业空间集聚是生产力发展的结果,从经济发展规律看,产业发展到一定程度后就会引起空间集聚现象,主要表现为资源、资本、技术、人才、项目和企业等各种生产要素和生产组织不断向某一区域汇集,在经过政策推动和市场配置后逐渐形成相关产业链或产业群,成为这一区域的经济增长的重要产业。产业空间集聚有利于提高企业的经济效益和社会效益,提升地区经济的竞争力和创新力。纵观世界各国,凡是经济发达城市往往都是某一优势产业的空间集聚地,如是美国的纽约、加利福尼亚、旧金山,日本的东京,韩国的首尔等。深圳文化产业经过20世纪八九十年代至21世纪初期的发展后,逐渐出现了产业集聚趋势,尤其是在创意设计、动漫游戏、数字音乐、互联网信息服务、高端印刷等领域,不仅建立了诸多产业园区或基地,而且还涌现了一批快速增长的知名企业。在这一背景下,深圳率先探索文化产业的空间集聚的载体,不断拓展文化产业形态,建设了一大批主题鲜明、形态多样、功能互补的文化产业基地和园区,优化了全市文化产业结构,成为深圳文化产业高速发展的牵引力。

一、强化政策引导,推动文化产业的空间集聚

文化产业作为一种新兴产业,具备高知识性、高附加值、高融合性的特征。

---

[1] 康小明、向勇:《产业集群与文化产业竞争力的提升》,《北京大学学报》(哲学社会科学版)2005年第2期,第18页。

深圳文化述论

这些特征决定了文化产业空间集聚既表现出一般的产业集聚特性，又具备有文化聚落、创意集聚和产业集聚的多重叠加特性，并在实践中以文化产业集聚区的形式而存在。[①] 进入 21 世纪以来，深圳文化产业增长速度较快，2003 年全市文化产业实现增加值 135.3 亿元，占深圳市生产总值总量的 4.73%，比上年增长 19.65%，高于同年全市生产总值增长速度 3.46%。2004 年，深圳组织实施了全市第一次文化产业的调查和统计，初步掌握了全市文化产业的实际情况，不仅为实施"文化立市"战略提供了依据，而且还对深圳文化产业集聚发展起到了推动作用。

（一）建立文化产业园区基地

在"文化立市"战略推动下，深圳出台了一系列支持文化产业发展的相关政策文件，推动文化产业集约化、规模化、品牌化发展。2005 年底，深圳制定了《关于建设文化产业基地的实施意见》，决定建立文化产业基地，并制定了实施目标，要求从 2006 年 1 月到 2010 年，分 5 年滚动评审确定若干具有较好基础、较强实力和较大发展潜力的基地纳入建设计划，并重点扶持若干具有国内领先、较强国际竞争力的文化企业（集团）。与此同时，深圳以市场为导向，以企业为主体，以提供增值服务为主要营利模式，积极推进文化产业基地建设。2008 年 1 月，深圳首个文化产业发展规划纲要，即《深圳市文化产业发展规划纲要（2007—2020）》，提出要充分利用资本、技术、信息等要素市场，加快文化产业园区和基地建设。2 月出台了《深圳市鼓励三旧改造建设文化产业园区（基地）若干措施（试行）》，支持和引导各区通过与旧城区、旧商业区、旧工业区改造相结合的方式，打造一批有实力和有特色的文化产业园区基地。同年 12 月，制定了《深圳市文化产业发展"十一五"规划（2006—2010）》，提出了未来 5 年文化产业发展方向主要是培育"三个核心产业群"，建设"四个基地"，打造"五个一批"，形成一个由上游创意创作、中游生产制作和下游拓展操作组成的完整价值链条和产业发展链条。[②] 为了规范文化产业园区和基地的规范管

[①] 杨秀云、李敏、李扬子：《我国文化产业空间集聚的动力、特征与演化》，《当代经济科学》2021 年 1 期，第 118 页。

[②] 三个核心产业群是指"创意产业群""传播产业群""文化服务产业群"。4 个基地包括中国（国际）文化产业博览交易基地、全国动漫创意设计基地、区域文化产品生产制作基地和区域文化市场消费基地。

理，2016年11月，颁布了《深圳市文化创意产业园区认定管理办法》，正式启动深圳市文化产业园区和基地的认定工作，对具有明显的"文化+科技""文化+创意""文化+旅游"的特色，符合文化产业重点发展方向，发展前景较好，具有良好的成长性与可持续发展能力，文化产业集聚效应突出的申报单位，授予"深圳市文化产业园区"或"深圳市文化产业基地"称号，并颁发证书和牌匾。在这些政策驱动下，到2016年底，深圳建成了市级以上文化产业园区基地68个，其中国家级文化产业园区基地13个。

（二）实施"深圳文化企业100强"认定工程

为了进一步推进文化产业向规模化、集约化、专业化转变，推动形成一批具有全国影响力、集聚效果明显和产业特色鲜明的文化产业集聚基地。2011年，深圳提出要把深圳发展成为文化产业的龙头大市，着手加快以"产业园区基地"为核心、以行业为基础的文化产业园区建设。这一年，深圳开启了"深圳文化企业100强"的认定工作，对入选企业在用地、人才、住房等方面予以优先扶持，给予最高100万元奖励，"百强"企业还可享受创新型产业人才奖，以推动文化产业各领域领军企业的发展，发挥领军企业的示范带动作用。2020年，出台了《深圳市文化产业发展专项资金资助办法》，进一步加大了文化产业园区建设和运营的奖励和资助，对入驻市级以上文化产业园区的中小微文化企业给予3年最高50%比例房租补贴；对获认定为国家级、省级文化产业园区、基地给予一次性最高300万元奖励；对园区公共服务平台建设给予30%比例最高100万元资助；对参加文博会获评优秀分会场的按等次给予最高一次性50万元奖励。

（三）建立文化产业园区评估考核指标体系

为规范深圳市市级文化产业园区认定与管理，提升园区运营管理水平，更好发挥文化产业集聚效应，2020年，深圳市制定《深圳市市级以上文化产业园区评估考核指标体系（试行）》。2022年7月，印发《深圳市文化产业园区管理办法》，该办法对园区的考核内容和要求做了新的规定，每两年对市级文化产业园区开展考核，分别从9个方面进行考核，具体考核内容是：第一，园区发展是否符合国家和省、市有关政策法规及本办法要求；第二，园区中长期建设发展目标和规划实施情况；第三，园区整体运营、管理及社会经济效益情况；第四，园区配套公共服务情况；第五，园区内文化企业发展及创新成果转化情况；第六，园区知识产权保护情况；第七，园区年度发展情况报告、入驻企业及相关数据统计分析报告情况；第八，区文化产业主管部门对园区建设、运营管理情况的评价和意见；第九，市文化广电旅游体育局认为应当考核的其他事项。对考核"良好"以上等次的园区予以奖励；组织开展园区交流活动，推动对外交流合作；组织政策宣讲、金融对接等活动；对符合条件的入驻文化企业给予房租补贴；对于服务园区相关文化企业的公共服务平台建设，参照文化产业专项资金资助标准，对符合条件的专业化共享服务平台建设项目，给予不超过项目实际投入 30%、最高 100 万元的事后资助。对不符合要求的园区予以提示，而认定为考核不合格的，限期整改或撤销认定，予以摘牌。

在政府推出的一系列政策推动下，深圳大力推进文化产业的空间集聚的发展，逐步走上了集约化、规模化、专业化的发展道路。

二、以园区、基地为主要载体，加快文化产业的空间集聚发展

空间集聚是文化产业发展最基本、最常见的形态。随着深圳文化产业发展，空间集聚效应不断加强，形成了一批集聚效果明显和产业特色鲜明的文化产业园区、基地和特色文化街区，在活化城市文化资源、推动产业转型升级、优化城市人文环境、满足市民文化消费、形成城市文化品牌等方面发挥着重要功能性作用。

（一）文化产业基地

文化产业基地是文化产业最具活力和竞争力的市场主体。根据《深圳市文化产业园区和基地认定管理办法（试行）》的规定，文化产业基地是指经市文化产业办公室认定的自主创新研发能力强、产业配套服务体系完善、专业领域贡献突出，并在同行业中有较大影响力的具有一定规模的文化企业（机构）或文化产业某一行业的集聚区。基地主要分为 3 类，第一类为企业示范基地，主要是依托现有大型文化企业（集团）或机构设立的文化产业基地和动漫游戏、创意设计等专业性基地；第二类是具有孵化器功能和文化企业集聚物理空间的"孵化基地"，包括创意产业园区、文化产业园区、文化产品展示交易中心等；第三类是具有一定规模，从事文化产业行业培训、人才培养、产业研究的"教学和培训基地"。自该文件出台以来，一批具有明显的"文化+科技""文化+创意""文化+旅游"特色，符合文化创意产业重点发展方向，发展前景较好，具有良好的成长性与可持续发展能力文化产业基地不断涌现。

第六章 深圳文化遗产和产业开发

1. 深圳古玩城

深圳古玩城位于深圳市罗湖区沿河北路，成立于2002年，是深圳市唯一一家经政府批准的文物监管专业市场，也是民营资本自主投资兴建的全国最大的古玩艺术品市场和业内唯一的国家级文化产业示范基地。

该古玩城占地面积45万平方米，商业建筑面积8万平方米，有各类专业展馆、经营场馆2000多间，形成以玉器、瓷器、普洱茶、中外书画、翡翠珠宝、收藏酒为主，包括各种古玩杂件、民间艺术品、民族工艺品、集邮、钱币等文化专业市场。自成立以来，先后获评"深圳市重点文化企业"、深圳市首批"文化+旅游型示范园区（基地）""广东省传统工艺美术产业保护和发展基地"。

2. 深圳国家动漫画产业基地

深圳国家动漫画产业基地位于罗湖区黄贝街道怡景路，是深圳最早建立的文化产业基地之一，创建于2005年，是由深圳广播电影电视集团在国家和省、市、区有关动漫产业发展政策扶持下建立起来的动漫产业基地，也是中国唯一一家完全依托广播电视媒体，通过市场化运作建设的动漫产业基地。

该基地自成立以来，依托深圳在科技、教育、文化、区位等方面的特色优势，大力扶持动画产业发展，打造了"一个中心"，即动漫基地服务中心，建成"八大平台"，包括动漫影视数字新媒体公共技术服务平台、人才培训服务平台、版权保护与播出交易服务平台、软件认证及研发服务平台、国际合作制作制片与项目管理服务平台、衍生产品设计与交易服务平台、动漫游戏娱乐产品数据服务平台和投融资支持服务平台，成为集教育研发、生产制作、人才培训、衍生产品开发为一体的动漫产业园区，先后被国家广播电影电视总局、广东省文化厅、深圳市文体广电旅游局分别确定为"国家级动漫画产业基地""广东文化（创意）产业园区""深圳市文化产业基地"，并荣获"最具城市影响力园区"和"中国动漫基地十大影响力品牌"称号。

3 中国·观澜版画原创产业基地

中国·观澜版画原创产业基地位于龙华区观澜街道东北部牛湖社区大水田村，又称观澜版画村。该村是一个有着300多年历史的客家村落，不仅保存有客家围屋、宗祠、水塘、水井、碉楼等古建筑物，而且还是我国新兴木刻运动的先驱者、著名版画家、文化名人陈烟桥（1911—1970年）的故乡，历史底蕴深厚，文化资源丰富。

该基地建立于2006年5月，是由中国美术家协会、深圳市文学艺术界联合会、深圳市龙华区人民政府共同创建的综合性项目，是集版画创作、制作、展示、收藏、交流、研究、培训和市场开发为一体的国家级版画产业示范基地。自建立以来，先后获评"2011中国当代艺术权力榜100强""最具文化价值特色小镇""中国宜居环境范例奖"。此外，该基地还获得保加利亚文化部授予"当代版画艺术发展与普及贡献奖"和保加利亚国家美术馆艺术委员会颁发的"国际版画发展促进和杰出贡献奖"。目前，该基地已成为国内外14家著名美术院校的教学实习基地，吸引了近50个国家和地区的200多位著名版画家入驻创作，成为了深圳特色文化产业基地和文化名片。

4.广东国家数字出版基地深圳园区龙华项目

广东国家数字出版基地位于龙华新区龙华街道油松第二工业区，是由国家新闻出版广电总局批准深圳出版发行集团负责建设的国家级项目基地。该基地于2016年12月正式启动建设，重点发展数字技术研发、数字阅读、网络视频、影视、动漫游戏等数字出版产业，打造集总部独栋办公、生产研发、产业协作、配套商业、公寓等于一体的综合业态，集中引入国内外著名大学及研究机构，建设一批新技术新媒体融合发展实验室，并引入业内企业一起建立VR/AR实验室，与中国新闻出版研究院合作，落地和孵化"中国数字版权保护技术研发工程"等国家有关数字出版工程成果。

（二）文化产业园区

文化产业园区是文化产业资源和要素最集中的地方，文化产业园区集聚文化企业、产业资源和创意人才，是促进文化产业集群式、集约化发展，激发文化创新创造活力、促进文化繁荣发展的综合载体。根据《深圳市文化产业园区管理办法》，文化产业园区是指以文化为主要内容进行产业资源开发，主导产业明确、公共服务完善、基础设施完备、文化氛围浓厚、孵化功能突出、产业链汇聚、文化企业集聚，对区域文化产业发展起示范、带动作用的特定区域。

自大芬油画村作为深圳首个文化产业园区诞生以来，深圳经过20余年发展建设，逐步形成以国家级文化产业园区为龙头，省市级文化产业园区为骨干，众多小型特色文化产业园区为支点的园区发展体系。目前，全市共有文化产业园区72家，其中国家级文化产业示范园区1家、省级文化产业示范园区9家、市级文化产业示范园区62家，文化企业法人单位超10万家，从业人员超100万，拥有多个国家级产业平台（见表6-10）。

表 6-10　深圳市各级文化产业园区

级　别	园区名称	所在辖区	备　注
国家级文化产业示范园区（1家）	华侨城创意文化园	南山区	
省级文化产业示范园区（9家）	中国丝绸文化产业园	龙岗区	国家文化产业示范基地
	中国（深圳）新媒体广告产业园	福田区	
	UTCP大学城创意园集聚区	南山区	
	深圳文化创意园	福田区	
	深圳国家动漫画产业基地	罗湖区	
	满京华艺展中心	罗湖区	
	2013文化创客园	龙岗区	
	DCC展览展示文化创意园	龙岗区	
	蛇口滨海文化创意产业带	南山区	
市级文化产业示范园区（62家）	F518创意园	宝安区	国家文化产业示范基地
	大芬油画村	龙岗区	国家文化产业示范基地
	深圳古玩城	罗湖区	国家文化产业示范基地
	华侨城甘坑新镇	龙岗区	省文化和旅游融合发展示范园区
	中国观澜版画原创产业基地	龙华区	
	深圳新桥影视产业基地	宝安区	
	水贝壹号多功能珠宝展示交易产业园	罗湖区	
	珠光文化科技产业服务基地	南山区	
	天健创智中心	南山区	
	松岗琥珀文化产业园	宝安区	
	IBC水贝珠宝商务中心	罗湖区	
	特力珠宝大厦	罗湖区	
	南山睿园	南山区	
	国际婚博园	大鹏新区	
	INPARK文化创意产业园	龙华区	

229

续表

级　别	园区名称	所在辖区	备　注
市级文化产业示范园区（62家）	深圳大视界国际影视文体产业园	宝安区	
	定军山电影科技产业园	宝安区	
	幸福珠宝文化创意产业园	龙岗区	
	南头古城	南山区	
	水贝银座大厦文化产业园	罗湖区	
	T6艺术区	南山区	
	李朗国际珠宝产业园	龙岗区	
	盐田国际创意港	盐田区	
	雪仙丽文化创意产业园	光明区	
	坂田创意文化产业园	龙岗区	
	吉虹创意设计产业园	福田区	
	T8旅游创意（保税）园	福田区	
	深装总创意设计园	福田区	
	中芬设计园	福田区	
	T-PARK深港影视创意园	福田区	
	水贝国际珠宝交易中心	罗湖区	
	深圳市楼尚文化创意产业园	罗湖区	
	C33+珠宝创新产业园	罗湖区	
	水贝万山珠宝产业园	罗湖区	
	金展珠宝广场	罗湖区	
	水贝金座大厦	罗湖区	
	世外桃源创意园	南山区	
	蛇口网谷	南山区	
	南海意库	南山区	
	深圳动漫园	南山区	
	南山互联网创新创意服务基地	南山区	
	深圳（南山）互联网产业基地	南山区	
	万科云设计公社	南山区	
	高北十六创意园	南山区	

续表

级　别	园区名称	所在辖区	备　注
市级文化产业示范园区（62家）	深圳市文化潮汕博览园	宝安区	
	西部国际珠宝城（宝立方）文化创意园	宝安区	
	定军山数字电影文化科技创意园	宝安区	
	宝福李朗珠宝文化创意产业园	龙岗区	
	182创意设计产业园	龙岗区	
	三联水晶玉石文化村	龙岗区	
	深圳市文博宫	龙岗区	
	万科星火ONLINE	龙岗区	
	注艺影视基地	龙岗区	
	天安云谷数字创意产业园	龙岗区	
	深圳市万众城	龙华区	
	127陈设艺术产业园	龙华区	
	深圳广播电影电视集团文化创意产业园	龙华区	
	山水田园国画基地	龙华区	
	观澜湖艺工场	龙华区	
	1980油松漫城产业园	龙华区	
	坪山雕塑艺术创意园	坪山区	
	艺象iDTOWN国际艺术区	大鹏新区	

目前，深圳已经形成分布全市的文化产业园区体系，优质文化资源汇聚能力强，集聚效应显著，并呈现出以下几个特点。一是分布广，遍及全市各区。在72个产业园区中，南山区18个、龙岗区15个、罗湖区13个、龙华区8个、宝安区8个、福田区7个、大鹏新区2个、盐田区和坪山区各1个。二是产业门类众多。园区企业主要包括创意设计、影视传媒、动漫游戏、珠宝首饰、工艺美术、新媒体及文化信息服务、文化软件、文化旅游等，基本涵盖了深圳市重点发展的文化产业门类；三是园区类型多样，既有"企业示范园区（基地）"，如腾讯、雅昌等知名企业，也有具有孵化器功能和文化企业集聚物理空间的

"孵化园区（基地）"，如田面设计之都、深圳动漫园等，是从事文化产业行业培训、人才培养、产业研究的"教学和培训园区（基地）"，如深圳大学、深职院等。此外，还有一定数量从事文化产品经营、展示、流通，甚至兼有旅游、娱乐功能的文化产品专业市场（街），如东部华侨城、古玩城等。四是园区功能多样，既有定位于单一业态业种功能的园区和基地，如怡景动漫基地、大芬油画村、梅沙原创音乐前沿基地，也有一些混合业态的定位园区和基地，如南山数字文化产业基地、古玩城、F518、世纪工艺品文化广场等。五是经营业务基本涵盖创意、制作、流通、服务、人才培训等环节，经营范围包括创意设计、艺术创作、动漫游戏、工艺礼品、珠宝首饰、休闲娱乐等。最后，数字文化产业发展态势加快，数字信息服务、动漫、网络视听、数字文化装备和消费终端制造等行业实力位居全国前列，初步形成覆盖创作生产、传播运营、消费服务、衍生品制造等较为完整的产业链条。

（三）特色文化街区

文化产业园区、基地的发展为特色文化街区的创建奠定了基础。根据《深圳特色文化街区管理办法》的规定，特色文化街区是指以一条或多条现有街道为主体，通过资源整合和项目集聚，形成产业特而优、功能聚而合、形态丰而美、机制新而活，集娱乐休闲、生活消费、文化旅游、产业发展于一体，具有鲜明文化特色和品位内涵的特定功能区域。2018年，深圳率先探索特色文化街区建设，在特色文化资源丰富、基础设施较完善的园区、基地打造了一批以文化市场为主体，文化休闲、消费于一体的特色文化街区，进一步拓展了文化产业链。特色文化街区成为展示深圳城市形象、体现城市特色文化的重要途径。

2018年12月，深圳市委、市政府正式印发了《深圳市加快推进重大文体设施建设规划》，正式启动"十大特色文化街区"创建工作，按照"都市风情、文化内涵、产业特色、市场需求"的要求，以及错位发展、体现特色的原则，建成文化内涵丰富、环境美丽宜人、产业特色鲜明、产城融合发展、服务便捷高效、体制机制灵活的特色文化街区，形成错落有致、相互呼应的城市文化群落，打造新的城市文化景点，促进城市文化品位提升和产业融合发展。经过3年多的建设，2021年10月，深圳首批"十大特色文化街区"名单公布，大鹏所城、南头古城、大芬油画村、观澜版画基地、甘坑客家小镇、蛇口海上世界、华侨城创意文化街区、大万世居、大浪时尚小镇、华强北科技时尚文化特色街区等入选。对通过公示的特色文化街区，中共深圳市委宣传部、市规划和自然资源局、市文化广电旅游体育局联合认定为"深圳特色文化街区",并授予"深圳特色文化街区"牌匾。

为加快和推动特色文化街区规划建设,提升城市文化品位,深圳政府部门于2022年9月制定了《深圳特色文化街区管理办法》,对特色文化街区的创建、认定、监管与保障等行为进行了规范。2022年11月,深圳开展第二批深圳特色文化街区创建评审工作,中英街、东门老街(东门商旅文融合发展示范步行街)、艺展中心(艺展中心特色文化街区)、迳口古村(迳口特色文化街区)、观澜古墟—贵湖塘老围、大田匠作文化村、水围1368文化街区、金啤坊艺术街区(啤酒厂艺术街区)、清平古墟(清平古墟特色文化街区)、凤凰古村(凤凰古村特色文化街区)和金龟自然生态艺术村落获得创建资格名单。

在进行特色文化街区建设的同时,深圳也于2019年在全国率先提出"继续深化国际化社区建设,全力打造国际化街区"的探索。2019年发布了《关于推进国际化街区建设提升城市国际化水平的实施意见》,率先提出建设"国际化街区",并以此为重要抓手推动形成全市国际化街区网络,为探索高质量建设国际化城市、提升超大城市治理能力和国际影响力提供支撑。

经过3年多的探索和建设,深圳首批国际化街区建设成效显著。2021年,"国际化街区建设"入选国家发改委推广的"深圳47条创新举措和经验做法"清单,深圳这项工作经验在全国推广。2023年2月,深圳公布了首批国际化街区名单,首批登上国际化街区创建名单有20个街区,分别获"国际化示范街区""国际化特色示范街区""国际化特色街区"等荣誉(见表6-11)。

表6-11 深圳第一批国际化街区名单

类　型	街区名称	备　注
国际化示范街区	招商街区、蛇口街区、粤海街区、河套深港科技创新合作区(福田保税区)、民治街区、香蜜湖街区、会展新城	—
国际化特色示范街区	招商街区	国际化商务交往特色示范街区
	粤海街区	国际化产业创新特色示范街区
	蛇口街区、华强北街区、翠竹街区、大鹏街区	国际化商业文旅特色示范街区

续表

类　型	街区名称	备　注
国际化特色街区	会展新城、宝安中心区、民治街区、桂园街区、香蜜湖街区、坪山街区	国际化商务交往特色街区
	坂田街区、河套深港科技创新合作区（福田保税区）	国际化产业创新特色街区
	桃源街区	国际化教育科研特色街区
	梅沙街区、公明街区、东门街区、观澜街区、海山街区	国际化商业文旅特色街区

为了更加科学客观地评价首批国际化街区的创建成果，2022年，深圳编制了《深圳市国际化街区建设评价指南》，构建具有深圳特色的国际化街区建设评价体系。该评价体系由"基础评价"和"特色评价"两部分构成。"基础评价"主要体现街区发展的综合条件，依据专家组评审结果评"国际化示范街区"。"特色评价"主要体现街区的特色优势和创新举措，依据专家组评审结果评"国际化特色示范街区"和"国际化特色街区"。

综上所述，深圳文化产业集聚效应突显，产业园区、基地和特色文化街区共同构成了深圳文化产业的主要载体，文化、科技、商业、旅游等产业融合发展，不断推动深圳文化产业迈上高质量发展的新时代。

参考文献

[1]中共中央马克思恩格斯列宁斯大林著作编译局编译:《马克思恩格斯文集》(第3卷),人民出版社2009年版。

[2]中共中央马克思恩格斯列宁斯大林著作编译局编译:《马克思恩格斯选集》(第4卷),人民出版社2012年版。

[3]中共中央马克思恩格斯列宁斯大林著作编译局编译:《马克思恩格斯文集》(第5卷),人民出版社2009年版。

[4](德)马克思:《1844年经济学哲学手稿》,人民出版社2000年版。

[5]《孙中山全集》第六卷,中华书局1985年版。

[6]《邓小平文选》(第3卷),人民出版社2001年版。

[7]习近平:《在文艺座谈会上的讲话》,人民出版社2015年版。

[8]中共中央文献研究室:《习近平关于社会主义生态文明建设论述摘编》,中央文献出版社2017年版。

[9]宋元方志丛刊《大德南海志》,中华书局1990年版。

[10](宋)欧阳修、宋祁撰:《新唐书》卷43,中华书局1975年版。

[11](宋)周去非著:《岭外代答》,上海远东出版社1996年版。

[12](宋)王溥撰:《唐会要》,中华书局1960年版。

[13](宋)宋祁、欧阳修、范镇、吕夏卿等合撰,许嘉璐主编:《新唐书》,汉语大辞典出版社2004年版。

[14](明)郑若曾撰,李新贵译注:《筹海图编》,中华书局2017年版。

[15](明)应槚辑,凌云翼、刘尧诲重修,赵克生、李燃标点:《苍梧总督军门志》,岳麓书社2015年版。

[16](明)郭棐撰,黄国声、邓贵忠点校:《粤大记》,中山大学出版社1998年版。

[17](明)宋濂:《元史》,中华书局1976年版。

[18](清)顾祖禹撰,贺次君、施和金点校:《读史方舆纪要》(卷110),中华书局2005年版。

[19](清)卢坤、邓廷桢主编,王宏斌等点校:《广东海防汇览》,河北人民出版社2009年版。20.(清)方世举:《韩昌黎诗集编年笺注》,中华书局2012年版。

[20](清)顾祖禹撰,贺次君、施和金点校:《读史方舆纪要》,中华书局2005年版。

[21](清)黄钊:《石窟一征》,台湾学生书局1970年版。

[22](清)屈大均:《广东新语》,中华书局1985年版。

[23](清)章寿彭纂修:《归善县志》,乾隆癸卯重辑。

[24](民国)陈伯陶纂修:《东莞县志》,台湾成文出版社1968年版。

[25]罗香林:《客家源流考》,中国华侨出版公司1989年版。

[26]钟敬文:《钟敬文民俗学论集》,上海文艺出版社1998年版。

[27]古本小说集成编辑委员会编:《古本小说集成提要》,上海古籍出版社2018年版。

[28]《深圳蔡屋围族谱》,2005年版。

[29]广东省惠阳、宝安、深圳、坑梓、龙田《黄家族谱》(手抄本)。

[30]曾观来:《大万曾氏重修族谱》,中国文史出版社2008年版。

[31]《广东宝安观澜松元厦陈氏族谱》,2000年,第77页。

[32]《宝安文史丛书》编纂委员会编:《康熙新安县志校注》,中国大百科全书出版社2006年版。

[33]《宝安文史丛书》编纂委员会编:《嘉庆新安县志校注》,中国大百科全书出版社2006年版。

[34]张一兵校点:《深圳旧志三种》,海天出版社2006年版。

[35]深圳市地方志编纂委员会编:《深圳市志·社会风俗卷》,方志出版社2014年版。

［36］深圳市地方志编纂委员会编：《深圳市志·基础建设卷》，方志出版社2014年版。

［37］深圳市地方志编纂委员会编：《深圳市志·改革开放卷》，方志出版社2014年版。

［38］深圳市地方志编纂委员会编：《深圳市志·第一二产业卷》，方志出版社2004年版。

［39］深圳市福田区地方志编纂委员会编：《深圳市福田区志》（上、下），方志出版社2012年版。

［40］深圳市南山区区志编纂委员会编：《深圳市南山区志》（上、下），方志出版社2012年版。

［41］深圳市宝安区志编纂委员会编：《深圳市宝安区志》（上、下册），方志出版社2012年版。

［42］深圳市龙岗区地方志编撰委员会编：《深圳市龙岗区志》（上、下），方志出版社2012年版。

［43］深圳市盐田区地方志编纂委员会编：《深圳市盐田区志（1998～2005）》，方志出版社2011年版。

［44］宝安县地方志编纂委员会编：《宝安县志》，广东人民出版社1997年版。

［45］深圳侨务办公室编著：《深圳侨务史志》，海天出版社2012年版。

［46］王若兵主编：《深圳水利志》，广东科技出版社1990年版。

［47］深圳市文物管理委员会编：《深圳文物志》，文物出版社2008年版。

［48］深圳市地名志编纂委员会编：《深圳市地名志》，科学普及出版社广州分社1987年版。

［49］盐田区档案局（馆）、区志办编：《中英街志》，方志出版社2011年版。

［50］郭培源主编：《福永镇志》，合肥工业大学出版社2006年版。

［51］深圳市宝安区新安街道志编纂委员会编：《新安街道志》，中国文史出版社2015年版。

［52］陈灼灵主编：《公明镇志》，公明街道办事处编印2005年版，第141页。

[53]《沙井镇志》编纂委员会编:《沙井镇志》,吉林摄影出版社2002年版。

[54]《大鹏人文博物馆》,大鹏新区宣传部编印2017年。

[55]深圳经济特区年鉴编辑委员会编:《深圳经济特区年鉴1985》,香港经济导报社1985年版。

[56]深圳年鉴编纂委员会编:《深圳年鉴》(2022年),深圳年鉴编辑部2022版。

[57]深圳市档案馆编:《深圳市十年大事记》,海天出版社1991年版。

[58]深圳百科全书编委会编:《深圳百科全书》,海天出版社2010年版。

[59]深圳市文化局、深圳市非物质文化遗产保护中心主编:《深圳市第一批非物质文化遗产名录》,海天出版社2008年版。

[60]周军、吴曾德编著:《深圳市第二次文物普查报告》(下篇),科学出版社2012年版。

[61]张一兵:《深圳古代简史》,文物出版社1997年版。

[62]深圳市史志办公室编:《深圳村落概览》(共10辑),华南理工大学出版社2020年版。

[63]邱志明、黄征宇:《鹏城街话——讲述深圳地名文化(一)》,岭南美术出版社2014年版。

[64]邱志明、黄征宇:《鹏城街话——讲述深圳地名文化(二)》,岭南美术出版社2015年版。

[65]邱志明、黄征宇:《鹏城街话——讲述深圳地名文化(三)》,岭南美术出版社2015年版。

[66]赵世宽等:《深圳市盐田区盐田街道自然村落历史人文普查汇编》,深圳市盐田区盐田街道办事处编印,2016年。

[67]龙辉著:《赤湾妈祖文化概览》,上海古籍出版社2007年版。

[68]胡敬东主编:《沙头之根》,深圳市福田区沙头街道办事处编印,2014年。

[69]《宝安人文风物》,北方文艺出版社2001年版。

[70]管林根:《客家与龙岗》,花城出版社2002年版。

[71]余松岩:《深圳河畔的村庄》,新华出版社1990年版。

参考文献

［72］深圳博物馆编:《深圳考古发现与研究》,文物出版社1994年版。

［73］胡爱民、吴金权:《渔民村村史》,深圳金岛出版事务中心编印,2011年。

［74］中共民治村支部、民治村民委员会编:《民治村史》,中国档案出版社2004年版。

［75］钟志雄主编:《渔村故事——渔业社区党建人文村志》,深圳市宝安区西乡街道渔业社区党委编印,2020年。

［76］《百年观澜文化丛书》编委会编:《观澜山歌》,深圳报业集团出版社2014年版。

［77］廖虹雷:《深圳民间俗语》,深圳报业集团出版社2013年版。

［78］深圳市史志办公室编:《中国共产党深圳历史》(第一卷),中共党史出版社2007年版。

［79］深圳市史志办公室编:《深圳红色史迹寻踪》,海天出版社2007年版。

［80］方琳主编:《深圳义工改革发展实录(第一辑)》,社会科学文献出版社2020年版。

［81］杨宏海:《打工文学备忘录》,社会科学文献出版社2007年版。

［82］广东省地方史志编纂委员会编:《广东省志·少数民族志》,广东人民出版社2000年版。

［83］谭力浠、朱生灿编著:《惠州史稿》(内部资料)1982年。

［84］黄朝中、李耀荃主编,李默校补:《广东瑶族历史资料(上册)》,广西民族出版社1984年版。

［85］广东省文化局、中国音乐家协会广东分会合编:《中国民间歌曲集成·广东卷》,2005年。

［86］司徒尚纪著:《广东文化地理》,广东人民出版社1993年版,第321页。

［87］广东省档案馆、中共广东省委党史研究委员会办公室编:《广东区党、团研究史料(1921—1926)》,广东人民出版社1983年。

［88］刘道超、许先炳著:《周易与中国民俗》,中国文史出版社2005年版。

［89］曲金良:《海洋文化概论》,中国海洋大学出版社1999年版。

[90]《中国海洋文化》编委会编:《中国海洋文化 香港卷》,海洋出版社2016年版。

[91]《中国海洋文化》编委会编:《中国海洋文化 广东卷》,海洋出版社2016年版。

[92]王荣国:《海洋神灵:中国海神信仰与社会经济》(上),江西高校出版社2007年版。

[93]广东炎黄文化研究会编:《岭峤春秋:海洋文化论集》,广东人民出版社1997年版。

[94]广州市文物管理委员会等编:《广州汉墓》,文物出版社1991年版。

[95]徐恒醇:《生态美学》,陕西人民教育出版社2000年版。

[96]鲁枢元:《生态批评的空间》,华东师范大学出版社2006年版。

[97]曾繁仁:《生态文明时代的美学探索与对话》,山东大学出版社2013年版。

后　记

　　2020年初，根据学校教学工作需要，由本人担纲负责编写了深圳开放大学特色思政教材《深圳特区文化》一书。2021年4—9月，受深圳市老干部局、深圳市长青老龄大学的委托，亦由本人撰写和主讲了"特区文化"课程，并拍摄制作了32讲、96个课程教学视频。在此基础上，将所收集的资料和部分文字材料加以整理和丰富完善后，撰写了《深圳文化述论》一书。3年间，几经修改，最终定稿并付梓出版。

　　本书写作得到了深圳开放大学党委书记、校长钟志红同志的关心与支持，校党委委员、副校长唐伟志教授对书稿写作提出了有见解性的修改意见，马克思主义学院原副院长（主持工作）、现任教务处处长周济同志也给予了诸多便利，人文外语学院院长林玲教授和数字资源制作中心罗明副教授在书稿出版事项上提供了许多帮助，深圳信息职业技术学院学报编辑部滕永华副研究员、龙岗区布吉高级中学副校长余军奇（中学正高级教师）以及深圳育新学校高级教师苏嘉等专家学者也给予不少协助和写作意见，特别是广西师范大学出版集团原党委书记、客家研究院院长王建周教授在百忙中给我写了一份赞赏有加而又中肯的序言，广西民族大学乡村振兴研究院院长王禄平教授不吝翰墨为本书题写了书名，在此一并感谢并深表敬意。同时，还要感谢云南人民出版社赵红、燕鹏臣老师在出版工作上的细致安排和精心编校，使得本书得以顺利出版。

　　本书引用资料或数据的截止时间为2023年6月。写作时还参考和采用了部分专家、学者和社会各界人士的研究资料和学术成果。有个别资料因章节内容或文字表达的需要，在没有改变作者原文观点的前提下，进行了稍微的修改或调整。在此，也向这些专家、学者表达诚挚的感谢，如有疏漏者在此表示歉意的同时，也敬请见谅。同时，限于个人的理论水平和学识能力，本书难免有不足之处，敬请各位专家、学者和读者批评指正，便于今后的修正和补充。

作者

2023 年 6 月